# COURS ÉLÉMENTAIRE
# D'HISTOIRE ET DE GÉOGRAPHIE

## A L'USAGE DE LA JEUNESSE

---

# HISTOIRE GRECQUE

## Nouveau Cours d'histoire et de géographie,

à l'usage de tous les établissements d'instruction, publié sous la direction de MM. *A. Riquier*, ancien professeur agrégé d'histoire, proviseur du lycée impérial d'Auch, et l'abbé *Combes*, aumônier au lycée impérial de Bordeaux.

DIVISION :

1er *Degré*. — PETIT COURS (format in-18), à l'usage de l'enfance, dans les écoles et dans les pensionnats.

2e *Degré*. — COURS ÉLÉMENTAIRE (format in-18), à l'usage de la jeunesse dans les colléges et dans les institutions de jeunes personnes.

3e *Degré*. — COURS SUPÉRIEUR (format in-12), à l'usage des familles et des classes supérieures dans les établissements d'instruction publique.

Chacun de ces Cours comprendra pour l'histoire, sans compter les volumes spéciaux pour la géographie, les 10 volumes suivants, ornés de vignettes et de cartes géographiques :

1o *Histoire sainte.*
2o *Histoire de l'Église.*
3o *Histoire ancienne.*
4o *Histoire grecque.*
5o *Histoire romaine.*
6o *Histoire de France.*
7o *Histoire du moyen âge.*
8o *Histoire des temps modernes*
9o *Histoire d'Angleterre.*
10o *Mythologie.*

### EN VENTE :

HISTOIRE SAINTE (*Petit Cours*), par M. *A. Riquier*, et M. l'abbé *Combes*. 1 vol. in-18, orné de 25 vignettes sur bois, représentant les principaux épisodes de l'Histoire sainte, et de deux cartes géographiques gravées sur acier et coloriées. Prix, cartonné. » 75

*Ouvrage autorisé par l'Université, approuvé et recommandé par un grand nombre de prélats.*

HISTOIRE SAINTE (*Cours élémentaire*), par M. *A. Riquier*, et M. l'abbé *Combes*. 1 vol. in-18, orné de vignettes sur bois, représentant des vues de la Terre Sainte et des monuments hébraïques, et de 3 cartes géographiques gravées sur acier. Prix, cartonné.......... 1 fr.

*Ouvrage autorisé par l'Université, approuvé et recommandé par un grand nombre de prélats.*

HISTOIRE ANCIENNE (*Petit Cours*), par M. *A. Riquier*. 1 vol. in-18, orné de jolies vignettes et de 3 cartes. Prix, cartonné...... » 75

*Ouvrage approuvé par S. E. le Cardinal-Archevêque de Bordeaux et par Mgr l'Évêque de Vannes.*

HISTOIRE ANCIENNE (*Cours élémentaire*), par M. *A. Riquier*. 1 vol. in-18, orné de jolies vignettes et de 3 cartes. Prix, cartonné. 1 fr.

*Ouvrage approuvé par S. E. le Cardinal-Archevêque de Bordeaux et par Mgr l'Évêque de Vannes.*

CORBEIL. — TYP. ET STÉR. DE CRÉTÉ.

# COURS ÉLÉMENTAIRE

# D'HISTOIRE ET DE GÉOGRAPHIE

## A L'USAGE DE LA JEUNESSE

### DANS LES COLLÉGES ET DANS LES INSTITUTIONS DE JEUNES PERSONNES

PAR MM.

**A. RIQUIER**
Ancien Professeur agrégé d'Histoire,
Proviseur
du Lycée impérial d'Auch.

**L'ABBÉ COMBES**
Chanoine honoraire de la Guadeloupe,
Aumônier
au Lycée impérial de Bordeaux.

## HISTOIRE GRECQUE

### PAR M. A. RIQUIER

## PARIS

**F<sup>d</sup> TANDOU ET C<sup>ie</sup>, LIBRAIRES-ÉDITEURS**

78, RUE DES ÉCOLES

1865

# AVERTISSEMENT

Nous publions, après bien d'autres, deux Cours
d'histoire et de géographie, un *Cours Elémentaire*
pour la jeunesse, un *Petit Cours* pour l'enfance.

C'est d'après les sources originales, sans cesse
consultées, que nous écrivons chacune de nos
pages, et nous n'avons rien négligé pour les tenir
à la hauteur de la science. Nos peti s livres,
cependant, dégagés de tout étalage d'érudition,
veulent rester accessibles à toutes les intelligen-
ces, être toujours compris de leurs jeunes lecteurs.
Donner une instruction solide et sérieuse, tout en
rendant l'étude facile : tel est le double résultat
que nous poursuivons.

Fénelon conseille à l'historien de « laisser

« tomber les menus faits qui ne mènent le lecteur
« à aucun but important, et ne lui apprennent
« que des noms et des dates stériles. » Ce pré-
cepte, d'une vérité générale, est encore plus à sa
place dans l'histoire élémentaire que dans les
travaux d'un ordre plus relevé. Au lieu de sur-
charger de choses inutiles la mémoire des enfants
et des jeunes gens, il faut ne leur faire apprendre
que ce qu'ils doivent retenir. Les grands événements, leurs causes, leurs conséquences, les
liens qui les rattachent et en font comprendre la
suite et l'ensemble : voilà ce qu'on trouvera dans
nos cours. Même système pour la chronologie et
la géographie : les dates précises des faits les plus
remarquables, mais en petit nombre ; des cartes
peu chargées, où nous n'avons inscrit que les
lieux dont nous parlons. En un mot, nous débar-
rassons la mémoire de tout ce qui est bagage su-
perflu, et nous facilitons le travail en parlant
surtout à l'intelligence : on le peut toujours, même
avec les enfants, si l'on sait se mettre à leur
portée.

En sacrifiant les faits sans importance, les noms
sans célébrité, nous avons trouvé, sans grossir
nos livres, le moyen de raconter, avec quelques

détails, les grandes scènes de l'histoire, de peindre par leurs traits essentiels les personnages qu'elle nous offre, de rapporter telle parole, telle anec- dote, qui font mieux connaître un homme qu'un long portrait, de donner au récit un peu de vie et de couleur. Pour que l'enfant retienne, il faut qu'il s'intéresse à ce qu'il apprend. « Je ne « connais point un homme en ne connaissant que « son nom, dit encore Fénelon. Sans les circon- « stances, les faits demeurent comme décharnés : « ce n'est que le squelette d'une histoire. »

Le grand écrivain nous donne un dernier conseil. « Il faut, dit-il, montrer l'unité d'une his- « toire. Sa principale perfection consiste dans « l'ordre et l'arrangement. » Nous avons fait de notre mieux pour satisfaire à cette loi, sans laquelle il n'y a pas d'enseignement possible. Nous suivons et nous racontons la vie d'un peuple comme nous ferions pour la vie d'un homme. Nous le voyons naître, grandir, s'élever, décroître ensuite et mourir ; et, sans jamais oublier que nous parlons à de jeunes esprits, sans nous perdre dans ces réflexions, aventureuses parfois et systématiques, qu'on a appelées la philosophie de l'histoire, nous tâchons de leur montrer, d'une manière nette et précise, pourquoi ce peuple s'élève et grandit, pourquoi ensuite il s'affaisse et tombe.

Nous suivons ainsi, pas à pas, la marche de l'humanité sous la main de Dieu, et l'idée chrétienne et catholique relie entre elles les histoires des divers peuples. En face de l'antiquité idolâtre, Dieu se choisit un peuple appelé à conserver la foi en son nom ; au monde régénéré, il y a dix-huit siècles, il donne l'Église, pour appeler et soutenir les individus et les nations dans la voie qu'il leur a tracée ; dans tous les temps enfin, maître de la vie et de la mort, il envoie à la terre les grands hommes, en les chargeant, parfois à leur insu, de l'accomplissement de ses desseins. S'il n'est permis qu'aux saint Augustin et aux Bossuet, du haut de leur foi et de leur génie, d'aborder résolûment ces mystères du gouvernement de la Providence, les plus humbles et les plus petits peuvent cependant reconnaître le doigt de Dieu dans la vie des peuples, et, quand ils l'aperçoivent, le signaler en s'inclinant.

Dans l'histoire grecque, nous retrouvions en abondance ces sources originales qui nous avaient souvent presque manqué dans celle de l'Égypte et de l'Asie. Homère pour les temps héroïques, Hérodote, Thucydide, Xénophon, Plutarque, pour les siècles postérieurs, nous permettaient de donner à nos récits cette vie et cet intérêt que nous voudrions toujours y mettre. Nous avions de plus, pour nous aider dans notre œuvre modeste, en France les grands travaux de Rollin, de Barthélemy, de M. Poirson, de M. Duruy; en Angleterre les histoires de Gillies et de Thirlwall. Avec M. Wallon pour l'esclavage, MM. Lévesque et Beulé pour les beaux arts, M. Jal pour la marine (1), on pouvait traiter avec précision et clarté des points importants que les livres élémentaires ont souvent laissés dans l'ombre, ou dont ils n'ont parlé que vaguement et en quelques mots. Puissions-nous avoir su profiter de tant de secours!

La Grèce, telle que les anciens et les voyageurs nous la représentent, est un pays à part, qui semble créé tout exprès et à souhait pour le plaisir des yeux : au lieu de nous contenter, dans sa géographie, d'une suite de noms propres, nous avons tâché de la décrire et de la faire entrevoir par la pensée. Les Grecs, ses habitants, étaient aussi un

—————

(1) *Histoire de l'esclavage dans l'antiquité*, par M. H. Wallon. — *La Science du beau*, par M. Ch. Lévesque.— *Polygnote, Apelle*, par M. Beulé.— *La Flotte de César*, études sur la marine antique, par M. Jal, historiographe de la marine.

peuple à part, et le Ciel avait répandu sur cette race privilégiée tous les dons de l'esprit, comme il lui avait accordé la beauté des formes : nous avons parlé çà et là avec quelques détails de ses écrivains et de ses artistes, car c'est par eux que son nom est resté grand dans le monde, et plusieurs de nos vignettes, empruntées à l'antique ou inspirées de son caractère, donneront une première idée de l'art grec à nos jeunes lecteurs. Notre admiration cependant n'a pas été jusqu'à nous faire oublier tout ce qui manquait à cette civilisation brillante, et nous avons montré, à l'occasion, combien lès sociétés chrétiennes l'emportent sur tout ce que le monde ancien a eu de plus parfait, et combien nos enfants, malgré leur âge, nos artisans, quel que soit leur peu de culture, sont plus riches de vérité et de sagesse que tous les sages et tous les philcsophes d'autrefois.

---

Nota. — Bien que tout notre livre soit rédigé de manière à être compris de ses lecteurs, nous imprimons en caractères plus petits certains passages, utiles sans être nécessaires, que les élèves pourront se contenter de lire attentivement.

---

# ERRATA.

—

| Page. | Ligne. | Au lieu de : | Lisez : |
|---|---|---|---|
| 31 | 10 et suiv. | ... s'associèrent entre elles sous le nom de conseils des *Amphictions* (c'est-à-d. des voisins) ou *Amphictionies*..... | ... s'associèrent entre elles et instituèrent des conseils, appelés conseils des *Amphictions* (c'est-à-dire des voisins) ou *Amphictionies*. |
| 31 | 24 | un certain Amphyction | un certain Amphictyon |
| 70 | 28 | Ampheia............ | Ampheïa. |
| 92 | 4 | ... l'aisance. Les neuf archontes........... | l'aisance. Il divisait le peuple en quatre classes, d'après la fortune, et les neuf archontes... |
| 92 | 6 | n'étaient pris que..... | n'étaient pris, chaque année, que... |
| 92 | 9 | sénat qui administrait.. | sénat annuel, qui administrait. |
| 93 | 28 | des simples sujets.... | de simples sujets. |
| 155 | 24 | porter secours à l'Égypte................ | secourir l'Égypte. |
| 171 | 1 | Après le mot *hauteur*, ajoutez........ | ... et nous n'avons de Phidias que quelques débris d'admirables bas-reliefs ; |
| 171 | 4 | une idée........... | quelque idée... |
| 192 | 20 | que si, les ........... | que si les... |
| 200 | | Ajoutez à la note cette phrase.............. | Il est regrettable que la verve d'Aristophane soit fréquemment souillée par la licence grossière et l'immoralité de ses plaisanteries. |
| 214 | 7 | *Au lieu de :* Clasomène | Clazomène. |
| 238 | 9 | Ajoutez............. | une virgule après le mot Sparte |
| 243 | au titre du chap. ix, ajoutez..... | | (379-362). |

# INTRODUCTION

1. En face de l'empire des Perses, entre la mer Ionienne à l'occident et la mer Égée ou Archipel à l'orient, se trouvait une presqu'île étroite, montagneuse, profondément découpée sur tous ses rivages : c'était la Grèce. L'empire des Perses était aussi vaste que l'Europe entière : la Grèce avec ses îles nombreuses et la Macédoine, qui ne s'y rattacha vraiment que fort tard, n'atteignait pas l'étendue du quart de la France. Ce fut là pourtant que les Perses, vainqueurs et maîtres de l'Asie et de l'Égypte, furent arrêtés dans leur marche conquérante : ils rencontrèrent dans la Grèce ce qu'ils n'avaient point trouvé encore, une résistance héroïque, qui refoula les millions de soldats amenés pour l'envahir, et les rejeta honteusement dans leur Asie (cinquième siècle avant Jésus-Christ). Là ne se borna point le triomphe des Grecs : un siècle et demi plus tard, Alexandre, leur chef, remporta sur les Perses, au sein même de l'Asie, de nouvelles victoires ; ces victoires mirent fin à l'empire que Cyrus avait fondé, et les immenses pays qui le composaient tombèrent au pouvoir du petit peuple que les Perses avaient jadis tenté d'asservir.

A l'intérêt que donnent à l'histoire des Grecs les souvenirs de cette lutte glorieuse, s'ajoute l'éclat que leurs chefs-d'œuvre en tous genres ont répandu sur cette race intelligente et vraiment privilégiée. Dans les lettres comme dans les arts, ils ont été et sont restés nos modèles et nos maîtres, et les gloires du monde moderne n'ont point effacé les noms des Homère, des Sophocle, des Platon, des Phidias, des Démosthène, et de tant d'autres génies qui se pressent à leurs côtés ou à leur suite (1).

QUESTIONNAIRE.— Donnez une idée de l'étendue de la Grèce, comparée à l'empire des Perses. — A quelle lutte glorieuse l'histoire des Grecs doit-elle son unité et son importance ? — Cette histoire n'a-t-elle pas encore pour nous un autre intérêt ?

---

(1) Voir plus loin, pour ces noms, les chapitres v et vi (pag. 38 à 64), la troisième partie, et le chap. i de la quatrième.

# HISTOIRE GRECQUE

## PREMIÈRE PARTIE
### Les origines et les temps héroïques.

---

## CHAPITRE PREMIER
### GÉOGRAPHIE DE LA GRÈCE ET DE LA MACÉDOINE.

2. Des trois grandes presqu'îles situées au sud de l'Europe, l'une, l'Espagne, commence à la chaîne des Pyrénées ; l'autre, l'Italie, est bornée au nord par les Alpes ; la troisième, dite péninsule Hellénique, a pour point de départ les monts Hœmus ou Balkans. C'est dans cette dernière, au pied de la chaîne du Pinde, qui se détache des monts Hœmus et forme, en descendant vers le sud, comme l'arête centrale de la presqu'île, que se trouvaient la Macédoine et la Grèce.

D'un même point du Pinde partent deux ramifications importantes, celle des monts Acrocérauniens vers l'ouest et la mer Ionienne, et celle des monts Cambuniens et Olympe vers l'est et la mer Égée. Ces hauteurs étaient la limite septentrionale de la Grèce proprement dite, que la mer entourait de tous les autres côtés. Au delà de l'Olympe et le long de la mer Égée, commençait la Macédoine, qui s'avançait, au nord, jusqu'à la chaîne de l'Hœmus. A l'ouest et à l'est, elle se trouvait placée entre deux pays étrangers à la race grec-

que : d'une part, l'Illyrie, depuis le lac Lychnide
et le fleuve Drilon, qui prend naissance dans ce

Le mont Olympe et le cours du Pénée.

lac ; de l'autre, la Thrace, séparée de la Macédoine par le fleuve Nestus, tributaire de la mer
Égée.

3. Partout découpées et comme déchirées par la
mer, la Macédoine et la Grèce offraient à chaque
instant de petites presqu'îles s'avançant à travers
les flots, des golfes sinueux pénétrant au milieu
des terres, et ces continuels détours de la côte
triplaient l'étendue de leurs rivages. Dans la Macédoine, c'était la Chalcidique, terminée elle-
même par trois longues pointes, entre le golfe
Strymonique à l'est et le golfe Thermaïque à
l'ouest : ce sont aujourd'hui les golfes de Contessa
et de Salonique. Dans la Grèce, les deux mers,

comme si elles cherchaient à diminuer la distance qui les sépare, forment, en face l'un de l'autre, à l'est le golfe Pagasétique ou de Volo, presque enfermé par la presqu'île de Magnésie, et à l'ouest celui d'Ambracie ou d'Arta. Plus bas, elles se rapprochent encore davantage, et resserrent l'isthme de Corinthe entre le long golfe du même nom (aujourd'hui golfe de Lépante) et le golfe Saronique ou d'Athènes, que borne à l'est la presqu'île de l'Attique, terminée par le cap Sunium (cap Colonna). A cet isthme, langue de terre qui n'a sur certains points qu'une lieue et demie de largeur, commence la péninsule plus vaste du Péloponnèse ou de la Morée. Les anciens la comparaient à une feuille de platane ou à une main ouverte ayant les doigts écartés. Les cinq pointes qui lui donnent cette ressemblance finissent chacune par un promontoire, et deux de ces promontoires, les caps Ténare et Malée, extrémité des pointes méridionales, ont été célèbres de tout temps par la fréquence des tempêtes dans leurs eaux. Les modernes ont appelé le premier Matapan ou tueur d'hommes; les anciens disaient que le navigateur qui veut doubler le second, appelé aujourd'hui cap Saint-Ange, doit oublier sa famille et ses foyers, et les marins de nos jours le surnomment mangeur de navires.

4. A la Grèce du continent s'ajoutent, le long des côtes occidentales et dans toute la mer Égée, ces îles nombreuses qui ont fait donner à cette mer le nom moderne d'Archipel. Les plus remarquables, soit par leur grandeur, soit par leur

célébrité, sont : dans la mer Ionienne, les îles du même nom, c'est-à-dire Corcyre ou Corfou, Leucade ou Sainte-Maure, Céphallénie, Ithaque ou Théaki, Zacinthe ou Zante ; — dans la mer Égée, Thasos, près de la Macédoine, et, près de la Grèce, les petites îles d'Égine et de Salamine

Golfe Saronique ou d'Athènes et île de Salamine.

dans le golfe Saronique, l'île de Scyros et la grande île d'Eubée ou de Négrepont un peu plus au nord : en s'avançant au sein du golfe Maliaque (golfe de Zeitoun), l'Eubée semble vouloir percer le rivage ; elle s'en approche parfois tellement, que le canal de l'Euripe, qui l'en sépare, a été dans les temps anciens et est encore aujourd'hui recouvert d'un pont. Au sud enfin, entre la Grèce et l'Asie Mineure, les îles de la mer Égée forment comme les anneaux de deux chaînes parallèles,

qui enferment à demi cette mer. La première de
ces chaînes part du cap Sunium, et se compose du
groupe des Cyclades, dont la plus connue est Délos,
et de celui des Sporades. La seconde commence
en face du cap Malée, dans la mer que les anciens
appelaient quelquefois la mer de Crète : ce sont
les îles de Cythère ou Cérigo, de Crète ou Candie,
de Casos, de Carpathos et de Rhodes. Les côtes
d'Asie situées vis-à-vis de la Grèce conservent à
leur tour le même caractère : échancrées de toutes
parts et bordées d'îles (Imbros, Lemnos, Lesbos,
Chios, Samos etc.), on les prendrait presque pour
une sorte de reflet et de miroir du rivage opposé.

Cette admirable mer qui entoure la Grèce
comme d'une ceinture azurée, et pénètre de tous
côtés dans ses provinces, semble inviter les Grecs
à se lancer hardiment sur les flots, à mettre dans
la marine une grande part de leurs efforts, de leurs
richesses, de leurs destinées. Ces innombrables
îles qui rapprochent la Grèce non-seulement de
l'Asie, mais de l'Italie et même de l'Afrique, pa-
raissent comme des étapes préparées pour faciliter
leurs voyages vers ces contrées. Le peuple grec
fut en effet, dans les temps anciens, l'un des maîtres de la mer, et il porta dans cette triple direction
son commerce, sa civilisation et ses colonies.

5. A l'intérieur, la Macédoine et surtout la Grèce
étaient coupées et morcelées en tous sens par des
montagnes. Dans la Macédoine, les hauteurs les
plus connues étaient la chaîne du Pangée, renommée pour ses mines d'or, en face de l'île de Thasos, et le mont Athos, à l'extrémité de la pointe

orientale de la Chalcidique. Dans la Grèce, le Pinde envoie vers la mer Égée, au nord et au sud du golfe Maliaque, les chaînes de l'Othrys et de l'Œta, en Thessalie. La première, une fois arrivée près de la mer, se continue et se relève, le long de la côte, avec les cimes du Pélion et de l'Ossa. La seconde s'avançait autrefois si près du rivage, que, pendant deux lieues, elle ne laissait qu'un chemin de quelques toises entre les roches à pic qui la terminent et les flots de la mer, qui venaient presque s'y briser. C'était le fameux défilé des Thermopyles, où une poignée d'hommes pouvait arrêter une armée entière (1). Le Pinde prenait ensuite successivement les noms de Parnasse, d'Hélicon, de Cithéron, de Pentélique, d'Hymette, de Laurium. Enfin le Péloponnèse est formé d'un vaste plateau central, l'Arcadie, dont le Cyllène est la cime la plus élevée. De ce plateau, soutenu de tous côtés par des montagnes, rayonnent d'autres chaînes dans tous les sens : les plus célèbres de ces ramifications se dirigent vers le sud, et elles portaient autrefois les noms de monts Ithôme et Taygète.

Toutes ces chaînes, placées en arrière les unes des autres, protégent puissamment la Grèce contre les tentatives d'invasion. Elles forment, pour ainsi dire, autant de citadelles, où la résistance est

----

(1) Les eaux du golfe Maliaque se sont aujourd'hui retirées vers l'est, et les Thermopyles n'existent plus. Ce qui était autrefois un défilé de quelques toises est devenu une vaste plaine marécageuse.

aisée pour les hommes du pays ; autant de murailles et de portes, qui arrêtent la marche et les

Le Parnasse et Delphes.

progrès des envahisseurs. C'est comme une sorte
de château fort, « qui garde toujours une issue et
« un asile pour ses défenseurs après chaque dé-
« faite, un piége et un péril nouveau pour ses
« ennemis après chaque victoire. » — Malheureusement ces montagnes, souvent hautes et escarpées, sont aussi une cause de désunion et par
conséquent de faiblesse. En rendant les commu-
nications difficiles, elles séparent et isolent toutes
les provinces. Rarement en effet ces remparts à
pic sont fendus par un cours d'eau, traversés par
un fleuve qui puisse établir des rapports entre
les diverses parties de la Grèce ; et cette difficulté
de pénétrer d'une vallée dans l'autre semble ap-

peler chaque portion du sol à vivre solitaire et à former un petit État, souvent rival et jaloux du pays voisin.

6. Il n'y avait en Grèce de rivières de quelque importance que dans les provinces qui ne s'y rattachaient qu'à demi : dans la Macédoine, qui ne se mêla aux affaires des Grecs que trois siècles avant notre ère ; dans les pays du nord-ouest, l'Épire, l'Acarnanie, l'Étolie, dont les mœurs restèrent toujours âpres et rudes, comme l'était souvent leur climat (1). Ces trois dernières provinces étaient arrosées par l'Acheloüs, l'Aspro-Potamos d'aujourd'hui, dont le cours est de 45 lieues ; c'est le plus considérable des fleuves de la Grèce. Dans la Macédoine, outre le Nestus (Mesto ou Kara-Sou), qui lui servait de limite, se trouvaient le Strymon (Strouma), tributaire du golfe auquel il donnait son nom, et, de l'autre côté de la Chalcidique, l'Axius, l'Haliacmon, (Vardar, Nazilitza), cours d'eau larges et rapides (2). Partout ailleurs, les rivières sont des torrents de peu d'étendue, qui débordent dans la saison des pluies, et qui, durant l'été, sont à sec. Le Pénée et le Sperchius eux-mêmes (Salembria, Hellada), au milieu du carré de montagnes que forme la Thessalie, sont des ruisseaux sans courant ni profondeur, si ce n'est

---

(1) Dans l'Étolie, l'hiver est souvent si froid, que toute communication se trouve forcément interrompue par les neiges entre les villages, construits, comme des nids d'aigles, au sommet des rochers. Dans l'Acarnanie, les montagnes moins hautes et moins escarpées, sont encore de nos jours couvertes partout de forêts épaisses.

(2) Sur le Vardar, s'élève aujourd'hui un pont de soixante et onze arches.

à la fonte des neiges ; ils ont tout juste assez d'eau
pour embellir et fertiliser les délicieuses vallées
qu'ils traversent : la vallée de Tempé surtout,

Entrée de la vallée de Tempé, entre l'Olympe et l'Ossa.

qu'arrose le Pénée vers son embouchure, entre
l'Olympe et l'Ossa, charme les regards par l'aspect
tout à la fois sévère et gracieux de ses paysa-
ges (1). Les pays qui s'étendaient au sud de la

_______________

(1) « Les rochers qui bordent la vallée de chaque côté sont élevés,
« d'une forme abrupte, d'une couleur grise et obscure. Sur les
« deux rives du Pénée, qui coule avec une lenteur majestueuse,
« croissent de hauts platanes, des lauriers et des oliviers sauvages.
« Le jasmin, le laurier-rose, le térébinthe, le lentisque, le romarin
« et le myrte, embaument l'air de leurs parfums. Les platanes s'in-
« clinent vers le fleuve en groupes serrés, et y baignent leurs longues
« branches, comme s'ils voulaient s'abreuver de ses eaux. Le chant
« des oiseaux salue le voyageur qui suit le rivage, et une ombre
« épaisse protége sur le fleuve même le batelier, et le garantit de
« l'ardeur du soleil. A chaque instant la scène change, et l'on pour-
« rait, sans sortir de ce lieu délicieux, remplir un album de vues.

Thessalie jusqu'à l'isthme de Corinthe n'avaient qùe des cours d'eau moins considérables encore. Ces pays étaient la petite et rocailleuse Doride ; les deux Locrides, Opontienne et Ozole (1), l'une sur le canal de l'Euripe, l'autre sur le golfe de Corinthe ; entre les deux, la Phocide, avec les deux sommets imposants du Parnasse et les hauteurs boisées et plus riantes de l'Hélicon ; plus loin, la grasse et fertile Béotie, avec ses rudes hivers, ses pluies torrentielles, et son Cithéron aux cimes tristes et brumeuses ; la Mégaride, resserrée sur l'isthme entre les deux mers, et enfin l'Attique, que la sérénité de son ciel, toujours pur et lumineux (2), la beauté de la mer qui baigne ses

---

« dont chacune offrirait un aspect différent ; encore ne parviendrait-« on pas à représenter tout ce que la nature, abandonnée à elle-« même, offre ici à l'art. » (*La Grèce pittoresque et historique*, par le docteur Wordsworth ; *La Grèce, vues pittoresques et topographiques*, par le baron de Stackelberg.)

(1) La première, dans laquelle se trouvait le passage des Thermopyles, tirait son nom de la ville d'Oponte. — Le nom d'Ozole, qui signifie *odorante*, venait, soit de l'odeur désagréable qu'exhalaient les habitants, vêtus de peaux de bêtes non tannées ; soit des vapeurs malsaines et fétides de certaines sources sulfureuses du pays, qu'on appelle encore aujourd'hui *les eaux puantes* ; soit enfin de la quantité de fleurs qui couvrent les prairies de cette province, et des parfums qu'elles répandent dans l'air : ce serait alors la Locride embaumée. La seconde explication est probablement la plus exacte.

(2) Les écrivains qui ont visité la Grèce ont tous été frappés de la profonde différence d'aspect et de température qui existe entre deux pays voisins. « Nulle part, peut-être, le voyageur ne passe plus brus-« quement d'un climat à un autre climat, et, pour ainsi dire, d'une « saison à une autre saison ; à quelques milles de distance, l'époque « de la moisson varie considérablement. » — Tous aussi rappellent avec enthousiasme « cette merveilleuse lumière de l'Attique, cette « transparence incroyable de l'air, ces reflets violets et roses, ces « rayons de pourpre et d'or, qui, au coucher du soleil, embellissent « les cimes de l'Hymette et du Pentélique. Telle montagne, qui ne « vous a pas frappé par sa forme, devient admirable quand les « teintes violettes du soir commencent à se répandre sur ses sommets.

rivages, l'esprit ouvert, la distinction, l'urbanité exquise du peuple qui l'habitait, faisaient appeler la Grèce par excellence, « la Grèce de la Grèce. » Les rivières de ces provinces, même le Céphise, qui se perd dans le lac Copaïs, après avoir traversé la Phocide et la Béotie, ne sont que des torrents dont le cours dépend tout entier de la température et des saisons. — Dans le Péloponnèse, sept provinces entouraient la montagneuse et pastorale Arcadie, qui était comme la Suisse des anciens : au nord, la Corinthie, placée à la fois sur les deux mers comme la Mégaride, sa voisine ; la Sicyonie et l'Achaïe, petits pays de quatre à huit lieues de large le long du golfe de Corinthe ; à l'ouest, les riches campagnes de l'Élide ; au sud, la fertile Messénie, avec son climat toujours égal, ni trop froid en hiver, ni trop brûlant en été, et la Laconie, enfermée comme dans un creux entre deux chaînes de montagnes ; à l'est, l'Argolide, avec ses âpres sommets et ses humides prairies, qui, aujourd'hui comme aux temps anciens, nourrissent une belle race de chevaux. Le plus grand cours d'eau de ces provinces était l'Alphée (aujourd'hui Roufia) : il prend naissance en Arcadie, traverse les montagnes qui soutiennent le plateau central du côté de

---

« Les cimes les plus ingrates, formées du calcaire le moins pittores-
« que, se transforment alors comme par enchantement.» — Nous imitons
à Paris les monuments de la Grèce ; mais bien vite l'humidité vient répandre sur nos copies une teinte sombre et grisâtre. Il en est tout
autrement de leurs modèles : « L'aridité salutaire, la lumière chaude
« de l'Attique laisse au marbre toute sa blancheur, ou lui donne
« cette belle teinte dorée qu'on admire au Parthénon.» (J.-J. Ampère,
de l'Académie française, et de celle des inscriptions et belles-let-
tres.)

l'occident, se perd plusieurs fois sous terre pour reparaître un peu plus loin (1), et contribue pour sa grande part à la fécondité de l'ancienne Élide. L'Eurotas, qui part du même point et qui traver-

L'Eurotas et les montagnes de Laconie.

sait la Laconie dans toute sa longueur, n'a qu'une importance historique : les Grecs modernes l'appellent pompeusement le fleuve royal (Vasilipota-

---

(1) Il en est de même d'autres cours d'eau de la Grèce, par exemple de l'Eurotas. « Une rivière rencontre dans son cours un banc de ro- « ches solides qui barrent son lit; sous ces rochers s'étend une cou- « che de substances plus molles : les eaux, en les rongeant, se « frayent une route souterraine plus ou moins longue. Telles sont « les causes qui ont formé, en France, la perte du Rhône, entre « Seyssel et l'Écluse (Malte-Brun). »

mos) ; ce nom peut se justifier par la beauté
de la vallée qu'il arrose, mais nullement par
l'étendue de son cours ni par le volume de ses
eaux.

QUESTIONNAIRE. — 2. Dans quelle partie de l'Europe se trouvaient la Macédoine et la Grèce? — Indiquez les limites de
la Grèce proprement dite. — Quelles étaient les limites de
la Macédoine, et à quel pays touchait-elle, à l'ouest, à
l'est et au midi?— 3. Donnez une idée générale des côtes
de la Macédoine et de la Grèce.— Quelle presqu'île et quels
golfes remarquez-vous sur les côtes de la Macédoine? —
Indiquez les golfes, les presqu'îles et les caps principaux
de la Grèce. — A quoi les anciens comparaient-ils le Péloponnèse, et comment se rattache-t-il à la Grèce centrale? — 4. Indiquez les principales îles grecques de la
mer Ionienne. — Faites connaître les plus remarquables
des îles situées près de la Macédoine et près des côtes
orientales de la Grèce. — Comment sont disposées les
îles du sud de la mer Egée, et quelles sont les plus importantes? — La côte d'Asie Mineure placée en face de la
Grèce ne ressemble-t-elle pas au littoral grec? — Indiquez,
par leurs noms anciens, les principales îles qui l'avoisi-
nent. — A quelles destinées la situation et la structure
extérieure de la Grèce semblent-elles appeler ses habitants?
— 5. Indiquez les montagnes les plus connues de la Macédoine. — 2 et 5. Faites connaître, avec ses différents
noms, jusqu'à l'isthme de Corinthe, la principale chaîne
de montagnes de la péninsule Hellénique. — Quels ra-
meaux s'en détachent, soit sur les limites, soit dans l'intérieur de la Grèce? — 5. Décrivez le défilé des Thermopyles. — Indiquez la disposition et les principales montagnes du Péloponnèse. — Montrez comment les montagnes
de la Grèce étaient tout ensemble une protection contre
ses ennemis, et une cause de désunion entre ses peuples.
— 6. Quelle était la plus grande rivière de la Grèce, et
quels pays arrosait-elle? — Indiquez les principaux fleuves
de la Macédoine. — Quel est, en général, le caractère des
autres cours d'eau de la Péninsule?—2, 5 et 6. Décrivez la
Thessalie, en rappelant ses diverses chaînes de montagnes, et en faisant connaître les rivières qui l'arrosent.—
6. Indiquez les noms et les principaux caractères des divers pays grecs depuis la Thessalie jusqu'à l'isthme de

Corinthe. — Comment se partageait le Péloponnèse ? — D'où venaient les noms de Locride Opontienne et de Locride Ozole ? — Que savez-vous du cours de l'Alphée et de l'Eurotas ? — Comment s'expliquent la disparition temporaire et le cours souterrain de leurs eaux ?

# CHAPITRE II

## TEMPS PRIMITIFS.

### Les Pélasges et les Hellènes. — Colonies étrangères.

7. C'est de Japhet que descendaient les nombreuses tribus qui, de bonne heure, vinrent peupler la Grèce. Deux de ces tribus, les Pélasges et les Hellènes, dominèrent successivement la plupart des autres, et donnèrent tour à tour leur nom à cette réunion de peuples rangés sous leur suprématie. La Grèce fut appelée d'abord Pélasgie, parce qu'elle obéissait aux Pélasges, qui de l'Arcadie, leur séjour primitif, avaient étendu leur puissance à la péninsule presque entière. Elle se nomma ensuite Hellade, quand le petit peuple des Hellènes, sorti d'un coin de la Thessalie, la Phthiotide, eut à son tour placé tout le pays sous ses lois, et que la prépondérance eut passé d'une tribu à l'autre (seizième siècle avant J. C.) (1).

---

(1) Le nom de *Grèce*, que les Romains ont donné à l'Hellade, et que nous avons adopté, venait de celui d'une tribu de l'Épire, qui habitait les bords de l'Achéloüs, Cette tribu, assez voisine de l'Italie, fut une des premières que connurent les Romains, qui appliquèrent le nom de Grecs à la péninsule entière. C'est ainsi que nous donnons aux

8. Indépendamment de ces habitants primitifs, plusieurs colonies de l'Égypte et de l'Asie apportèrent leur part d'influence dans la civilisation grecque (seizième siècle). Bien que l'histoire de ces colonies soit souvent mêlée de fables, elle a pourtant un fond de réalité.

L'Égyptien Cécrops fonda l'Acropole ou citadelle au pied de laquelle fut bâtie peu à peu la

Vue actuelle de l'Acropole d'Athènes.

ville d'Athènes ; il groupa en bourgades les habitants de l'Attique, leur apprit à cultiver les grains et l'olivier, et, pour remplacer les violences et les

peuples d'au delà du Rhin, qui s'appellent eux-mêmes Deutsche (Teutons), un nom qu'ils ne connaissent pas, celui d'Allemands, emprunté à un peuple qui, du temps de Clovis, était, sur nos frontières, comme l'avant-garde de la Germanie.

vengeances personnelles par des jugements équitables, il institua un tribunal appelé l'Aréopage, du lieu où se rendaient ses jugements. Danaüs, venu comme lui d'Égypte, opéra dans l'Argolide une transformation analogue, et l'agriculture lui dut aussi, dans ce pays, ses premiers progrès. Le Tyrien Cadmus s'établit dans la Béotie, et la citadelle de Thèbes conserva toujours de lui le nom de Cadmée ; il remplaça en Grèce par l'écriture phénicienne l'écriture imparfaite et grossière des premiers temps. Pélops, fils de Tantale, vint de la Lydie se fixer dans l'Élide, en devint un des petits souverains, comme son père l'était en Asie Mineure, et laissa son nom au Péloponnèse (île ou presqu'île de Pélops).

9. Un des grands historiens grecs, Thucydide, a laissé un magnifique tableau de cette période primitive, où l'agriculture commençait, où les villes se fondaient, où la marine s'essayait ; et ce tableau fait bien comprendre le caractère encore barbare de cette société naissante. « Les tribus « changeaient à chaque instant de demeures, dit « l'historien. Dans les pays fertiles surtout, les « premiers occupants, chassés par de nouveaux « venus, qui arrivaient en plus grand nombre, « étaient sans cesse réduits à quitter la province « où ils s'étaient arrêtés. Les individus exerçaient « aussi le brigandage les uns contre les autres, « comme en certains pays, dans la Locride « Ozole, dans l'Étolie, dans l'Acarnanie, ils ont « continué de le faire. Sans défense dans leurs

« maisons, sans sûreté dans leurs voyages, les
« Grecs ne quittaient jamais leurs armes, même
« dans la vie privée. Dès que ceux de la côte ou
« des îles eurent acquis l'art de conduire des
« vaisseaux, ils se livrèrent à la piraterie. Les
« plus puissants se mettaient à la tête de l'expé-
« dition, et ils allaient ainsi surprendre et dé-
« pouiller de leurs biens des villes sans murailles.
« Cette vie de pillards n'avait encore rien de
« honteux, et elle donnait même quelquefois la
« renommée. » La guerre entre les tribus et leur

Ruines de Tirynthe.

déplacement continuel, la violence et le brigandage sur les routes, la piraterie sur les mers :
telles étaient donc les mœurs de ces époques reculées de la Grèce ancienne.

10. — Il reste de ces temps primitifs, sur divers

points de la Grèce, des constructions d'un caractère particulier, qu'on appelle *pélasgiques* ou *cyclopéennes*. Le premier nom leur vient de leur antiquité, ces monuments remontant à l'époque des Pélasges ; l'autre, de l'énorme grosseur des pierres qui ont servi à les élever, et qui ne pouvaient, se disait-on, avoir été remuées que par ces géants que la Fable appelle cyclopes. Ces quartiers de rocs, souvent bruts, quelquefois taillés, sont superposés les uns sur les autres, sans mortier ni ciment dans les intervalles : quelquefois seulement les vides que laisse entre les pierres l'irrégularité de leurs formes sont remplis par des pierres de moindre dimension. Les plus remarquables de ces ruines, qui rappellent quelque peu les monuments de l'Égypte et de l'Assyrie, se trouvent dans

Porte des Lions à Mycènes.

l'ancienne province d'Argolide : ce sont les murs de Tirynthe, et, à Mycènes, la trésorerie d'Atrée et la porte des Lions. Les murs de Tirynthe ont vingt-cinq pieds d'épaisseur, et sont bâtis en pierres colossales, dont une seule ne serait que difficilement traînée par deux chevaux. L'entrée de la trésorerie est couverte par deux blocs, dont l'un a vingt-six pieds de long, seize de large, quatre de hauteur.

QUESTIONNAIRE. — 7. De quel fils de Noé descendaient les habitants de la Grèce? — Sous quelle suprématie furent successivement placées leurs nombreuses tribus? — Quelle partie de la Grèce occupèrent primitivement les Pélasges et les Hellènes? — Vers quelle époque les Hellènes imposèrent-ils leur prépondérance et donnèrent-ils leur nom à la Grèce entière? — D'où vient le nom de Grèce que nous donnons nous-mêmes au pays? — 8. Que savez-vous des colonies de Cécrops; — de Danaüs; — de Cadmus; — de Pélops? — Vers quel temps ces diverses colonies s'établirent-elles en Grèce? — 9. Décrivez, d'après Thucydide, les mœurs de la Grèce dans cette période primitive.

10. — Indiquez et décrivez les monuments qui nous restent de ces temps primitifs de la Grèce.

---

# CHAPITRE III

## TEMPS HÉROIQUES (XIV<sup>e</sup>, XIII<sup>e</sup> ET XII<sup>e</sup> SIÈCLE AV. J. C.).

### Minos et les Argonautes. — Hercule et Thésée.

11. Le nom d'âge héroïque, donné à la période qui s'étend du quatorzième à la fin du douzième siècle, vient des héros nombreux à qui des entreprises grandes et périlleuses, des exploits d'une audace presque surhumaine, ont mérité l'admiration des hommes de leur temps, qui les ont regardés comme des demi-dieux. Les occasions de s'illustrer ne leur manquaient pas au milieu de ces peuples encore barbares, qui avaient tant à faire

pour devenir une société régulière et civilisée. Il fallait combattre la piraterie sur les mers, réprimer les brigandages et les cruautés sur le continent, rapprocher les tribus les unes des autres, remplacer leurs guerres continuelles par de grandes expéditions où tout le pays prendrait part, et donner ainsi à la Grèce un commencement d'esprit national. En même temps, on avait à lutter contre la nature, encore plus forte que l'homme, à faire cesser les ravages des bêtes féroces, les débordements des rivières, les émanations pestilentielles des marais. Telle fut l'œuvre multiple des temps héroïques.

12. Maître des Cyclades et de la mer qui les baigne, le roi de Crète *Minos* se servit de ses nombreux vaisseaux pour purger ces îles des malfaiteurs qui en faisaient le centre et le repaire de leurs pirateries. En outre, pour délivrer tout à fait la mer Égée de ces brigandages, les peuples grecs, d'accord entre eux, firent un décret portant défense formelle de mettre en mer aucune barque montée par plus de cinq hommes; on n'en excepta que le navire *Argo*, galère à cinquante rames destinée à faire la chasse aux pirates, sous la conduite du prince thessalien *Jason*. Cette guerre énergique faite au brigandage maritime, ces entraves momentanées apportées à la navigation, donnèrent au commerce naissant et aux villes voisines du rivage une sécurité jusqu'alors inconnue, et ce premier succès fit naître l'idée de couronner l'œuvre par une expédition plus lointaine. La piraterie, chassée de la mer Égée, avait

d'autres repaires dans la Colchide, située au fond du Pont-Euxin. On savait d'ailleurs que les peuples à demi sauvages qui habitaient les bords de cette mer, tuaient impitoyablement tous les étrangers qui abordaient dans leurs parages (1). Jason résolut de porter, avec le navire qu'il commandait, la terreur du nom grec chez ces barbares, et il appela à cette entreprise les jeunes chefs les plus vaillants des divers pays de la Grèce. Thésée vint d'Athènes; Hercule, de Thèbes en Béotie; Castor et Pollux, de Sparte en Laconie; une cinquantaine d'autres les suivirent, et tous s'embarquèrent sur le navire *Argo*, à Iolcos en Thessalie. Ils suivirent les côtes de la Thrace, passèrent les détroits, entrèrent dans le Pont-Euxin, arrivèrent jusqu'en Colchide, et là ils dépouillèrent de ses trésors le roi Aétès et enlevèrent même sa fille Médée. Tel paraît être le vrai sens historique de ce voyage des Argonautes dont plus tard la Fable s'est emparée, et dont elle a fait la conquête de la toison d'or, en l'entourant de circonstances merveilleuses.

13. *Hercule* et *Thésée* combattaient aussi, sur le continent, les désordres auxquels Minos et *Jason* cherchaient à mettre fin sur la mer et dans les îles. Le nom d'Hercule, bien que ce qu'on en rapporte ait un fond de vérité, a

---

(1) Cette férocité des barbares qui habitaient les côtes de la mer Noire lui avait fait donner d'abord le nom de *mer Inhospitalière* (*Pont-Axin*). La civilisation qu'y introduisirent plus tard les colonies grecques fit changer ce nom en celui de *mer Hospitalière* ou *Pont-Euxin*.

été entouré de bien des fables, et le récit de ses exploits appartient plutôt à la mythologie qu'à l'histoire (1). La vie de Thésée offre plus de certitude, mais elle est pleine aussi de récits fabuleux.

Le rôle politique des deux héros peut se résumer en quelques lignes. *Hercule*, fils d'Amphitryon et d'Alcmène, réfugiés à Thèbes, était l'héritier

Temple de Thésée à Athènes (2).

dépossédé de deux villes de l'Argolide, Mycènes et Tirynthe, et il força à la fin l'usurpateur, Eu-

---

(1) Nous ne donnons ici sur Hercule que ce qui nous paraît essentiel et vraiment historique, et nous renvoyons, pour les détails, à notre traité de mythologie, où ils seront plus à leur place.

(2) Ce temple, qui existe encore, fut construit par les ordres de Cimon, vers 475 avant Jésus-Christ. Cimon venait de rapporter les ossements du héros de l'île de Scyros, dont le roi Lycomède avait jadis fait périr Thésée, chassé du trône par les Athéniens révoltés.

rysthée, à lui restituer la seconde. *Thésée*, fils du roi Égée, l'un des successeurs de Cécrops, affranchit son pays du tribut annuel de sept jeunes filles et de sept jeunes gens que lui avait imposé Minos, roi de Crète. A la colline sur laquelle Cécrops avait bâti l'Acropole ou citadelle, il réunit les demeures qui s'étaient groupées depuis lors au pied de la côte; il appela cette ville Athènes, du nom grec de la déesse Minerve (Athéné), et rangea sous la suprématie d'Athènes, déclarée capitale et siége du gouvernement, les divers bourgs de l'Attique, séparés et indépendants jusque-là.

A cette première partie de l'histoire d'Hercule et de Thésée, s'ajoute le récit de leur guerre aux bêtes féroces et aux brigands qui, sur bien des points, désolaient la Grèce. *Hercule*, des coups de sa massue, tua le lion de la forêt de Némée en Argolide, le sanglier du mont Érymanthe en Arcadie; *Thésée* se rendit maître du taureau furieux qui inquiétait la campagne de Marathon en Attique. Quant à l'hydre des marais de Lerne, aux têtes toujours renaissantes, il faut sans doute y voir, au lieu d'un serpent monstrueux, une image de l'air vicié et malfaisant qui infecte encore aujourd'hui ce canton de l'Argolide, et des difficultés que rencontra *Hercule* pour dessécher le marais et l'assainir. — Les forfaits monstrueux de quelques brigands étaient pour la Grèce une plaie plus affreuse encore que l'insalubrité de certains pays, que les courses de quelques animaux dangereux dans les campagnes. *Hercule*, dit-on, fit manger le Thrace Diomède par les chevaux de ce roi barbare, qui les nourrissait de chair humaine. Mais, dans la Grèce elle-même, se rencontraient çà et là des hommes dont la férocité allait encore plus loin. L'un d'eux, Sciron, dans la Mégaride, prenait plaisir à précipiter les voyageurs dans la mer qui baignait la base de son rocher. Un autre, Sinnis, sur l'isthme de Corinthe, les attachait à deux pins dont la force avait courbé et rapproché les branches, et les arbres, en se redressant, déchiraient et écartelaient ses victimes. Un troisième, Procuste, en Attique, liait ses prisonniers sur un lit de fer, coupant les pieds à ceux qui dépassaient la mesure, tirant et allongeant avec des courroies ceux dont les membres étaient trop courts. Thésée, maître de leurs personnes, leur infligea le supplice qu'ils avaient eux-mêmes imaginé pour les autres.

Ainsi, pas à pas, s'avançait péniblement la Grèce dans la voie de l'ordre et de la civilisation.

QUESTIONNAIRE. — 11. D'où vient le nom et quelle fut la durée des temps héroïques ?— Résumez en quelques mots les progrès de la société grecque pendant cette période. — Quel service rendit à la Grèce le roi de Crète Minos ? — Quel décret fut porté contre la piraterie pendant les temps héroïques ? — Indiquez les causes, les principaux membres et les résultats de l'expédition des Argonautes. Quel est le sens des mots Pont-Euxin, et de quel nom se servait-on, avant celui-là, pour désigner la mer Noire ?— 13. Tout ce qu'on rapporte d'Hercule et de Thésée n'appartient-il pas à la Fable ? — Que sait-on de la famille et du pays d'Hercule ? — Racontez brièvement l'histoire politique de Thésée. — Indiquez leurs principaux exploits contre les bêtes féroces qui désolaient certains pays grecs. — Quels brigands punirent-ils de leurs forfaits ?

# CHAPITRE IV

TEMPS HÉROÏQUES (XIV<sup>e</sup>, XIII<sup>e</sup> ET XII<sup>e</sup> SIÈCLE AV. J. C.).

## Les Amphictionies. — La guerre de Thèbes. La guerre de Troie.

14. A la répression de la piraterie et du brigandage s'ajoute, dans les temps héroïques, un autre fait capital. C'est la tendance des petits peuples Grecs à se rapprocher les uns des autres, soit par des institutions communes, par lesquelles ils essayaient de protéger l'ordre et la paix, soit par des alliances, qui les réunissaient pour soutenir une même cause.

De bonne heure, des tribus voisines les unes des autres s'associèrent entre elles sous le nom de conseils des *Amphictions* c'est-à-dire *voisins*) ou *Amphictionies* (1). Les députés de ces tribus s'assemblaient, une ou deux fois chaque année, dans un temple regardé comme centre et siége de l'association. Ils y faisaient, par serment, certaines promesses au nom de leurs peuples, par exemple de ne jamais détruire totalement une ville de l'Amphictionie, de ne pas la priver d'eau,

---

(1) L'orthograpne que nous adoptons pour ce mot, qu'on écrit aussi *Amphictyonies*, est celle que les anciens nous donnent eux-mêmes pour l'orthographe primitive, et qu'ils conservèrent sur les médailles et dans les inscriptions. Ce n'est que plus tard que, dans les livres, les Grecs écrivirent le mot différemment, en donnant pour auteur à l'Amphictionie de Delphes un certain Amphyction, petit-fils d'Hellen, dont on ne sait rien autre chose, et que la plupart des savants regardent aujourd'hui comme un personnage inventé et fabuleux.

même en temps de guerre, de protéger contre tout attentat sacrilége le sanctuaire et les trésors du dieu sous le patronage duquel l'association était placée. La principale Amphictionie était celle qui se réunissait, au printemps, dans le temple d'Apollon à Delphes en Phocide, et à l'automne, dans le temple de Cérès au passage des Thermopyles. Elle comprenait un grand nombre des petits États placés au nord de l'isthme de Corinthe.

15. Les guerres mêmes de l'âge héroïque montrent la disposition des peuples grecs à sortir de leur état d'isolement. Ils avaient été jusque-là presque toujours en lutte les uns avec les autres : on les voit parfois alors s'entendre et s'allier pour combattré les mêmes ennemis. Ce fait se remarque surtout dans l'histoire des fils d'Œdipe et dans la célèbre guerre de Troie.

L'histoire d'Œdipe, en grande partie fabuleuse, est une des plus tragiques que l'antiquité nous ait laissées. Il était fils de Laïus, roi de Thèbes, qui, étouffant tous-les sentiments de la nature, le fit, au moment de sa naissance, exposer sur le Cithéron : c'était, dit la Fable, dans la crainte de voir s'accomplir un oracle qui lui avait annoncé que cet enfant, s'il vivait, serait son meurtrier et deviendrait l'époux de sa mère. Œdipe fut pourtant sauvé par la pitié de deux esclaves : l'un, chargé de l'abandonner aux bêtes, se contenta de le suspendre par les pieds à un arbre ; l'autre, attiré par les cris de l'enfant, le détacha de l'arbre, et l'emporta à la cour du roi de Corinthe, Polybe, qui l'éleva comme son fils. Il arriva ainsi à l'âge d'homme sans connaître les vrais auteurs de ses jours. Ce fut alors que, rencontrant Laïus dans un étroit chemin de la Phocide, il se prit de querelle avec lui et le tua, sans se douter qu'il se rendait coupable d'un parricide. Bientôt après il délivra la Béotie d'un monstre qui la désolait, et il épousa alors sa propre mère, Jocaste, veuve de Laïus, qui avait promis sa main à celui qui rendrait ce service à Thèbes. Il ne découvrit que longtemps après le mystère de sa naissance et ses crimes involontaires, et il s'en punit lui-même en se crevant les yeux, pour ne plus voir le jour qui avait éclairé tant d'horreurs. Deux fils dénaturés, *Étéocle* et *Polynice*, le chassèrent alors du trône. Une seule consolation lui restait, l'affection dévouée de sa fille Antigone, qui guidait pieusement ses pas. Conduit par elle, le malheureux vieillard voulut chercher un asile, cacher sa honte et ses infortunes dans l'Attique, et il mourut au bourg de Colone, en y arrivant.

Ses fils ne jouirent pas longtemps du fruit de leur ingratitude. Ils convinrent de régner alternativement, chacun une année; mais quand une fois l'ambitieux Étéocle eut goûté les douceurs de la royauté, il refusa d'abandonner la couronne. Polynice, exilé de sa patrie, alla chercher partout des ennemis à son frère. Le roi d'Argos, Adraste, lui donna sa fille en mariage; d'autres chefs, venus de l'Étolie, de l'Arcadie, des autres villes d'Argolide, se joignirent aux Argiens avec leurs troupes, et Thèbes se vit bientôt assiégée par de nombreux bataillons. L'expédition n'eut d'abord que de tristes résultats : les assiégeants furent vaincus, la plupart perdirent la vie dans cette guerre, les deux frères s'entre-tuèrent dans un combat singulier, et le pouvoir resta entre les mains de leur oncle Créon, comme tuteur du jeune enfant d'Étéocle. Mais dix ans après, les fils des guerriers qui avaient péri devant les murailles voulurent venger la mort de leurs pères, et cette fois les Thébains eurent le dessous. Après cette défaite et la mort de leur jeune roi, la plupart abandonnèrent leur ville, et les vainqueurs, après l'avoir pillée et démantelée, donnèrent la couronne à Thersandre, fils de Polynice.

16. Dans la guerre de Troie, ce ne furent plus seulement quelques chefs avec leurs peuples. La Grèce tout entière alla se précipiter sur l'Asie, et cette guerre fut le grand fait des temps héroïques (douzième siècle).

Au nord-ouest de l'Asie Mineure, sur les côtes de la mer Égée, de l'Hellespont ou détroit des Dardanelles et de la Propontide ou mer de Marmara, se trouvait le petit royaume de Troade. Il avait à peu près l'étendue du Péloponnèse; sa capitale, Troie ou Ilion, s'élevait au pied du mont Ida, et, devant les murs de cette ville, s'étendaient des plaines fertiles et bien cultivées, qu'arrosaient les ruisseaux du Xanthe ou Scamandre et du Simoïs. Le vieux roi de Troie, Priam, envoya un jour en Grèce Pâris, l'un de ses nombreux enfants. Le jeune homme, reçu à Sparte comme un ami, ne répondit que par une trahison à l'accueil affable de ses hôtes : il enleva et emmena à Troie la belle Hélène, femme du roi de Sparte Ménélas. L'époux irrité appela son frère Agamemnon, qui avait remplacé Eurysthée sur le trône de Mycènes, à le seconder dans sa vengeance; et, comme l'influence et les richesses de cette famille, déjà grandes au temps de leur aïeul Pélops, s'étaient encore augmentées sous Atrée, leur père, ils parvinrent à entraîner à leur suite tous les peuples grecs. L'amour des aventures, l'espoir de trouver dans cette guerre de riches dépouilles, le souvenir des ravages que plus d'une fois les pirates asiatiques, venus de Colchide ou de Phénicie, avaient commis sur les rivages de la Grèce, s'ajoutaient à l'outrage récent dont se plaignaient les Atrides (1), et bientôt douze cents vaisseaux, partis d'Aulis sur l'Euripe en Béotie, transportèrent plus de cent mille guerriers sur les côtes de la Troade. Agamemnon était le chef suprême de l'expédition, et, à côté de ce prince et de Ménélas, on remarquait le vaillant Achille et son ami Patrocle, venus de la Thessalie, le rusé Ulysse, roi de l'île d'Ithaque, le vieux Nestor, roi de Pylos en Élide, les deux Ajax, l'un roi de la Locride Opontienne, l'autre de la petite île de Salamine, Diomède, gendre d'Adraste et son successeur sur le trône d'Argos, Idoménée, roi de Crète, Philoctète, l'ancien compagnon d'Hercule, avec les Thessaliens de l'OEta.

Une fois débarqués, les Grecs n'eurent pas seu-

---

(1) Ainsi s'exprimaient les Grecs pour désigner les fils d'Atrée. De même le mot *Héraclides* signifiait les descendants d'Hercule (en grec *Héraclès*).

lement à attaquer la capitale de Priam. Pour nourrir une armée si nombreuse, il leur fallut piller sans cesse les villes et les campagnes du voisinage, cultiver la Chersonèse de Thrace, de l'autre côté de l'Hellespont. Au lieu d'être concentrées en une seule masse, leurs troupes furent ainsi dispersées et éparpillées. Les Troyens, au contraire, se voyaient soutenus par une partie des peuples de l'Asie Mineure ; ils avaient à leur tête le redoutable Hector, fils de Priam, et, pendant neuf ans, les hostilités se prolongèrent, sans que les envahisseurs fussent plus avancés qu'au début. Dans la dixième année, si nous en croyons les poëmes d'Homère, la discorde des chefs vint encore se

Andromaque pleurant Hector, dont Achille traine le corps autour des murs de Troie.

joindre aux causes qui retardaient le succès du siége. Achille, irrité contre Agamemnon, se retira dans sa tente; les Grecs alors, deux fois vaincus et poursuivis, furent réduits à trembler pour leur camp et leurs navires; beaucoup d'entre eux, et Patrocle lui-même, furent tués de la main du terrible Hector. Le héros grec à la fin, oubliant sa colère pour ne songer qu'à l'ami qu'il venait de perdre, reparut à la tête de l'armée, et la fortune aussitôt changea de parti. Hector, à son tour, tomba sous les coups d'Achille; pour venger son ami, le vainqueur traîna trois fois le cadavre du défenseur de Troie autour des murailles que sa valeur avait longtemps protégées, et un peu plus tard, après qu'Achille lui-même eut péri d'une blessure au talon, due à la flèche du traître Pâris, la ville, surprise par une ruse d'Ulysse, fut livrée au pillage et incendiée (1184?) (1). Le vieux Priam fut égorgé; sa femme Hécube, ses filles, Andromaque, veuve d'Hector, furent traînées en esclavage. Quant à Pâris, la main de Philoctète, avant la prise de Troie, lui avait déjà fait expier tous ses crimes, et la coupable passion qui avait amené la guerre, et le lâche guet-apens qui avait causé la mort d'Achille.

Les quatre cinquièmes de l'armée grecque et beaucoup de ses chefs avaient succombé pendant la durée du siége, et de nouveaux malheurs as-

---

(1) Les données des anciens sur cette date précise diffèrent beaucoup entre elles, et nous donnons celle qui nous paraît la mieux justifiée. — La chronologie grecque manque de certitude jusqu'à l'ère des Olympiades (776), où l'on commença à inscrire sur un registre public les noms des vainqueurs aux jeux olympiques, lesquels avaient lieu tous les quatre ans.

saillirent, après le départ, plusieurs de ceux qui vivaient encore. Ulysse erra dix ans sur les mers avant de rejoindre son île d'Ithaque et de retrouver la chaste Pénélope, sa fidèle épouse. Agamemnon fut assassiné, au retour, par le perfide Égisthe et sa propre femme Clytemnestre. Idoménée, chassé de la Crète par ses sujets, fut réduit à chercher, avec quelques compagnons, une patrie nouvelle dans le sud de l'Italie, où il alla fonder la ville de Salente.

QUESTIONNAIRE. — 14. Outre la répression de la piraterie et du brigandage, quel grand caractère offre encore l'histoire des temps héroïques?— Qu'étaient-ce que les Amphictionies, et où se réunissait la principale? — Que veut dire le mot *Amphiction?* — 15. Résumez l'histoire d'Œdipe. — Montrez, en rappelant l'histoire d'Étéocle et de Polynice, la cause de la guerre de Thèbes. — Racontez cette guerre et faites-en connaître l'issue. — 16. Indiquez la position, l'étendue, la capitale et les cours d'eau de la Troade. — Exposez la cause de la guerre de Troie et les divers mobiles qui poussèrent les Grecs à cette expédition. — Quel était à peu près le chiffre de leur flotte et de leur armée? Énumérez leurs principaux chefs. — D'où vint, pendant longtemps, le peu de succès des Grecs? — Résumez l'histoire de la dixième année du siége de Troie, et indiquez comment il se termina. — Quel fut le sort du roi de Troie et de sa famille?—Quels malheurs essuyèrent, après le départ, plusieurs des chefs grecs?

---

# CHAPITRE V

### ÉTAT SOCIAL ET GOUVERNEMENT DES GRECS AUX TEMPS HÉROIQUES.

17. Homère nous a laissé, sur la guerre de Troie et les héros qui s'y distinguèrent, deux admirables poëmes, l'*Iliade* et l'*Odyssée*. Dans l'un, il raconte

la dixième année du siége, la colère d'Achille et la mort d'Hector. Dans l'autre, il nous parle des longs voyages d'Ulysse (en grec *Odysseus*), longtemps assailli par les tempêtes, ballotté sur les mers, errant de rivage en rivage, avant de rentrer dans sa patrie. Ces poëmes, dont la composition remonte presque au temps dont ils font l'histoire (1), nous donnent des lumières précieuses sur les mœurs de ces âges reculés.

Ces mœurs de la Grèce aux temps héroïques ont, sur bien des points, une ressemblance frappante avec celles des Hébreux à l'époque des patriarches. Au pays de Chanaan, Abraham courait lui-même à l'étable, quand il avait des hôtes à recevoir ; Sara, sa femme, pétrissait elle-même le pain ; et cependant Abraham, riche en troupeaux, en esclaves, en argent, était puissant et respecté comme un des princes du pays. De même Achille, dans l'*Iliade,* dépèce de ses propres mains et expose au feu les viandes, pour le festin qu'il veut offrir dans sa tente. Dans la Bible, Rebecca, la nièce d'Abraham, va chaque soir, l'urne

---

(1) Homère vivait vers le dixième siècle avant Jésus-Christ, mais on ne sait à quelle époque précise. On ignore également le lieu de sa naissance ; mais, parmi les nombreuses villes qui se disputaient cet honneur, c'est à Smyrne, sur les côtes de l'Asie Mineure, que la plupart des savants croient devoir donner la préférence. Quant aux circonstances de sa vie, rien d'authentique n'est parvenu jusqu'à nous, et sa prétendue cécité paraît n'être qu'une fable. On a même été jusqu'à nier son existence, jusqu'à prétendre que l'*Iliade* et l'*Odyssée* ne sont que la réunion d'anciennes poésies, emanant de divers auteurs, rassemblées plus tard et mises bout à bout. Cette opinion ne date que du dernier siècle, et la parfaite unité, l'ensemble merveilleux de chacun des poëmes homériques, est la meilleure raison à lui opposer : il n'en pourrait être ainsi dans une œuvre de plusieurs mains.

sur l'épaule, comme les autres femmes du pays, puiser de l'eau à la fontaine ; Rachel, les filles de Jéthro, mènent paître dans les champs les troupeaux de la famille ; Saül, devenu roi, n'en conduit pas moins sa charrue. De même, dans l'*Odyssée*, la fille du roi des Phéaciens de Corcyre, la jeune Nausicaa, va laver dans les eaux du fleuve, avec les femmes qui la servent, les robes de son père, celles de ses frères, ses propres vêtements. Ulysse, prenant un tronc d'olivier, façonne lui-même le bois de lit de sa chambre, et, plus tard, c'est de ses propres mains qu'il construit le navire sur lequel il s'enfuit de l'île de Calypso. Dans l'*Iliade*, où les mœurs des Troyens sont comme une autre image de celles de la Grèce, les frères d'Andromaque et les fils de Priam gardent les bœufs et les brebis dans les prairies de la Cilicie et de la Troade.

Il faut se garder cependant d'exagérer cette simplicité de la vie des temps héroïques, et de voir dans les Grecs que peint Homère une société encore dans l'enfance. Leurs mœurs étaient « plus près de la nature que les nôtres (1) ; » mais, parce que les rois et les fils de rois se mêlaient aux travaux de leurs esclaves, il ne faut pas voir en eux des hommes des champs, rustiques et grossiers, et croire que leurs demeures étaient des cabanes et des chaumières. L'imagination du poëte est

---

(1) Rollin, *Traité des études.* Cet excellent livre nous offre, sur la lecture d'Homère, deux remarquables chapitres dont nous sommes heureux de pouvoir nous aider.

sans doute pour beaucoup dans la magnificence des palais où il place ses héros, dans les meubles somptueux dont il les décore, dans les métaux précieux dont les il remplit; mais tout cela ne pouvait être de pure invention, et cette jeune civilisation justifiait certainement déjà les noms d'inventeurs et d'industrieux que les vers d'Homère donnent souvent aux hommes.

18. En Grèce comme dans l'Asie, l'esclavage existait; mais le nombre des esclaves était encore peu considérable aux temps héroïques, et il n'y en avait que dans les maisons des grands. Le maître avait sur leur personne une autorité absolue : il pouvait les battre, les tuer même; mais ce droit inique n'était guère appliqué : les mœurs, grossières encore, n'étaient point cruelles, et, en fait, la condition des esclaves ressemblait souvent à une domesticité librement acceptée. L'habitude qu'avaient alors les maîtres, même dans les rangs les plus élevés, de se mêler aux occupations de la vie domestique, abaissait la barrière qui les séparait de leurs serviteurs; et ceux-ci, familiers et respectueux tout ensemble, faisaient en quelque sorte partie de la famille, et souvent s'attachaient de cœur à leurs maîtres. Dans l'*Odyssée*, Télémaque, après un long et périlleux voyage, revient à Ithaque : le vieux pasteur Eumée l'aperçoit tout à coup, et, « dans son émotion, il laisse tomber les « vases qu'il portait; il court au-devant de son « jeune maître, il couvre de baisers sa tête, ses « yeux, ses deux mains, et de chaudes larmes cou- « lent le long de ses joues. Te voilà donc, s'écrie-

« t-il, mon fils bien-aimé, douce lumière de mes
« yeux ! je croyais ne plus te revoir (1). » Quand
ce fidèle serviteur parle d'Ulysse, et il y revient
sans cesse, c'est toujours en exprimant la douleur
qu'il ressent de l'avoir perdu : « Jamais, dit-il, en
« quelque lieu que je porte mes pas, je ne retrou-
« verai un maître si bon. Je serais heureux de re-
« voir de mes yeux, dans les lieux où je suis né,
« mon père et ma mère ; mais, je l'avoue, je ne
« les pleure pas encore autant que je regrette
« l'absence d'Ulysse. Il m'aimait bien, il s'inté-
« ressait à moi dans son cœur, et, maintenant
« qu'il n'est plus là, je l'appelle encore un ami
« et un frère. » Quelquefois, après de longs services, les maîtres faisaient à leurs esclaves une
position plus indépendante et mieux assurée. « S'il
« eût vieilli dans son palais, dit encore Eumée,
« Ulysse m'aurait donné sans doute une maison,
« un champ, une épouse, comme le fait un maître
« bienfaisant quand son fidèle serviteur a souffert
« de rudes fatigues, et qu'un dieu a fait prospérer
« ses travaux (2). » C'était, on le voit, une sorte
d'affranchissement, qui préservait les vieux jours
de l'esclave de l'abandon et de la misère ; rapproché de son maître par la simplicité des mœurs, il
était traité à peu près comme l'un des siens. La
Grèce de ce temps ne montrait point encore tous
les fruits amers de l'esclavage.

19. Les rois grecs n'étaient pas, comme les des-

---

(1) Homère. *Odyssée*, chant XVI.
(2) *Odyssée*, chant XIV.

potes de l'Asie, maîtres absolus de la vie et des biens de leurs sujets. Ils étaient, de père en fils, les souverains sacrificateurs dans les grandes solennités, les chefs et les généraux de leurs peuples, les juges suprêmes de toutes les causes ; mais soit en paix, soit en guerre, leur pouvoir était bien limité. Ils ne prenaient aucune mesure grave, ils ne réglaient aucune affaire importante, sans l'assistance et le consentement des grands et de la nation. Homère appelle les rois « les pasteurs des « peuples, » et plus d'une fois il parle des devoirs nombreux que ce titre impose : « L'homme qui « préside à tant de conseils, dit-il, l'homme qui a « sous sa conduite tant de peuples, et qui est « chargé de tant de soins, ne doit pas dormir les « nuits entières. Qu'il soit vigilant, qu'il craigne « les dieux, qu'il maintienne la justice, et les « hommes vivent heureux sous ses lois (1). » Pour les jugements, les rois avaient à côté d'eux les anciens du peuple : car, dans cette société patriarcale, l'âge du vieillard lui assurait le respect de tous, et lui donnait une grande part d'influence. « Ce n'est pas sans embarras, dit Télémaque, qu'un « jeune homme comme moi peut questionner un « homme chargé d'années. » De même, dans les courses de chars qui suivent les funérailles de Patrocle, Achille traverse l'assemblée des Grecs, il va porter de sa main un des prix au vieux Nestor, qui ne peut plus concourir : c'était un hommage offert aux cheveux blancs de ce vieillard

---

(1) *Iliade*, chant II. — *Odyssée*, ch. xix.

vénérable, qui avait vu trois générations et qui régnait alors sur la quatrième (1).

Les juges n'avaient, pour se guider, que la voix de leur conscience et les principes de l'équité naturelle, car il n'existait encore ni lois ni codes. Les procès d'ailleurs n'étaient point nombreux : l'État laissait aux familles le soin de poursuivre les individus de qui elles avaient souffert une offense ou un dommage. Il n'intervenait que si les deux parties s'entendaient pour soumettre leur cause à un tribunal public ; et, la plupart du temps, même dans les cas les plus graves, les différends se terminaient au prix d'une indemnité, plus ou moins forte, sans que les juges eussent à s'en mêler. « On voit tous les jours, dit Ajax à « Achille pour apaiser la colère qui l'éloigne des « combats, le frère, apaisé par des présents, par-« donner la mort d'un frère, le père faire grâce au « meurtrier de son fils. Le coupable se rachète en « payant une rançon considérable ; et la famille « du mort s'adoucit, en recevant le prix du sang « versé (2). » Reconnu en principe, le droit de vengeance personnelle disparaissait ainsi à demi dans la pratique de la vie. Le meurtrier quittait parfois le pays pour un peu de temps ; cet exil volontaire donnait à l'irritation des parents et des amis de la victime le temps de se calmer, et l'on évitait d'impitoyables représailles.

QUESTIONNAIRE. — 17. Indiquez le titre et le sujet des poëmes d'Homère. — A quoi tient surtout leur utilité pour

(1) *Odyssée*, chant III. — *Iliade*, ch. XXIII.
(2) *Iliade*, chant IX.

l'histoire grecque? — Que sait-on d'Homère? — Avec quel peuple et quelle époque la Grèce des temps héroïques offre-t-elle le plus d'analogie? — Prouvez cette ressemblance par quelques rapprochements. — Serait-il juste d'appeler les Grecs de cet âge une société dans l'enfance? — 18. Donnez une idée de la condition des esclaves chez les Grecs des temps héroïques. — Montrez, par quelques citations de l'*Odyssée*, les liens d'affection qui unissaient parfois alors l'esclave à ses maîtres. — 19. Quel était, d'après les poëmes d'Homère, le pouvoir des rois? — Montrez, par quelques exemples, le respect des Grecs de ce temps pour les vieillards. — Comment se rendait la justice et se terminaient d'ordinaire les différends aux temps héroïques?

---

# CHAPITRE VI

### VIE PRIVÉE DES GRECS AUX TEMPS HÉROIQUES. — LEUR RELIGION.

20. Ce n'est pas seulement par la simplicité des mœurs que les Grecs d'Homère peuvent se rapprocher des patriarches de la Bible. Les vertus de la vie privée, le respect des liens de famille, oubliés quelquefois dans la pratique, mais toujours vénérés par l'opinion, le caractère sacré dont les temps héroïques entouraient l'étranger et le pauvre, établissent aussi une analogie remarquable entre les personnages du livre saint et ceux du poëte. Homère sans doute a embelli le temps et les hommes que ses vers mettent sous nos yeux ; mais il n'a pu, à si peu de distance de la guerre de Troie, présenter à la Grèce, comme son image, des mœurs toutes différentes de celles qui étaient les siennes ; comme des lois saintes pour tous, des principes que la plupart auraient méconnus.

Il y a donc une grande part de vérité dans les tableaux attrayants que nous présentent l'*Odyssée* et l'*Iliade* : ils étaient tout à la fois le souvenir des temps antérieurs, et un modèle salutaire pour le siècle du poëte et pour ceux qui devaient suivre (1). A côté d'une Hélène, qui délaisse son époux, d'une Clytemnestre, qui tue le sien, nous pouvons admirer avec confiance, comme une peinture fidèle de l'âge héroïque, les nobles figures de Pénélope, la chaste compagne d'Ulysse, d'Andromaque, la tendre épouse du vaillant Hector, de la gracieuse Nausicaa, si pleine de sens, quoique jeune encore, et aussi disposée à s'occuper des soins du ménage qu'à jouer gaiement à la paume avec ses compagnes. Ces femmes d'Homère semblent avoir devancé les temps, et elles seraient encore des modèles au sein du christianisme.

21. Amour respectueux des enfants pour leur père et leur mère, amour infatigable et dévoué des parents pour leurs enfants, affection fidèle des époux et sainteté des liens du mariage, tout ce qu'il y a de sentiments généreux et de lois morales dans la vie de famille est en action dans l'*Iliade* et l'*Odyssée*. « Prends bien soin de mon

---

(1) Saint Basile cite, en l'adoptant, cette pensée d'un de ses maîtres, « que toute la poésie d'Homère est l'éloge de la vertu, et que tout, « sauf ce qui est de pur ornement, y tend à cette fin. » Dans le *Traité des études*, Rollin parle dans le même sens « des excellentes « maximes qui sont partout répandues dans l'*Iliade* et l'*Odyssée*, des « exemples et des actions sous lesquels le poëte a eu l'art admi- « rable de cacher ses instructions, afin de les rendre plus insi- « nuantes, plus persuasives, plus parlantes, plus efficaces. »

« père et de ma mère, dit Ulysse à Pénélope en
« partant pour la guerre de Troie ; sois pour eux
« ce que tu es maintenant, ou meilleure encore,
« pendant que je serai loin d'eux (1). » Ailleurs
le poëte suppose qu'Ulysse, descendu aux enfers,
aperçoit l'ombre d'Achille : c'était sous cette forme
indécise et nuageuse, sorte d'intermédiaire entre
le corps et l'âme, que les Grecs se représentaient
les âmes de ceux qui avaient quitté la vie. « Parle-
« moi de mon fils, dit Achille. Dans les combats,
« s'élance-t-il aux premiers rangs, ou reste-t-il
« dans la foule ? Et mon vieux père, l'irrépro-
« chable Pélée, reçoit-il encore les honneurs qui
« lui sont dus ? Que ne puis-je paraître dans son
« palais, ne fût-ce qu'un instant ! comme je ferais
« sentir la vigueur de mon bras à ceux qui l'ou-
« tragent ! » Ulysse voit ensuite voltiger à ses
côtés l'âme de sa propre mère Anticlée, qu'il
croyait encore vivante. Cette vue lui arrache des
larmes : il demande à sa mère quelle maladie l'a
mise au tombeau, et ce que sont devenus, pendant
ses vingt années d'absence, son vieux père Laërte,
sa femme, son enfant. « Pénélope, le cœur brisé
« de douleur, lui répond sa mère, est restée avec
« constance dans ton palais ; ses pénibles nuits et
« ses longues journées la consument dans les
« larmes. Ton père reste dans les champs. Il ne
« veut plus de couche moelleuse, de couvertures
« éclatantes : durant l'hiver, il dort dans la mai-
« son où sont les esclaves, étendu sur la cendre

_________

(1) *Odyssée*, ch. xviii.

« auprès du foyer, le corps enveloppé de grossiers
« vêtements ; quand reviennent l'été et le ver-
« doyant automne, on lui dresse à terre, dans son
« vignoble, un lit de feuilles tombées, et il s'y
« étend, le cœur contristé, l'âme pénétrée d'une
« douleur toujours croissante, en gémissant sur
« ton sort. C'est comme cela que, moi aussi, je
« suis morte : ce n'est pas une maladie qui est
« venue, dans de cruels tourments, ravir la force
« à mes membres ; c'est ton regret, c'est ton
« souvenir, c'est la pensée de ta bonté, de ta
« piété pour moi, qui m'a ôté la vie (1). » Aux
temps héroïques comme toujours, il y avait du
mal sur la terre ; la violence et la corruption
avaient leur large part dans la vie des hommes.
Mais la société où Homère a pu trouver des modèles pour peindre comme il l'a fait la vie de famille, avait certes aussi beaucoup de bon.

22. Les sentiments des Grecs de l'âge héroïque
pour l'étranger et le pauvre sont plus touchants
encore, parce qu'ils n'ont pas naturellement et,
pour ainsi dire, instinctivement, dans le cœur de
l'homme, la même énergie que les affections de
famille. Dans les poëmes d'Homère, un voyageur
se présente-t-il au seuil d'un palais, son hôte
royal n'éprouve qu'une crainte, c'est qu'il n'ait
attendu longtemps à la porte. On ne lui demande
ni qui il est, ni d'où il vient, ni ce qu'il veut, tant
qu'il n'a pas pris sa part des meilleures provisions qu'on peut lui offrir, et les questions qu'on

--------

(1) *Odyssée*, ch. xi.

lui adresse alors naissent plutôt d'une curiosité
amicale que du soupçon et de la méfiance. « L'é-
« tranger et le suppliant, dit Alcinoüs à Ulysse,

Ulysse, accueilli comme suppliant chez Alcinoüs, roi des Phéaciens
commence le récit de ses malheurs.

« prend la place d'un frère pour un homme qui a
« tant soit peu de cœur. C'est Jupiter qui l'en-
« voie (1). » Plus tard, le héros revient dans
Ithaque ; il entre dans son palais sous l'apparence d'un mendiant ; il se voit indignement ou-
tragé par les prétendants, qui, sous prétexte
qu'ils aspirent à la main de Pénélope, viennent
chaque jour s'établir en maîtres chez elle et dila-
pider ses biens sans pudeur. « Vous avez grand
« tort, dit alors l'un d'eux, plus réservé que ses
« compagnons, de maltraiter ainsi ce pauvre

_______________

(1) *Odyssée*, ch. VIII.

« homme. Qui sait si ce n'est pas quelque dieu
« caché sous l'habit d'un pauvre ? Souvent les
« immortels, sous la figure de voyageurs, par-
« courent les villes, pour être témoins des vio-
« lences qu'on y commet ou de la justice qu'on y
« observe (1). » L'étranger ne partait pas sans
recevoir des présents, comme souvenir de l'hospitalité qu'il avait reçue ; cette hospitalité créait
des liens entre les deux familles, et ces liens les
unissaient parfois, malgré l'éloignement de leurs
pays, pour plusieurs générations.

23. Dans la Grèce de cet âge, on le voit, les
mœurs et les habitudes de la vie patriarcale s'é-
taient, sur bien des points, fidèlement conservées. Les traditions primitives ne s'étaient gravement altérées que sur ce qui touchait à la religion,
et des milliers de divinités y remplaçaient le vrai
Dieu dans les adorations des hommes. L'idolâtrie
n'y avait pas encore produit la corruption de
mœurs qui devait en sortir plus tard ; mais elle
existait, et la conduite que ses fables prêtaient
aux dieux était souvent un triste modèle.

Au-dessous de *Jupiter*, maître souverain du
ciel, roi des dieux et des hommes, et de *Junon*,

---

(1) *Odyssée*, chant xvII. — « Aimez l'étranger comme vous-
« mêmes, dit la loi de Moïse, car vous étiez aussi des étrangers dans
« l'Egypte. Qu'il soit parmi vous comme s'il était né à vos côtés. »
« Ne négligez pas d'exercer l'hospitalité, dira plus tard saint Paul
« (*Ep. aux Hébreux*, xiii, 2) : car c'est en la pratiquant, que quelques-
« uns, sans le savoir, ont reçu pour hôtes des anges. » L'Apôtre fait
particulièrement allusion aux anges qui furent reçus par Abraham
et par Lot, la veille et le jour de la destruction de Sodome : les uns
emmenèrent Lot hors de la ville maudite; les autres annoncèrent à
Abraham la naissance prochaine d'Isaac. (Voir notre *Histoire sainte*,
*Cours élémentaire*, p. 31, 33, 110).

qui était tout à la fois sa sœur et sa femme, *Neptune* et *Pluton*, ses deux frères, commandaient, l'un à la mer, l'autre aux lieux souterrains où les Grecs plaçaient la vie future. *Apollon* dirigeait le char du soleil, et il était, avec les neuf *Muses*, l'inspirateur des lettres et des arts. *Cérès* présidait aux moissons, *Diane* à la chasse, *Mars* à la guerre, *Mercure* au commerce. *Vesta* était la déesse du feu ; *Minerve* ou *Pallas*, celle de la sagesse et de l'art militaire ; *Vénus*, avec les trois *Grâces*, ses filles, était la déesse de la beauté, et *Vulcain*, quoique boiteux et difforme, l'avait obtenue en mariage, comme récompense de l'habileté et du soin qu'il avait mis à forger la foudre. Ces dieux descendaient tous de deux divinités plus anciennes, le vieux *Saturne* ou le Temps, et *Cybèle*, déesse de la terre. Non-seulement ils formaient une famille à l'image des hommes ; mais Homère leur attribue aussi toutes les faiblesses, toutes les passions, tous les vices de l'humanité. « Ils se querellent, ils se font des reproches, ils « se disent des injures, ils prennent parti les uns « contre les autres. Le mensonge, la fourberie, le « vol même, tous les crimes les plus détestables « perdent leur noirceur parmi eux (1). »

Aux habitants du ciel, ou, comme disaient les Grecs, de l'Olympe, parce qu'ils plaçaient le séjour des dieux près des cimes élevées de cette chaîne, s'ajoutait tout un peuple de dieux secondaires. Les mers, les fleuves, les bois, les champs, les

------

(1) Rollin, *Traité des études.*

montagnes, la nature entière, étaient remplis de divinités, tantôt hideuses et repoussantes, comme les *satyres* avec leurs cornes et leurs pieds de boucs, tantôt belles et gracieuses, comme les *naïades*, couronnées de roseaux, nymphes des fontaines et des rivières, comme les *dryades*, nymphes des forêts, qui se retiraient dans le tronc des arbres dont elles étaient les déesses et les protectrices, comme les *Néréides*, filles de la mer, qui servaient de cortége à leur reine *Amphitrite*, au milieu des vagues blanchissantes (1).

24. Au milieu de ces erreurs grossières, on retrouve à peine quelques restes, altérés et corrompus, de la vérité.

C'est Jupiter, dit Homère, qui, dès leur naissance, règle la destinée des hommes; il est le maître absolu, et tout dépend de sa volonté. C'est de lui que viennent les biens et les maux, la prudence et la raison du sage, le courage du guerrier, l'éloquence de l'orateur, le sceptre des rois. Quand les peuples méritent qu'il les protége, il donne la victoire à leurs armées, il couvre de riches moissons leurs campagnes; à ceux dont les crimes réclament un châtiment, il envoie les famines, les maladies, les calamités de toute nature : car « la Justice, vierge immortelle, est assise auprès « du maître des dieux (2). » — Et à côté de ces

---

(1) Nous ne donnons ici qu'un aperçu bref et résumé de la religion des Grecs, et nous renvoyons, pour les détails, au *Traité de mythologie* faisant partie de notre Cours d'histoire.

(2) Cette dernière phrase est du poëte Hésiode, qui vivait, à ce qu'on croit, environ deux cents ans après Homère. Le reste a été pris çà et là dans l'*Iliade* et l'*Odyssée*.

idées saines et élevées sur la providence et la
justice divines, la vie du dieu suprême en qui
elles résident débute par l'oubli du respect filial :
Júpiter commence par détrôner et par charger
de chaînes son vieux père Saturne. Elle se continue par de scandaleuses débauches, pour lesquelles il n'y aurait, dans nos mœurs, que le
châtiment et l'infamie.

Les Grecs conservaient aussi la croyance en
cette autre vie qui doit, après la mort, succéder
pour l'homme à celle de ce monde. Suivant eux,
les âmes de tous les morts, bons ou mauvais,
allaient, dans les profondeurs de la terre, se faire
juger devant le tribunal de Minos, l'ancien roi de
Crète, devenu juge des enfers. Des supplices terribles étaient réservés aux grands coupables dans
les abîmes du noir Tartare; les Furies, effrayante
personnification des remords, s'attachaient à tor-
turer les criminels dans l'autre monde, comme
elles les avaient déjà poursuivis sans relâche en
celui-ci. Mais les récompenses de la vertu étaient
si maigres, si insuffisantes, que, dans le printemps perpétuel des champs Élysées, elles laissaient un vif et continuel regret de la vie terrestre.
« Ne cherche pas, dit l'ombre d'Achille à Ulysse,
« ne cherche pas à me consoler de ma mort. J'ai-
« merais mieux cultiver la terre au service d'un
« pauvre laboureur, à peine assuré de sa subsi-
« stance, que de régner ici sur toutes les om-
« bres (1). » Ce n'est point ainsi que parle saint

_____________

(1) *Odyssée*, ch. XI.

Augustin, lorsqu'il s'entretient avec sainte Monique, sa mère, « de cette patrie du ciel qu'avaient
« attendue et espérée les patriarches, de cette vie
« éternelle des saints que l'œil n'a point vue, que
« l'oreille n'a point entendue, que l'esprit de
« l'homme ne saurait comprendre (1). Nos cœurs,
« dit-il, aspiraient aux eaux de la source céleste,
« de cette source de vie qui est en vous, ô mon
« Dieu, et le monde, avec tous ses plaisirs, nous
« paraissait alors bien peu de chose (2). »

Une semblable religion ne pouvait exercer qu'une faible influence sur la vie morale. Le chrétien, quelque bonheur qu'il trouve sur la terre, espère, après ce monde, une éternelle félicité dont toutes les joies d'ici-bas ne peuvent même lui offrir l'image ; quelque parfait qu'il soit, il est toujours loin de l'idéal qu'il doit chercher à atteindre, du modèle divin qu'il doit imiter. Dans la Grèce de l'âge héroïque, au contraire, la vie terrestre était le bonheur suprême ; et, de plus, c'était malgré les exemples de leurs dieux, c'était seulement en restant fidèles aux vieilles traditions, aux habitudes simples des ancêtres, à la voix de leur propre conscience, que les hommes avaient conservé ce qu'il y avait parmi eux d'honnête et de bon. Moins puissants que leurs divinités, ils pouvaient facilement être meilleurs qu'elles. — Les prêtres ne s'inquiétaient d'ailleurs ni d'expli-

---

(1) C'est à saint Paul (*Ép. aux Hébreux*, ch. xi ; Iᵉ *Ép. aux Corinthiens*, ch. ii) que le grand évêque d'Hippone emprunte ces expressions.

(2) *Confessions de saint Augustin*, liv. IX, ch. x.

quer les croyances, ni de répandre et de maintenir les préceptes moraux parmi les peuples. Ils n'étaient chargés que de veiller à l'entretien des temples, d'offrir les sacrifices aux dieux, de retenir et de conserver les formules nécessaires en quelques cérémonies.

25. En certains lieux cependant, au temple de Jupiter à Dodone (Épire), au temple d'Apollon à Delphes (Phocide), dans l'antre de Trophonius (1) en Béotie, sur bien d'autres points encore, les prêtres du paganisme eurent d'autres occupations : celle d'accueillir les Grecs ou les étrangers qui venaient en grand nombre consulter l'oracle, celle de rédiger les réponses du dieu aux questions qui lui étaient adressées. Ces oracles avaient l'air d'annoncer à l'avance aux hommes ce qui devait arriver : tantôt, disent les Pères de l'Église, c'était par l'assistance de l'esprit du mal, impuissant à pénétrer l'avenir, que Dieu seul connaît, mais plus capable que l'homme de le prévoir, de le deviner à demi, et intéressé à soutenir, par un fallacieux semblant de science divine, les erreurs de l'idolâtrie ; tantôt c'était par l'habileté des prêtres à couvrir leurs impostures de termes équivoques et ambigus, qui pussent toujours s'adapter à l'événement (2). Rien

_________________________

(1) Les Grecs donnaient ce Trophonius, qui avait reçu les honneurs divins, pour l'un des architectes qui avaient construit le premier temple de Delphes.

(2) L'oracle de Delphes annonce, par exemple, au roi de Lydie Crésus que, s'il passe le fleuve Halys, c'est-à-dire s'il fait la guerre aux Perses, il renversera un grand empire. Crésus, plein de confiance, entre en campagne, et croit qu'il va triompher de Cyrus. Il est vaincu lui-même, sa capitale est prise ; un empire est renversé, mais c'est le sien.

n'était negligé, d'ailleurs, pour frapper et troubler l'imagination de ceux qui venaient interroger la divinité dans son sanctuaire. On n'entrait dans l'antre de Trophonius qu'en introduisant péniblement les pieds et le corps dans une ouverture étroite, d'où l'on se sentait ensuite entraîner comme par un torrent jusqu'au fond du souterrain ; une fois au bas, les scènes que la main des prêtres y avait préparées semblaient tellement effrayantes, qu'on en conservait parfois un fond de tristesse pour toute sa vie. A Delphes, des exhalaisons pernicieuses sortaient de terre, sur un point du mont Parnasse, mais sans s'élever jamais beaucoup au-dessus du sol. On y avait élevé le trépied sacré ; une femme, qu'on appelait la pythie (1), montait sur ce trépied ; sous l'influence de ces vapeurs malignes, que les consultants, placés plus haut, ne ressentaient point, on voyait « son visage rougir et pâlir, tous ses membres « s'agiter de mouvements convulsifs, accompa- « gnés de cris et de gémissements. Bientôt, les « yeux étincelants, la bouche écumante, les che- « veux hérissés, ne pouvant ni résister à la va- « peur, ni s'élancer du trépied, où les prêtres la « retenaient, elle prononçait quelques mots sans « suite, au milieu des hurlements les plus affreux, « et ces paroles, recueillies et mises en ordre par « les prêtres, passaient pour l'inspiration di- « vine (2). » Ces surexcitations nerveuses, souvent

---

(1) Du mot *Pytho*, nom primitif de Delphes.
(2) Barthélemy, *Voyage d'Anacharsis en Grèce*, chap. XXII.

répétées, coûtèrent plus d'une fois la vie aux malheureuses qui jouaient ainsi le rôle d'inspirées.

QUESTIONNAIRE. — 20. — La simplicité des mœurs est-elle le seul caractère qui rapproche l'âge héroïque des Grecs de celui des patriarches? — Ne pourrait-on pas croire que le tableau de ces mœurs vient tout entier de l'imagination d'Homère? — 21. Montrez, d'après Homère, ce qu'était l'esprit de famille aux temps héroïques. — 22. Comment l'étranger et le pauvre étaient-ils accueillis en Grèce, à ces époques reculées? — 23. Sur quel point les traditions primitives s'étaient-elles gravement altérées chez les Grecs? — Faites connaître les principales divinités adorées en Grèce. — Donnez une idée des divinités secondaires. — 24. Montrez comment se conservaient, dans cette religion, les idées de la providence et de la justice divines? — Les aventures qu'elle prêtait au maître des dieux faisaient-elles de la vie de Jupiter un modèle à suivre? — Que pensaient les Grecs des peines et des récompenses de la vie future? — Rapprochez ce que dit Homère des champs Elysées du langage de saint Augustin sur le bonheur éternel des élus. — Montrez, en les comparant à la foi chrétienne, l'insuffisance morale des croyances de la Grèce. — L'action des prêtres païens exerçait-elle sur les mœurs une grande influence? — 25. Quels étaient les principaux oracles de la Grèce? — Quelle puissance leur attribuaient les Grecs, et comment s'expliquent leurs erreurs sur ce point? — Faites, en peu de mots, un tableau de l'oracle de Trophonius et de l'oracle de Delphes.

# FRAGMENTS D'HOMÈRE (1).

## LE PÈRE.

### PRIAM, AUX PIEDS D'ACHILLE, LE SUPPLIE DE LUI RENDRE LE CORPS D'HECTOR (2).

Priam descend de son char, et va droit à la tente où repose Achille. Les compagnons du héros étaient assis à l'écart; il venait d'achever son repas, et la table était encore dressée. L'auguste Priam entre sans être aperçu d'eux; il s'approche, se jette aux genoux d'Achille, et baise ces mains terribles et homicides qui lui ont ravi un si grand nombre d'enfants. Achille est frappé d'étonnement à la vue du divin Priam, ses compagnons s'étonnent comme lui et se regardent les uns les autres. Priam suppliant lui dit alors :

« Souviens-toi de ton père, Achille, semblable aux « dieux : il est de mon âge, et comme moi sur le triste seuil « de la vieillesse. Peut-être en ce moment ses voisins

---

(1) Nous croyons utile d'ajouter à nos derniers chapitres trois citations textuelles du grand poëte. Nos jeunes lecteurs n'ont pas tous l'*Iliade* et l'*Odyssée* dans les mains; beaucoup d'entre eux ne les liront peut-être jamais. Ces quelques pages leur feront encore mieux apprécier les nobles côtés de l'âge héroïque, et elles leur donneront en même temps une idée du merveilleux génie qui nous en a laissé le tableau.

(2) Les Grecs, et les Romains après eux, croyaient que l'âme, dépouillée du corps qui lui sert d'enveloppe, était arrêtée sur les rivages du Styx, fleuve des enfers, et ne jouissait d'aucun repos, tant que le corps n'avait pas été soustrait aux injures de l'air et à l'action du soleil. « Ne tarde pas à m'ensevelir, dit l'ombre de Patrocle « à Achille (*Iliade*, ch. xxiii), afin que je franchisse les portes de « l'enfer. Les âmes me repoussent au loin, et ne me permettent point « de me mêler avec elles au delà du fleuve : j'erre tristement devant » le palais de Pluton. Tends-moi, je t'en conjure, une main secou- « rable. Livre-moi au bûcher, et seulement alors je ne reviendrai « plus des sombres demeures. »

« le pressent de toutes parts, et il n'a personne pour
« écarter de lui le malheur et le danger ; mais du
« moins il sait que tu vis encore, et il se réjouit dans
« son cœur, et tous les jours il espère voir son fils
« bien-aimé revenir d'Ilion. Et moi, malheureux,
« j'avais aussi des fils vaillants dans l'immense ville
« de Troie : le cruel Mars les a moissonnés presque
« tous. Un seul me restait ; il protégeait notre ville et
« nous-mêmes ; mais tu viens de l'immoler tandis
« qu'il combattait en faveur de sa patrie : c'était
« Hector ; pour lui seul maintenant j'arrive jusqu'aux
« navires des Grecs ; c'est pour le racheter que je
« t'apporte de nombreux présents. Respecte les dieux,
« Achille, prends pitié de moi en songeant à ton père ;
« je suis plus que lui digne de compassion : j'ai fait
« ce que n'a fait aucun autre, j'ai baisé de mes lèvres
« la main qui a tué mon fils. »

Il dit : Achille, en l'écoutant, pleure au souvenir de
son père, et, prenant la main du vieillard, il le re-
pousse doucement. Tous deux s'abandonnent à leurs
regrets ; Priam, prosterné aux pieds d'Achille, pleure
amèrement le vaillant Hector ; Achille pleure sur son
père, et quelquefois aussi sur Patrocle : la tente est
remplie de leurs sanglots. A la fin Achille, rassasié
de larmes, quitte son siége, et tend la main au vieillard : il se sent ému de compassion à la vue de ces
cheveux blancs, de cette barbe blanche.....

(Iliade, ch. XXIV).

## LES ÉPOUX.

### ADIEUX D'HECTOR ET D'ANDROMAQUE.

Hector arrive aux portes Scées : c'était par là
qu'il devait se rendre dans la plaine. A l'instant sa
noble épouse, Andromaque, accourt au-devant de
lui. Une seule femme l'accompagne, portant sur son
sein leur jeune enfant, encore tout petit et beau
comme un astre, les délices d'Hector. A la vue de son
fils, le héros sourit en silence ; Andromaque, tout

en larmes, s'approche de lui, et, lui prenant la main :
    « Infortuné ! lui dit-elle, ton courage te perdra.
« Tu n'as donc pitié ni de notre enfant au berceau,
« ni de l'épouse infortunée que tu vas laisser veuve,
« car bientôt les Grecs t'immoleront en se réunissant
« tous contre toi. Hélas ! si je dois te perdre, que ne
« puis-je la première descendre au tombeau ! Plus de
« joie pour moi si tu m'es enlevé, l'avenir ne me
« garde que des peines. Je n'ai plus ni mon père ni
« ma mère ; mes frères aussi ont été tués par l'impé-
« tueux Achille, alors qu'ils faisaient paître leurs
« troupeaux de bœufs et de blanches brebis. Hector,
« tu es pour moi un père, une mère, un frère ; tu es
« aussi mon époux, brillant de jeunesse ! Aie compas-
« sion de moi, reste au sommet de cette tour, ne
« rends pas ton épouse veuve et ton enfant orphelin.
« Place tes soldats sur la colline des figuiers : c'est
« là surtout que la ville est accessible, que nos murs
« peuvent être aisément franchis ; c'est par là que
« trois fois les plus braves des Grecs ont tenté de
« pénétrer. »

    « Chère épouse, lui répond le vaillant Hector, les
« mêmes soucis me tourmentent ; mais je rougirais
« trop devant les Troyens, devant les Troyennes au
« long voile, si, comme un lâche, je m'éloignais des
« combats. Mon âme s'y refuse d'ailleurs. N'ai-je point
« appris à me conduire en brave, à combattre au pre-
« mier rang, pour conserver la gloire de mon père
« et la mienne ? Un jour viendra, je le sens au fond
« de mon âme, où la ville sacrée d'Ilion, et Priam, et
« le peuple de Priam, périront à la fois. Mais ni les
« malheurs à venir des Troyens, ni ceux de ma mère
« elle-même, ni ceux du roi Priam et de mes frères
« qui, si nombreux et si vaillants, tomberont dans la
« poussière sous des bras ennemis, ne m'affligent
« autant que ta propre destinée, lorsqu'un de ces
« Grecs t'entraînera baignée de pleurs, après t'avoir
« ravi la douce liberté ; lorsque dans Argos tu tisseras
« la toile pour une étrangère, et qu'il te faudra, par

« ses ordres, puiser l'eau aux fontaines de Messéide
« ou d'Hypérée. Alors, en voyant couler tes larmes
« sous le poids de la dure nécessité, on dira : C'est
« donc là cette épouse d'Hector, qui fut le plus brave
« des guerriers Troyens, quand ils combattaient au-
« tour d'Ilion ! C'est ainsi que chacun parlera, et ces
« mots renouvelleront ta douleur, car tu n'auras plus
« d'époux pour t'arracher à la servitude. Ah! puis-
« sé-je être enseveli sous la terre, plutôt que d'enten-
« dre tes cris, plutôt que de te voir entre les mains
« de tes ravisseurs ! »

A ces mots, le magnanime Hector s'approche de
son fils, et lui tend les bras; mais l'enfant se rejette
en arrière et se cache, en criant, dans le sein de sa
nourrice à la belle ceinture : l'aspect du guerrier et
de son casque d'airain, ces crins qui flottent en ai-
grette au cimier du casque, et qui semblent le me-
nacer, l'ont saisi d'une frayeur qui arrache un sourire à son père et à sa mère. Hector aussitôt ôte le
casque qui brille sur sa tête, et le dépose sur le sol,
tout éblouissant de clarté ; il baise son fils chéri, le
balance dans ses bras; puis, implorant Jupiter et les
autres dieux :

« Jupiter, dit-il, et vous tous, dieux immortels,
« faites que mon fils soit, comme moi, l'honneur des
« Troyens; qu'il ait comme moi la force et le courage
« pour régner et commander dans Ilion ; qu'un jour
« chacun s'écrie : Il est encore plus brave que son
« père. Qu'à son retour des combats il paraisse chargé
« des dépouilles sanglantes de l'ennemi terrassé, et
« que le cœur de sa mère en tressaille de joie ! »

Il dit, et remet l'enfant entre les mains de son
épouse aimée, qui le reçoit avec un sourire mêlé de
pleurs.....                        (*Iliade*, ch. VI).

## LA JEUNE FILLE. — L'HOSPITALITÉ.

### NAUSICAA ET ULYSSE.

Nausicaa et les femmes qui la servent arrivent sur les bords riants du fleuve. Là sont creusés des lavoirs où coule en abondance une eau pure et intarissable, qui nettoie les vêtements même les plus souillés. Elles détellent les mules, et les laissent en liberté, le long du torrent, brouter les gras pâturages ; puis de leurs mains elles sortent du chariot les vêtements, les plongent dans l'onde, et les foulent à l'envi sous leurs pieds au fond des lavoirs. Quand les vêtements ont repris leur propreté et leur blancheur, elles les étendent avec soin sur les cailloux que la vague a nettoyés en se brisant sur la grève, et elles prennent leur repas au bord du fleuve, en attendant que les rayons du soleil les aient séchés.

Dès que la nourriture a réparé leurs forces, elles déposent leurs voiles, et font voler la paume dans les airs ; au milieu d'elles Nausicaa aux bras blancs dirige le jeu. Ainsi Diane la chasseresse parcourt les hautes cimes du Taygète ou de l'Erymanthe, heureuse de poursuivre les sangliers et les biches légères ; les nymphes partagent ses plaisirs, et le cœur de Latone, sa mère, est rempli de joie, car Diane élève sa tête et son front au-dessus de toutes ses compagnes ; si belles que soient toutes les autres, on la reconnaît sans peine : telle, à côté de ses femmes, brille la jeune vierge, fille d'Alcinoüs. Enfin arrive le moment du retour ; elles attellent les mules et plient les riches vêtements. Une dernière fois la princesse lance la paume légère à l'une des suivantes, mais la paume s'égare, elle va tomber dans les gouffres du fleuve, et toutes les jeunes filles alors poussent un cri perçant. Ulysse, qui venait d'être jeté sur la côte et qui dormait sous l'épais feuillage, s'éveille à ce cri ; il s'assied et se dit en son cœur :

« Hélas, malheureux! chez quels peuples suis-je
« arrivé? Sont-ils cruels, sauvages, sans justice? Ou
« bien sont-ils hospitaliers, et leur cœur craint-il les
« dieux? Des cris de jeunes filles sont arrivés jus-
« qu'à moi; sans doute ce sont les nymphes qui ha-
« bitent les hauts sommets des montagnes, les sources
« des fleuves, les humides prairies. Ou bien suis-je
« enfin à portée d'entendre le langage des hommes?
« Approchons, je m'en assurerai, je le verrai de mes
« yeux. »

Et, sortant du taillis, il se montre aux jeunes filles,
horrible, défiguré, souillé du limon des mers. Elles
s'enfuient çà et là, et se cachent dans les rochers du
rivage. Seule, la fille d'Alcinoüs demeure, car Minerve a mis l'assurance en elle et chassé la crainte

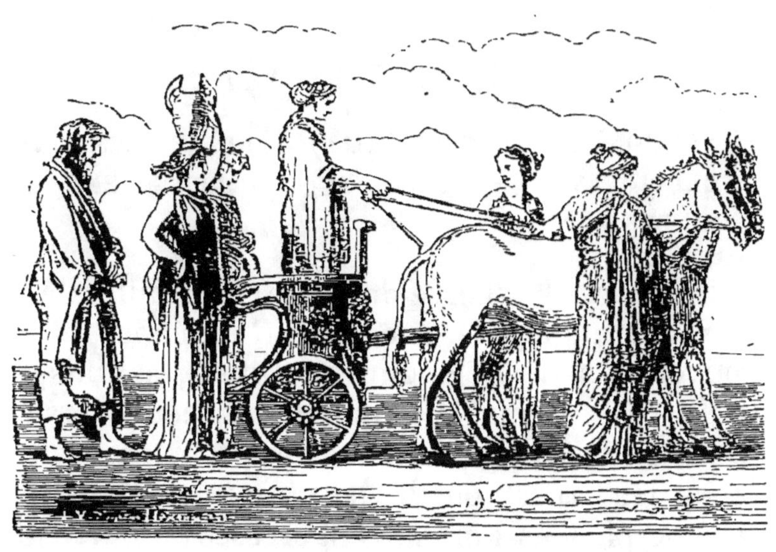

Nausicaa retourne, suivie d'Ulysse, à la ville des Phéaciens.

de son cœur. Ulysse lui fait entendre de loin de douces
prières, car il craint de l'irriter en s'approchant
d'elle.

« Étranger, lui répond Nausicaa, rends grâces au
« sort qui t'a conduit dans nos contrées : tu ne man-
« queras ni de vêtements ni d'aucun des secours qu'on
« doit à l'infortuné qui supplie. Je guiderai tes pas
« vers la ville. Les Phéaciens habitent cette terre et
« ces murs. Je suis la fille du magnanime Alcinoüs,
« qui règne sur eux. » Et appelant ses compagnes :
« Arrêtez, leur dit-elle ; pourquoi fuyez-vous à la vue
« de cet homme ? Le prendriez-vous pour un enne-
« mi ? Après avoir erré longtemps sur les flots, le
« malheureux touche à ce rivage, nous devons en
« prendre soin. Offrez à l'étranger de quoi manger
« et de quoi boire. C'est de Jupiter que nous vien-
« nent les étrangers et les pauvres ; le plus léger don
« leur est cher. »                    (*Odyssée*, ch. vi.)

---

# CHAPITRE VII

L'INVASION DORIENNE (1104) TERMINE LES TEMPS
HÉROIQUES. — COLONIES GRECQUES EN ASIE
MINEURE.

26. Après la guerre de Troie, la famille d'Agamemnon augmenta encore son influence et son
pouvoir dans le Péloponnèse. *Oreste*, son fils, ne
tarda pas à punir le crime de ses meurtriers ; il
tua de sa main Égisthe et sa propre mère, et les
récits des Grecs nous le montrent poursuivi sans
relâche par les Furies, vengeresses du parricide.
A défaut de la paix du cœur, que ses remords lui
ôtaient, il eut la puissance. Héritier de son père à
Mycènes, de son oncle Ménélas à Sparte, il reçut
en outre la soumission volontaire du royaume d'Argos et de la plupart des villes d'Arcadie ; au nord,

Corinthe et Sicyone étaient ses tributaires. Le Péloponnèse paraissait donc à la veille d'être rangé tout entier sous une même loi, quand la mort d'Oreste livra tous ses États à son fils *Tisamène ;* mais, peu d'années après, une terrible invasion, celle des Doriens, vint changer complétement la face de la péninsule (vers 1104 avant J.-C.).

27. Des traditions, peut-être fabuleuses, ont présenté cette conquête comme le retour et la restauration des descendants d'Hercule, chassés de Tirynthe et du Péloponnèse après la mort du héros. Accueillis par la tribu des Doriens, au pied de l'OEta, ils avaient, dit-on, vainement tenté quatre fois de rentrer dans le pays de leurs ancêtres, et ils furent plus heureux dans une cinquième expédition, où la plupart des Doriens les avaient suivis. Ce qui est certain, c'est qu'à la suite de nouveaux bouleversements, qui semblaient ramener la Grèce du Nord aux agitations continuelles des temps primitifs, les Doriens, montagnards énergiques et belliqueux, firent irruption dans le Péloponnèse, sous la conduite de trois chefs, *Témène, Cresphonte* et *Aristodème ;* c'est qu'un grand nombre d'Étoliens, commandés par *Oxylus,* arrivèrent avec eux. Sachant que l'isthme de Corinthe était bien gardé, ils choisirent la route de mer, s'embarquèrent à Naupacte (Locride Ozole), et, franchissant le golfe de Corinthe, descendirent sur la côte nord, pour pénétrer de là dans l'intérieur du pays. Après quelques années de résistance, Tisamène fut tué dans une bataille, et la péninsule fut partagée entre les vainqueurs. Le royaume

d'Argos échut à *Témène* ; celui de Messénie, à *Cresphonte* ; *Eurysthènes* et *Proclès*, fils d'Aristodème, régnèrent ensemble sur la Laconie ; *Oxylus* et ses Étoliens s'établirent dans l'Élide. La côte septentrionale elle-même changea de maîtres. Un grand nombre de Laconiens, dépossédés par les envahisseurs, vinrent s'y établir, et en chassèrent les Ioniens. L'Arcadie seule restait au pouvoir de ses anciens habitants.

28. Plusieurs des tribus victimes de l'invasion, Éoliens de la Messénie, Ioniens de la côte nord, émigrèrent dans l'Attique. Les arrivants y acquirent bientôt une telle influence qu'un d'entre eux, Mélanthus, reçut des Athéniens le titre de roi. Confondus sous le nom général d'Ioniens, ils répandirent dans leur patrie nouvelle une haine profonde pour les Doriens, qui leur avaient enlevé l'ancienne ; et cette haine redoubla encore, quand on les vit poursuivre, jusque dans l'Attique, les peuples qui s'y étaient réfugiés.

Codrus, fils de Mélanthus, régnait alors à Athènes. Croyant, comme tous les anciens, qu'en sacrifiant volontairement sa vie, on obtenait des dieux une victoire assurée, il n'hésita pas à se dévouer. Il sortit de la ville, déguisé en bûcheron, s'avança dans les campagnes où l'ennemi avait planté ses tentes, rencontra deux Doriens, les provoqua, et fut tué par l'un d'eux. Quand les envahisseurs apprirent que le roi d'Athènes avait ainsi donné sa vie pour le salut de son peuple, ils crurent qu'en effet les dieux ne soutiendraient pas leur cause, et retournèrent dans le

Péloponnèse, renonçant à la guerre projetée.

29. Les bouleversements de la Grèce amenèrent, dans le cours du douzième siècle, des émigrations plus lointaines. De nombreuses bandes, éoliennes, ioniennes, doriennes même, allèrent chercher fortune dans les grandes îles de la mer Égée et sur les côtes occidentales de l'Asie Mineure. Les principales colonies éoliennes furent Cyme et Smyrne sur le continent, Mitylène dans l'île de Lesbos. Parmi les villes ioniennes, situées plus au sud, il faut remarquer Phocée, Éphèse et Milet. Les colonies doriennes étaient plus bas encore, et la plus importante était Halicarnasse.

QUESTIONNAIRE. — 26. Par qui fut puni le meurtre d'Agamemnon? — Comment s'augmenta, dans le Péloponnèse, la puissance de sa famille? — 27. Sous quelle forme les anciens ont ils souvent présenté l'invasion des Doriens dans le Péloponnèse? — Racontez ce grand événement. — Comment les vainqueurs se partagèrent-ils la plus grande partie de la péninsule? — Que résulta-t-il de la conquête dorienne pour le reste du Péloponnèse? — 28. Comment la population de l'Attique fut-elle augmentée et modifiée par les conséquences de l'invasion dorienne? — Quels sentiments les peuples réfugiés en Attique apportèrent-ils dans leur nouvelle patrie? — Racontez le dévouement de Codrus. — 29. L'Asie Mineure ne se ressentit-elle pas des bouleversements de la Grèce au douzième siècle? — Faites connaître les principales colonies éoliennes, ioniennes, doriennes.

# DEUXIÈME PARTIE

## Les grandes législations et les guerres Médiques.

## CHAPITRE PREMIER

### LOIS DE LYCURGUE A SPARTE (884).

1. Deux villes se distinguèrent de bonne heure entre toutes celles de la Grèce : Sparte ou Lacédémone, la plus active et la plus ambitieuse des cités doriennes, étendit de plus en plus sa domination dans le Péloponnèse ; Athènes, le refuge et l'asile des victimes de la conquête, acquit peu à peu une puissance maritime considérable. Deux législations célèbres leur furent données : Sparte reçut des lois de Lycurgue, vers 884 ; Athènes en reçut de Solon, trois siècles plus tard (594).

Lycurgue appartenait à l'une des deux familles royales qui se partageaient en tout temps le trône de Sparte. Il avait, depuis huit mois, succédé à son frère Polydecte, quand sa belle-sœur mit au monde un enfant à qui la couronne dut revenir, comme héritier du dernier roi. Cette mère dénaturée offrit à Lycurgue de faire périr le nouveau-né, s'il consentait à se marier avec elle. Il feignit d'entrer dans ses vues, se chargea lui-même du crime qui devait lui conserver la couronne ; mais, au lieu de l'accomplir, il se fit apporter l'enfant, et,

le présentant aux principaux magistrats de Sparte :
« Voilà le roi qui vous est né, » leur dit-il ; et il ne gouverna plus dès lors que comme tuteur de son neveu.

Voyant le pays déchiré par l'anarchie, les Spartiates affaiblis par leurs divisions, et craignant
que les anciens habitants n'en profitassent pour
reconquérir leur indépendance, Lycurgue voulut,
pour écarter ce danger, rendre aux vieilles coutumes doriennes la vigueur qu'elles avaient perdue depuis la conquête. Il alla, dit-on, les étudier
dans l'île de Crète, où des colonies de même origine que les Spartiates les avaient introduites depuis plusieurs siècles, et où elles s'étaient mieux
conservées que dans le Péloponnèse. A son retour,
il s'entendit avec ses amis, intéressa à ses plans
de réformation un certain nombre des habitants
de Sparte, descendit en armes sur la place publique avec ses principaux partisans, et promulgua la
constitution nouvelle. Plusieurs de ses dispositions
soulevèrent de vifs mécontentements : le législateur fut un jour assailli à coups de pierres, réduit
à s'enfuir en toute hâte, et, dans cette émeute,
un jeune homme lui creva même un œil d'un coup
de bâton ; mais sa fermeté et sa patience triomphèrent à la fin de tous les obstacles, et jusqu'à sa
vieillesse il vit la ville obéir à ses règlements.
« Voulant alors leur assurer après lui une perpé-
« tuelle durée, il assembla tous les Spartiates, leur
« dit que le point le plus important de la constitu-
« tion restait encore à publier, et qu'il allait con-
« sulter à cet effet l'oracle de Delphes. Avant de
« les quitter, il fit jurer aux deux rois, aux séna-

« teurs, à tous les citoyens, de maintenir ses lois
« pendant tout le temps de son absence. Puis il
« partit, et se laissa, dit-on, mourir de faim (1). »

2. Ces lois, que Lycurgue laissait, comme une
règle immuable, à sa patrie, ne contenaient au
fond qu'une idée, ne poursuivaient qu'un but : celui de garantir et d'étendre la conquête dorienne,
celui de faire des Spartiates des guerriers robustes
et intrépides, toujours capables de lutter avec succès, soit contre les anciens habitants de la Laconie, soit contre les autres villes de la Grèce. Tout
fut oublié pour atteindre ce résultat, et deux
principes, essentiellement mauvais, furent la
double base de toute la constitution nouvelle :
1º l'asservissement, de plus en plus dur et tyrannique, d'une portion nombreuse de l'ancienne population ; 2º le sacrifice forcé de tous les droits,
même de ceux du père sur ses enfants, le sacrifice
de la loi morale elle-même, au bien prétendu de
l'État, à l'espoir d'augmenter la force physique et
les qualités guerrières des Spartiates.

3. Les Doriens, maîtres de la Laconie, étaient
peu nombreux : si l'on retranche les femmes et les
enfants, leur chiffre ne s'élevait qu'à 9,000 environ au temps de Lycurgue. Au-dessous d'eux, les
anciens habitants se partageaient en deux classes
bien distinctes : l'une seulement sujette et privée de tout droit politique, de toute part à la direction des affaires du pays : c'était celle des Laconiens ou provinciaux, à qui les conquérants

---

(1) Plutarque, *Vie de Lycurgue.*

abandonnaient dédaigneusement l'agriculture, l'industrie et le commerce ; l'autre, complétement asservie, celle des Hilotes ou prisonniers de guerre (1), qui cultivaient, comme esclaves, les terres des Spartiates, avec défense expresse à chacun d'eux de quitter celle qu'il occupait. Si ces deux classes s'étaient unies contre leurs vainqueurs, elles seraient sans doute, un jour ou l'autre, parvenues à les écraser, car les Hilotes, à eux seuls, étaient sept fois plus nombreux que les Spartiates. Lycurgue se montra plein de bienveillance pour la première, dans l'espoir de la rattacher aux Doriens : dans le nouveau partage qu'il fit des terres du pays, il laissa aux Laconiens les trois quarts des lots, 30,000 sur 39,000, et ne leur imposa qu'une redevance annuelle et le service militaire au besoin. Contre les Hilotes, au contraire, des précautions inouïes, des mesures cruelles jusqu'à la férocité. De peur qu'ils n'allassent, dans des réunions nocturnes, se concerter entre eux et machiner ensemble quelque soulèvement, on leur défendit, sous peine de mort, de sortir de leurs habitations pendant la nuit. Pour s'assurer de leur obéissance à cette prescription rigoureuse, on envoyait de temps en temps dans les campagnes, armés de poignards, les jeunes gens en qui l'on avait remarqué le plus d'adresse

---

(1) Tel est le sens du nom des Hilotes. C'est à tort qu'on l'a fait venir de celui de la ville d'Hélos, que les Spartiates auraient ainsi punie de sa longue résistance lors de l'invasion. Cette lutte héroïque, longtemps soutenue et punie de l'esclavage, fut le fait d'une assez grande partie du pays, et ce n'est pas d'une seule ville que le grand nombre des Hilotes aurait pu sortir.

et de prudence. « Ces jeunes gens, se dispersant de
« côté et d'autre, se tenaient, pendant le jour,
« tranquillement cachés dans des endroits cou-
« verts ; la nuit, ils sortaient de leurs retraites, se
« répandaient sur les grands chemins, et, s'ils y
« rencontraient quelque Hilote, ils l'égorgeaient
« sans pitié (1). » Sparte resta toujours fidèle à l'esprit qui avait inspiré ces dispositions barbares.
Elle ne recula, quand il s'agissait des Hilotes, devant aucune cruauté, devant aucune perfidie. Pour
diminuer le nombre de ces esclaves, qui l'inquiétaient, elle employait les plus jeunes dans ses
guerres, elle les chargeait des entreprises les plus
périlleuses. Elle faisait parfois plus encore : « Re-
« doutant un jour une insurrection, les Spartiates
« ordonnèrent aux Hilotes d'indiquer ceux d'entre
« eux qui avaient montré le plus de valeur dans les
« batailles : l'affranchissement, disaient-ils, allait
« leur être accordé. Deux mille furent ainsi dési-
« gnés par leurs compagnons : on les vit se pro-
« mener tout joyeux autour des temples, la tête
« couronnée de fleurs, et remercier les dieux de
« leur liberté. Mais s'ils étaient les plus braves, ils
« étaient aussi les plus à craindre, et les Lacédé-
« moniens, peu après, les firent disparaître : on
« ne sut point quel avait été leur sort, mais on ne
« les revit jamais (2). »

Cette abominable politique, pour laquelle tous
les moyens étaient bons, ne parvint jamais à don-

---

(1) Plutarque, *Vie de Lycurgue.* — C'est ce qu'on appelait la *cryptie* ou embuscade.
(2) Thucydide, liv. IV, ch. LXXX.

ner la sécurité à Sparte. Comprimés par le despotisme qui pesait sur eux, les hilotes restèrent cependant toujours redoutables, et ils renvoyèrent sans cesse à leurs maîtres la terreur que ceux-ci cherchaient à leur inspirer. Ils étaient animés contre eux d'une telle rage, qu'ils ne pouvaient, dira un jour un dénonciateur, ne pas exprimer tout haut « l'envie de les dévorer tout vivants. » Le souvenir de leur nationalité détruite autrefois, celui des barbaries sans cesse exercées sur eux depuis lors, maintenaient toujours en leurs cœurs le germe de la révolte, et, « dans les moments critiques, l'État n'avait pas d'ennemis plus dangereux (1). »

4. La situation des maîtres eux-mêmes ne méritait guère d'être enviée. Le Spartiate ne pouvait disposer ni de lui-même, ni de ses biens, ni de ses enfants ; il n'y avait pour lui, à vrai dire, ni liberté, ni propriété, ni famille. Son titre de citoyen lui imposait des devoirs, sans lui laisser, en échange, d'autre droit que celui de choisir, par acclamation, les vingt-huit vieillards qui formaient, avec les deux rois héréditaires (2), le sénat de Sparte, et celui de répondre, par *oui* ou par *non*, aux propositions que ce sénat présentait au peuple dans l'assemblée de chaque mois.

Il ne pouvait, s'il en avait le désir, renoncer au

------

(1) *Politique* d'Aristote.
(2) Les deux familles royales descendaient de Proclès et d'Eurysthènes, fils d'Aristodème. Les membres de l'une s'appelaient les Proclides ; ceux de l'autre, les Agides, du nom d'Agis, fils d'Eurysthènes.

mariage : car il fallait, disait-on, des défenseurs à la cité, et Lycurgue avait attaché au célibat une note d'infamie. Il ne pouvait choisir ses occupations, culture, marine ou commerce : la loi lui interdisait toute profession lucrative ; elle lui défendait de s'occuper d'autre chose que de la guerre et des exercices qui y préparent. Il n'était pas libre de manger dans sa demeure et à son gré : car forcément les repas étaient communs et uniformes pour tous les citoyens. « C'est que Sparte n'é-« tait pas une ville ordinaire ; c'était un camp en « pays ennemi, et son peuple une armée à la « veille du combat. Il fallait que ses citoyens man-« geassent ensemble, toujours alertes et comme « en ordre de bataille ; car l'ennemi, c'est-à-dire « l'hilote, était là, qui aurait pu mettre à profit le « moindre moment de dispersion (1). »

Le Spartiate ne devant rien faire que s'exercer aux combats, il avait fallu lui garantir le maintien de son héritage : comment, sans cela, eût-il fait pour vivre ? Aussi Lycurgue avait privé les cadets de toute part à la succession de leur père. L'aîné, seul héritier de la terre patrimoniale, ne pouvait ni l'amoindrir par des ventes, ni l'augmenter par des achats, ni en disposer par testament. A défaut d'enfant mâle, cette terre passait à la fille aînée, qui épousait alors le cadet d'une autre famille. Les autres biens, esclaves, chevaux, chiens de chasse, voitures, semblaient appartenir presque autant au premier venu qu'à leur propriétaire. « En cas de

_______________

(1) H. Wallon, *Recherches sur la Cryptie.*

« besoin, dit un historien ancien (Xénophon), il
« est permis, à Sparte, de se servir des esclaves
« d'autrui. Les chiens de chasse sont un bien com-
« mun, et, à défaut de meute, on emprunte celle
« du voisin. Qu'un homme veuille faire une course
« pressée, il prend la première voiture, le pre-
« mier cheval qui se présente, et les ramène au
« lieu où il les a pris. »

L'État, qui disposait ainsi du Spartiate et de
ses biens, ne lui laissait non plus aucun droit sur
sa famille. L'enfant faible ou contrefait à sa naissance était mis à mort par décision des anciens,
et il n'était pas permis aux parents de diriger les
autres à leur manière. Dès l'âge de sept ans, ils
étaient enlevés à leurs familles, réunis en troupes,
élevés en commun, sous la même discipline, jusqu'à leur vingtième année. Et quelle était cette
éducation ? « Des exercices gymnastiques et mili-
« taires; des luttes où les adolescents se déchi-
« raient avec les ongles et les dents ; le larcin
« encouragé, érigé en art, parce qu'il faut, pour
« l'oser et pour le cacher, les deux qualités du sol-
« dat, l'audace et la ruse ; le fouet jusqu'au sang,
« jusqu'à la mort presque, comme châtiment ou
« comme exercice de constance et de fermeté (1). »
Dans l'éducation de la femme, même système.
Pour la jeune fille spartiate comme pour son frère,
la gymnastique, les combats dans l'arène ; toutes
les lois de la décence et de la pudeur sacrifiées à

---

(1) A. Sudre, *Histoire du Communisme*. L'auteur ne fait, en ces
quelques lignes, que résumer les témoignages des anciens.

l'espoir d'obtenir une race plus vigoureuse. Il s'agissait d'élever, de former des hommes ; et l'on croirait, à voir ces lois, qu'il n'était question que d'améliorer les races chevalines, comme nous le faisons dans nos haras.

5. En foulant aux pieds la loi morale et les droits naturels de l'homme, la constitution de Lycurgue n'arriva même pas au but qu'elle voulait atteindre par tous les moyens.

Il avait voulu que les Spartiates l'emportassent, comme guerriers, sur les autres hommes : ils eurent d'abord cette supériorité. Ils servaient avec dévouement leur patrie, ils savaient au besoin mourir pour elle. Le lâche ne menait à Sparte qu'une vie d'opprobre et de flétrissure, dont ses enfants héritaient après lui. Les femmes elles-mêmes excitaient leurs époux et leurs enfants à combattre avec courage, à sacrifier leur vie à l'honneur et au pays. « Reviens avec ou dessus, » disait une mère à son fils en lui donnant son bouclier ; c'était lui dire, avec la brièveté laconienne : Plutôt que de te déshonorer en perdant tes armes, fais-toi tuer, et qu'on me rapporte ici ton corps. Mais les femmes spartiates ne conservèrent pas longtemps cet héroïsme hors nature dont l'histoire a cité quelques exemples. « Jamais femmes, disait d'elles « Aristote, cinq siècles après Lycurgue, ne furent « plus lâches que celles de Lacédémone. Elles le « prouvèrent au temps de l'invasion des Thébains. « Non-seulement elles furent inutiles, mais elles « causèrent plus d'embarras et de trouble que « l'ennemi. » La supériorité, toute corporelle, toute gymnastique des Spartiates n'eut plus d'ailleurs qu'une importance secondaire, quand la guerre se perfectionna et que l'intelligence y eut plus de part. Les autres peuples les égalèrent bientôt, les surpassèrent parfois, dans les parties les plus élevées de l'art militaire. Ils surent, aussi bien et parfois mieux qu'eux, disposer une armée, attaquer une place, diriger les troupes dans une bataille, de manière à assurer le succès. Sparte eut encore alors de grands capitaines ; mais il y en eut ailleurs autant que chez elle.

Lycurgue avait cru conserver à tout jamais le nombre de 9,000 citoyens. Ce chiffre alla toujours en s'amoindrissant : au temps d'Aristote, il y en avait à peine un millier ; un siècle et demi plus tard, il n'en restait plus que 700. Sparte s'éteignait et périssait « faute d'hommes (1). » Bien des guerriers avaient péri sur ces champs de bataille où les poussait une constitution toute militaire. Les cadets, trop pauvres pour contribuer et prendre part aux repas publics, avaient cessé, par cela même, d'appartenir à la cité : ils formaient une classe inférieure, une sorte de plèbe sans droit aucun, plus disposée à s'entendre avec les hilotes qu'à les combattre.

En toute chose, on le voit, les lois de Lycurgue aboutissaient au contraire du but poursuivi, et les Spartiates, en perdant leur supériorité guerrière, n'eurent pas en compensation les arts de la paix. « Ils se rouillèrent comme leurs glaives, » dit

---

(1) *Politique* d'Aristote.

Platon. «Toutes leurs institutions leur apprenaient « à se battre, répète Aristote comme son maître ; « aucune ne les avait préparés à vivre dans le re- « pos. »— « Qu'a fait Sparte pour le monde? se de- « mande avec raison un historien de nos jours. Ma- « chine de guerre bonne pour détruire, incapable « de produire, qu'a-t-elle laissé? Pas un artiste, pas « un homme de génie, pas même une ruine, une « pierre qui porte son nom, tant elle est bien « morte tout entière (1). » Ce n'est pas là la Grèce qui a donné la civilisation au monde. C'est à Athènes, ce n'est point à Sparte qu'il faut la chercher.

QUESTIONNAIRE. — 1. En quel temps et pour quels peuples Lycurgue et Solon ont-ils fait leurs lois ? — Par quel acte de vertu se distingua d'abord Lycurgue? — Dans quelles circonstances et de quelle manière établit-il à Sparte sa constitution? — Que fit-il à la fin de sa vie? — 2. Quels étaient le but et les bases fondamentales des lois de Lycurgue? — 3. Comment se partageait la population de la Laconie ? — Que régla Lycurgue pour les Laconiens ou provinciaux ? — Quel était le sens du mot *hilotes*? — Que prescrivaient les lois de Lycurgue à l'égard des hilotes ? — Qu'appelait-on *cryptie* ou embuscade ? — Sparte ne se montra-t-elle pas parfois plus cruelle encore, pour les hilotes, que ne l'avait été son législateur ? — Quels sentiments excitaient chez les hilotes les cruautés de leurs maîtres?—4. Les citoyens de Sparte avaient-ils une bien grande liberté d'action ? — Donnez en quelques mots une idée du gouvernement de cette ville. — De qui descendaient et quels noms portaient les deux familles royales de Sparte? — Montrez qu'en toutes choses la vie du Spartiate était une servitude continuelle. — Quel motif avait fait instituer les repas communs ? — Que disait la loi de Lycurgue des propriétés ? — Qu'ordonnait-elle au sujet des enfants et de leur éducation ? — 5. Les lois de Lycurgue

---

(1) Victor Duruy, *Histoire Grecque*.

donnèrent-elles aux Spartiates la supériorité militaire qu'il ambitionnait pour eux? — La conservèrent-ils long-temps? — Montrez comment, et pour quelles causes, le nombre des citoyens alla toujours en s'amoindrissant. — La supériorité militaire une fois perdue, Sparte trouva-t-elle ailleurs une compensation?—A-t-elle rendu quelque grand service à la civilisation et au monde?

# CHAPITRE II

### GUERRES DE MESSÉNIE (743-668).

6. En n'occupant les Spartiates que de luttes gymnastiques et d'exercices militaires, les lois de Lycurgue leur donnaient inévitablement l'amour des combats et le désir des conquêtes. Aussi avaient-ils déjà plus d'une fois, mais sans succès, envahi l'Arcadie et l'Argolide, lorsque, un siècle et demi après Lycurgue, éclata la guerre qui mit en leur pouvoir les riches plaines de la Messénie.

Depuis longtemps ils regardaient d'un œil envieux et jaloux ce pays fertile, et ils n'attendaient qu'un prétexte pour tâcher de s'en emparer. Ils alléguèrent de prétendus outrages; puis, sans même déclarer la guerre, ils entrèrent en armes dans les campagnes de leurs voisins, en jurant qu'ils ne rentreraient à Sparte qu'après les avoir conquises (743).

Les envahisseurs surprirent, sur la frontière, la forteresse d'Ampheia, et ils s'établirent eux-mêmes dans cette place, pour se répandre de là, en toute saison, au cœur du pays ennemi. Les Messéniens leur opposèrent une résistance vigoureuse, et défendirent pied à pied leur indépendance. La fortune semblait hésiter entre les deux peuples, toutes les batailles restaient indécises; mais la guerre n'en était pas moins désastreuse pour le pays où elle se faisait : les campagnes étaient dévastées de toutes parts, les laboureurs n'osaient cultiver, la famine arriva, la peste à sa suite, et, dans cette extrémité, les Messéniens, au bout de cinq ans, essayèrent d'un nouveau plan de défense. Au lieu de disséminer leurs forces çà et là, ils les rassemblèrent au sommet d'une montagne, au milieu des précipices, dans la forteresse inexpugnable d'Ithôme, sauf à en sortir quelquefois pour arrêter et tenter d'écraser les bataillons ennemis. Un de leurs princes, *Aristodème*, immola sa propre fille, dans l'espoir d'obtenir des dieux, par ce sacrifice volontaire, le salut de sa patrie; mais il ne fit, par ce crime abominable, que reculer son asservissement de quelques années. Les Spartiates, effrayés d'abord à la nouvelle de ce meurtre, se rassurèrent peu à peu. La guerre continua; le roi de Messénie, Euphaès, fut tué en défendant vaillamment Ithôme, et ni l'élection d'Aristodème au trône, ni la victoire sanglante qu'il remporta au pied de la montagne, ne suffirent pour sauver l'indépendance menacée. Lui-même, à la fin, désespéra de la cause qu'il ne soutenait qu'à force de patriotisme et d'énergie : il se tua sur le tombeau de sa fille, et sa mort enleva aux Messéniens leur dernier espoir. Les plus braves périrent dans une sortie, et les autres abandonnèrent Ithôme, qui fut rasée par les vainqueurs jusqu'aux fondements. Les Messéniens devinrent alors tributaires des Spartiates : ils continuèrent de cultiver leurs champs, mais à la condition de livrer à leurs maîtres la moitié de ce qu'ils produiraient (723).

7. Au bout de 39 ans, à la voix d'un jeune guerrier du sang royal, l'audacieux *Aristomène*, la Messénie tout entière secoua le joug qui pesait sur elle, et une seconde guerre commença (685).

Elle débuta dans de meilleures conditions que la précédente. Argos, Sicyone, l'Arcadie, l'Élide, se montraient disposées à soutenir les Messéniens révoltés, car partout on sentait que, si les Spartiates restaient maîtres de la Messénie, ils domineraient le Péloponnèse. Dès le premier combat, la valeur d'Aristomène inspira une confiance enthousiaste à ses compatriotes, qui voulaient même lui donner le titre de roi, et cette valeur allait parfois jusqu'aux bravades les plus téméraires. Un jour il partit seul, traversa les montagnes qui le séparaient de la Laconie, pénétra dans Sparte à la faveur des ténèbres, et alla suspendre dans l'un de ses temples un bouclier portant cette inscription : « Des dépouilles des Lacédémoniens, Aristomène à Minerve. »

La poésie seule nous a conservé, en l'embellissant, comme elle fait toujours, le récit de cette seconde guerre. Si l'on en croit le poëte, les Spartiates effrayés consultèrent alors l'oracle de Delphes ; l'oracle leur ordonna de demander un conseiller à Athènes, et les Athéniens, pour obéir au dieu sans concourir à l'agrandissement de leurs rivaux, leur envoyèrent un boiteux qui passait pour fou, le poëte Tyrtée. Sa présence dans les rangs ennemis n'empêcha point Aristomène de remporter une brillante victoire à Stényclaros. A la tête d'une cohorte d'élite, il se jeta tour à tour, avec son ardeur impétueuse, sur chacune des divisions de l'armée spartiate, les enfonça, les poursuivit ; c'était une déroute complète, l'ennemi était refoulé vers l'Eurotas, et la Messénie se crut un instant sûre de sa liberté. Quand le vainqueur revint à Andania, son lieu de naissance, les femmes jetaient des guirlandes et des fleurs sur son passage, en répétant un chant de triomphe qui se conserva pendant des siècles dans la Messénie (1) : « A travers les champs de Stényclaros et jusqu'au « sommet des montagnes, disaient-elles, Aristo- « mène a chassé les Lacédémoniens. »

Trois ans après, cependant, les Spartiates reparurent. Tyrtée était toujours avec eux, qui les excitait par ses poésies guerrières. « Fils d'Her- « cule, prenez courage, leur disait-il, Jupiter ne « s'est point encore détourné de vous. Ne soyez « point avares de votre sang, jeunes guerriers, « élevez et fortifiez vos cœurs : car c'est chose hon- « teuse que de voir étendu sur la terre, en avant « des jeunes hommes, un vieux soldat dont la tête « est déjà blanchie. » En même temps que le poëte enflammait l'ardeur des combattants, Sparte ,

_______________

(1) On le chantait encore au temps de Pausanias, à la fin du second siècle de l'ère chrétienne.

pour assurèr la victoire, ne reculait pas devant une indigne perfidie, la première de ce genre, dit-on, qui se rencontre dans l'histoire de la Grèce : elle gagna par ses présents le roi d'Arcadie, Aristocrate, et le traître leur promit qu'au

Guerrier grec armé du javelot.

milieu de la prochaine bataille il abandonnerait les Messéniens, ses alliés. Cette bataille se livra près d'un lieu appelé la Grande-Fosse : l'action était engagée, on combattait vaillamment des deux parts, quand tout à coup, au plus fort de la mêlée, on vit les troupes arcadiennes, qui formaient une partie du centre et de l'aile gauche, prendre la fuite avec leur roi à travers les bataillons messéniens. Cette retraite inattendue jeta le désordre dans les rangs, le découragement dans les cœurs, et ce fut en vain qu'Aristomène, avec sa cohorte, essaya de soutenir encore le choc de l'ennemi. Il lui fallut, à la fin, céder, et les débris de son armée n'eurent d'autre ressource que de s'enfermer dans la forteresse du mont Ira, au nord du pays, comme les compagnons d'Aristodème s'étaient retirés dans celle de l'Ithôme.

Aristomène se défendit onze ans dans ce poste, que sa position rendait imprenable. Pour l'y affamer, les Spartiates qui en faisaient le siége avaient changé en désert les campagnes environnantes; mais le héros, avec quelques centaines d'hommes, allait, pendant la nuit, piller les villes laconiennes, et se procurait ainsi les provisions qui lui manquaient. Il faillit un jour trouver la mort dans une de ces expéditions aventureuses : frappé d'une pierre à la tête, il tomba, fut fait prisonnier avec cinquante de ses compagnons, conduit avec eux à Sparte, et précipité comme eux dans le gouffre de la Céada, où l'on jetait les malfaiteurs. Tous les autres périrent, écrasés dans leur chute : lui seul, protégé par le bouclier que lui avaient laissé ses bourreaux, toucha le fond sans même être blessé. Il attendait la mort dans ce précipice obscur quand, au bout de trois jours, un bruit frappa son oreille : c'était un renard qui mangeait les cadavres; il existait donc un passage, une issue secrète, que ce renard avait suivie pour arriver dans la Céada. Il se tint immobile, laissa l'animal s'approcher de lui, le saisit alors par la queue, se traîna à la suite du renard, qui cherchait à s'échapper, et ne le lâcha que lorsqu'il aperçut, à travers les fentes des rochers, un faible rayon de lumière. Il trouva assez de force pour élargir avec les mains cette ouverture naturelle, et le lendemain il était de retour dans la forteresse d'Ira.

La trahison d'un esclave amena enfin le terme de cette héroïque résistance. Une blessure empêchait Aristomène de faire ses rondes habituelles; la discipline de la garnison s'était relâchée, et, quand le temps était mauvais, les sentinelles abandonnaient leur poste pour chercher un abri dans leurs demeures. Dans l'espoir d'une récompense, l'esclave alla révéler cette situation au camp de l'ennemi, et bientôt, à la faveur d'un orage, dont le bruit couvrait leurs pas, les Spartiates gravirent la côte, escaladèrent les murailles, et pénétrèrent dans la citadelle avant que l'alarme fût donnée. Il fallut cependant, pour s'emparer d'Ira, trois jours et trois nuits, une lutte terrible et désespérée, à laquelle les femmes elles-mêmes prenaient part. Enfin, quand Aristomène eut vu tomber à ses côtés presque tous les défenseurs de la forteresse, il ordonna à ceux qui restaient encore de former un bataillon carré, plaça au centre les femmes et les enfants, et, levant sa lance, il fit comprendre aux Lacédémoniens qu'il voulait se retirer et demandait le passage. On n'osa arrêter cette poignée d'hommes : ils quittèrent Ira en bon ordre et gagnèrent les frontières de l'Arcadie (668).

La prise d'Ira, comme la victoire de la Grande-Fosse, n'était due qu'à la trahison, et le défenseur de la Messénie ne renonçait point encore à la lutte. Il proposa à ses compagnons d'aller surprendre Sparte, et trois cents Arcadiens étaient prêts à se joindre à eux. Mais Aristocrate avertit ses nouveaux alliés, et il fallut encore renoncer à ce hardi coup de main. Les Arcadiens, indignés, accablèrent leur roi d'une grêle de pierres, et ils pressaient les Messéniens de les imiter. « Ceux-ci, « dit le poëte, se tournèrent alors vers Aristomène : « Aristomène baissait la tête et pleurait. » Le héros qui, depuis dix-sept ans, avait déployé tant de cœur et d'énergie, se sentait écrasé par la fortune, en voyant s'échapper ainsi son dernier espoir.

Ses fils et ses compagnons allèrent chercher un asile au sud de l'Italie. Ils s'établirent à Rhégium, d'où leurs descendants, deux siècles après, passèrent en Sicile pour s'emparer de la ville de Zancle, située sur le détroit : ils la nommèrent Messène, en souvenir de l'ancienne patrie, et ce nom, légèrement altéré (Messine), lui est encore donné de nos jours. Lui-même alla mourir chez un roi de l'île de Rhodes, devenu son gendre. Un oracle, dit-on, avait ordonné à ce prince de prendre pour femme la fille du plus vaillant des Grecs, et il avait cru que personne ne pouvait disputer ce titre à Aristomène. Quant aux Messéniens demeurés en Grèce, ils furent répartis parmi les hilotes, et leur pays resta depuis lors sous le joug de ses vainqueurs.

QUESTIONNAIRE. —6. Quels sentiments inspiraient aux Spartiates les lois de Lycurgue? — Quand et de quelle manière commencèrent les guerres de Messénie? — Racontez la première de ces guerres, et faites-en connaître les résultats. — 7. Sous quel chef et en quel temps la Messénie se révolta-t-elle contre les Spartiates? — Quels peuples se montraient disposés à la soutenir? — Donnez un exemple de la valeur audacieuse d'Aristomène.—Comment le poëte Tyrtée fut-il appelé à jouer un rôle dans cette seconde guerre? — Racontez la bataille de Stényclaros. — A quel moyen recourut Sparte pour relever sa cause?—Racontez la bataille de la Grande-Fosse, et montrez-en les conséquences pour les Messéniens. — Racontez, avec quelques détails, la longue résistance de la forteresse d'Ira. — Quel projet nouveau conçut alors Aristomène, et comment ce projet échoua-t-il? — Que devinrent, après la guerre, Aristomène, ses compagnons et la Messénie? — Rappelez les dates du commencement et de la fin de chacune des deux guerres.

---

# CHAPITRE III

## LOIS DE SOLON A ATHÈNES (594).

8. Athènes eut aussi des lois célèbres, bien différentes de celles des Spartiates. Elles furent l'œuvre de *Solon*, que les anciens ont rangé parmi les sept sages de la Grèce (1).

Les divisions d'Athènes appelaient depuis longtemps une réforme. Une puissante aristocratie, qui remontait soit à l'ancienne noblesse du pays,

---

(1) On a donné ce nom à sept Grecs du sixième siècle avant J.-C., dont les réflexions avaient pour unique objet l'étude de l'homme et l'art de le gouverner. Deux étaient nés sur la côte occidentale de l'Asie Mineure, Thalès de Milet et Bias de Priène; deux, dans les îles voisines de ce rivage, Pittacus de Lesbos et Cléobule de Rhodes; Myson était du bourg de Kben, sur le mont Œta; Chilon était de Lacédémone, et Solon d'Athènes. Ils ont laissé quelques maximes courtes et claires, qui se comprennent et se retiennent aussitôt : « Rien de trop », disait l'un (Solon); « connais-toi toi-même », disait un autre (Chilon); « toujours de la mesure, » ajoutait un troisième (Cléobule). Ils étaient liés d'amitié et se réunissaient quelquefois.

soit aux familles arrivées du Péloponnèse lors de l'invasion dorienne, y avait pris en main tout le pouvoir, et elle tendait à s'emparer de toutes les terres. Sous prétexte que nul n'était digne de succéder au généreux Codrus, elle avait, après sa mort, remplacé la royauté héréditaire par l'archontat, magistrature à vie et responsable (1045) (1). Cette magistrature avait d'abord été laissée aux descendants de Codrus ; mais c'étaient les nobles qui choisissaient l'archonte parmi les membres de la famille, et ils exerçaient une sorte de contrôle sur les actes de son gouvernement. En 752, ils avaient restreint l'archontat à dix années ; en 714, ils l'avaient enlevé à la famille de Codrus ; en 683, ils l'avaient partagé entre neuf citoyens, nommés pour un an : c'était le moyen de pouvoir tour à tour prendre chacun un lambeau du pouvoir suprême. — Ils avaient aussi dans les mains toute la richesse du pays, toutes les bonnes terres de la plaine. La plupart des anciens habitants avaient été refoulés par les nouveaux venus vers la côte ou vers les montagnes, et leurs familles y vivaient pauvrement de la culture d'une propriété chétive ou de l'exercice de quelque métier. Si une année mauvaise, si un désastre accidentel arrivait, les petits propriétaires étaient réduits aux emprunts ; les riches ne leur prêtaient qu'à de gros intérêts, et sur l'engagement formel de rembourser à l'époque convenue ou, sinon, d'abandonner leur champ et de perdre

-----

(1) Le mot *archonte* a le sens de chef.

même leur liberté. Le jour arrivé, le débiteur ne pouvait trouver les moyens de s'acquitter; il lui fallait livrer ses biens, parfois se livrer lui-même, et « le créancier le retenait comme esclave ou le « faisait vendre à l'étranger. Plusieurs, pour payer « leurs dettes, vendaient leurs propres enfants, ce « que ne défendait aucune loi, ou bien ils fuyaient « leur patrie, pour se dérober à ces usuriers « impitoyables (1). » — Seuls enfin, les nobles jugeaient les procès, d'après un petit nombre de lois inconnues de la multitude, et si incomplètes que la volonté du juge tenait lieu de loi la plupart du temps.

Entre une noblesse rapace et sans frein et une multitude écrasée de dettes et accablée de misère, les luttes étaient inévitables. Les séditions, en effet, se renouvelaient fréquemment, et les lois de *Dracon*, trop sévères pour pouvoir être exécutées (2), n'avaient amélioré en rien la situation (624). Avec l'union Athènes avait perdu la force, et elle voyait les plus humbles de ses voisins s'agrandir à ses dépens. Egine la bravait; Mégare lui disputait avec succès Salamine, et le gouvernement d'Athènes, découragé par plusieurs défaites, avait même porté la peine de mort contre celui qui proposerait une nouvelle expédition vers cette île.

9. Solon, sans influence jusque-là, s'était livré

---

(1) Plutarque, *Vie de Solon.*
(2) Les délits les plus légers, comme les plus grands crimes, étaient dit-on, punis de mort par ces lois. « Ceux qui avaient volé quelques légumes ou quelques fruits étaient traités avec la même rigueur que les sacriléges et les homicides (Plutarque). »

tout entier au commerce et aux voyages. Comme toute la jeunesse, il s'indigna de ce décret honteux, et trouva un moyen de pousser sa patrie à revenir sur la décision qu'elle avait prise. Le bruit se répandit tout à coup dans la ville qu'il était devenu fou, et on le vit un jour sortir brusquement de chez lui, le bonnet sur la tête comme un malade, courir à la place publique, monter sur la pierre d'où les hérauts faisaient leurs proclamations, et de là déclamer des vers à la foule. « Je « viens de Salamine, disait-il, de Salamine la « charmantè. Que ne puis-je changer de patrie ! « que ne suis-je né à Sicine ou à Pholégan- « dros (1) ! car bientôt on dira de nous parmi les « hommes : Celui-ci est un Athénien, un de ceux « qui ont renoncé à Salamine. » Il parla en ce sens longtemps encore, sans que personne songeât à l'en empêcher. « Marchons à Salamine ! s'écria- « t-il à la fin ; allons combattre pour cette terre « désirable, écartons de nous la honte et le dés- « honneur ! » L'auditoire partageait l'enthou- siasme du poëte, l'édit ne tarda pas à être rap- porté, on en appela encore à la fortune des armes, et Solon, mis à la tête de l'expédition, replaça l'île sous la domination athénienne.

Ce service attira sur lui l'attention de tous. Rattaché aux nobles par sa naissance, aux pauvres par sa popularité, il fut bientôt choisi pour être le médiateur entre les partis qui divisaient la ré- publique. Sous le titre d'archonte, on lui conféra

---

(1) Petites îles du groupe des Cyclades, à l'est de Mélos.

les pleins pouvoirs nécessaires pour rédiger une constitution et un nouveau code de lois (594).

10. Il fallait, avant tout, s'occuper des dettes, car c'était là le grand mal du présent. Solon proclama l'affranchissement de ceux que l'usure avait réduits à l'esclavage, et ôta au créancier tout droit sur la personne du débiteur. La bienfaisance du législateur alla même chercher dans les pays étrangers les malheureux qui avaient été vendus ou forcés de s'exiler, pour leur rendre leur liberté et leur patrie. En même temps il facilita le payement des dettes, en retranchant les intérêts du capital, et en donnant à la monnaie une valeur un peu plus grande : c'était, il faut le reconnaître, une mesure violente, où les créanciers perdaient quelque peu ; mais ils ne devaient s'en prendre qu'à la cupidité et à la dureté sans bornes qui avaient rendu cette réformation nécessaire.

Ce remède apporté, Solon changea complétement la base du gouvernement. Au lieu de laisser toute l'influence à la noblesse, il en donna une petite part à chaque citoyen ; tous, sans exception, purent assister aux assemblées du peuple, c'est-à-dire voter les lois et nommer les magistrats. Au lieu de laisser les tribunaux aux mains de ces grands qui s'étaient montrés si souvent injustes pour les petits, il voulut que 6 000 citoyens, désignés chaque année par le sort, fussent chargés de juger toutes les causes civiles (1), soit tous ensemble, soit par commissions. Solon donnait donc

______

(1) L'Aréopage conservait le jugement des procès criminels.

à tous une part du pouvoir législatif et du pouvoir judiciaire ; mais il n'appelait aux magistratures et à la direction de l'État que ceux qui avaient la richesse ou au moins l'aisance. Les neuf archontes, qui se partageaient le pouvoir exécutif, comme font nos ministres aujourd'hui, n'étaient pris que parmi les Athéniens de la première classe, parmi les citoyens les plus riches ; les 400 membres du sénat, qui administrait l'État avec les archontes et préparait les projets de lois pour l'assemblée générale, devaient sortir des trois premières. Solon avait ainsi réglé le gouvernement, parce que ceux qui ont quelque fortune redoutent les bouleversements qui pourraient la leur enlever, apportent dans l'administration plus de prudence, et reculent devant les mesures qui compromettraient la tranquillité publique. Mais rien n'empêchait le pauvre d'acquérir par le travail le revenu qui donnait entrée dans ces classes privilégiées, et, en attendant, il trouvait, dans la quatrième, une compensation : c'est qu'elle était complétement exempte d'impôts, et que les charges de l'État ne pesaient que sur les trois autres. Tout d'ailleurs, dans cette législation, poussait au travail. Une loi chargeait l'antique tribunal de l'Aréopage, composé des archontes sortis de fonctions, de s'assurer des moyens d'existence de chaque citoyen, et de punir ceux qui passaient leur vie dans l'oisiveté. Une autre dispensait le fils d'un devoir sacré, celui de nourrir son vieux père, si celui-ci ne l'avait pas préparé à une profession, ne lui avait pas fait apprendre un métier.

Solon protégea cette constitution, qui faisait d'Athènes une démocratie tempérée (1), contre les caprices et les entraînements de la multitude, en donnant à l'Aréopage le droit de réviser et de casser au besoin les décisions du peuple. Il la protégea contre les émeutes par une loi qui ordonnait, sous peine d'infamie, à tout citoyen de prendre parti en cas de révolution : il devenait alors impossible à quelques poignées d'audacieux d'imposer, par un coup de main, leur loi au pays.

Le législateur de Sparte avait voulu que ses lois demeurassent à tout jamais telles qu'il les avait faites. Solon, en quittant Athènes pour de nouveaux voyages, fit seulement jurer aux sénateurs et aux archontes de conserver intactes les siennes pendant dix ans, en ajournant toute modification jusqu'au temps qui suivrait cette épreuve de dix années.

11. Sur tous les points, la législation de Solon était l'opposé de celle de Lycurgue. A Sparte, une puissante aristocratie commandait en souveraine, dirigée par ses vieillards et par ses deux rois, et l'autorité de ces rois s'était encore amoindrie par la création d'une magistrature nouvelle, celle des cinq éphores, surveillants de la constitution et des mœurs ; au-dessous de ces descendants des Doriens envahisseurs, les Laconiens, c'est-à-dire la masse du pays, étaient des simples sujets, sans droits politiques : à Athènes, au contraire, toute la population, anciens habitants

_______

(1) Selon que la souveraineté, dans un État, est exercée par un seul, par un petit nombre, par la classe des nobles, ou par le peuple tout entier, comme dans l'assemblée générale d'Athènes, le gouvernement est appelé monarchique, oligarchique, aristocratique ou démocratique. On nomme républiques les États à la tête desquels un monarque n'est point placé.

ou nouveaux venus, exerçait sa part d'influence dans le gouvernement ; le sénat et l'archontat lui-même étaient accessibles à tous, à la seule condition de l'activité et des efforts, qui augmentaient le revenu et changeaient le citoyen de classe. — Le Spartiate ne pouvait s'occuper de rien autre que des exercices militaires et gymnastiques ; la culture, l'industrie, le commerce, étaient abandonnés aux Laconiens ou aux hilotes : à Athènes, le travail était imposé au citoyen, sous peine d'amende d'abord, et, s'il persistait, sous peine d'infamie. — A Sparte, l'enfant, dès l'âge de sept ans, était enlevé à sa famille, et l'État seul se chargeait de lui donner l'éducation réglée par la loi : à Athènes, le père et la mère restaient maîtres de leur fils jusqu'à l'âge de seize ans, et la famille conservait son droit de l'élever comme elle croyait bon. — Lycurgue chassait les étrangers de Sparte ; Solon accordait à leur industrie et à leur trafic la même protection qu'au travail et au commerce des Athéniens, pourvu qu'ils déclarassent qu'ils se fixaient pour toujours dans l'Attique, et payassent chaque année une légère contribution. — L'esclave ne trouvait pas non plus à Athènes la triste condition de ces pauvres hilotes de Sparte, contre qui tout était permis : maltraité par son maître, il pouvait réclamer la protection des lois et se faire vendre à un autre propriétaire ; en cas de meurtre ou de blessure grave, la punition était la même que si la victime eût joui de sa liberté.

Questionnaire. — 8. A qui les anciens ont-ils donné le nom de sages de la Grèce ? — Comment s'était, depuis la mort de Codrus, transformé de plus en plus le gouvernement d'Athènes ? — Que veut dire le mot *Archonte ?* — Montrez comment toutes les terres tendaient à passer, comme le pouvoir politique, dans les mains de la noblesse. — Quels étaient en ce temps, dans l'Attique, les juges des procès ? — Que savez-vous des lois de Dracon ? — Athènes était-elle, à cette époque, bien redoutée de ses voisins ?—9. Dans quelle circonstance et par quel service Solon attira-t-il d'abord sur lui l'attention des Athéniens ? — De quel travail le chargea-t-on après qu'il eut repris Salamine? — Indiquez la date de ses lois. —10. Quel remède apporta Solon à la situation que la misère et les dettes avaient faite à beaucoup d'Athéniens? — Quels pouvoirs la constitution de Solon donna-t-elle à tous les citoyens ? — A qui réserva-t-elle les magistratures et la direction de l'État, et pour quel motif ? — Quel était, dans le gouvernement d'Athènes, le rôle des archontes et celui du sénat ? — Était-il possible aux citoyens de la dernière classe d'arriver quelque jour au sénat ou à l'archontat?—Quelle compensation le pauvre trouvait-il, en attendant ? — Montrez comment la constitution politique et les lois civiles de Solon poussaient également au travail la population d'Athènes. — Caractérisez cette constitution en quelques mots.—Que veulent dire les mots monarchie, oligarchie, aristocratie, démocratie, république? — Quelles barrières opposa Solon aux caprices et aux entraînements de la multitude ; aux émeutes et aux tentatives de révolution? — Quel serment, à son départ d'Athènes, Solon demanda-t-il aux archontes et aux sénateurs ?

11. Comparez les lois de Solon à celles de Lycurgue.

---

# CHAPITRE IV

## PISISTRATE ET SES FILS. — L'OSTRACISME.

12. Après le départ de Solon, Athènes fut de nouveau en proie aux rivalités des anciens partis, noblesse, montagnards, hommes du rivage, et le retour même du législateur ne put enchaîner les factions. A la faveur de ces luttes, un chef ambitieux et habile, *Pisistrate*, réussit à s'emparer de l'autorité, et, sans avoir ce titre, il devint une sorte de roi d'Athènes. C'est ce que les anciens appelaient une tyrannie : ils entendaient seulement par là une usurpation, sans attacher toujours au

mot de tyran la signification odieuse qu'il a nécessairement dans notre langue (1).

Pour satisfaire sa soif insatiable de dominer, Pisistrate, qui était de la famille de Codrus, s'était mis à la tête des montagnards, c'est-à-dire des ouvriers, des artisans, de tout le petit peuple. Riche et vaillant, insinuant et audacieux tout ensemble, d'une figure imposante et d'une éloquence persuasive, il avait acquis, en flattant et en soulageant la multitude, une grande popularité. Quand il crut le moment propice, il vint sur un char au milieu de la place publique : il s'était fait lui-même quelques blessures, les mules de son char étaient blessées comme lui, et le char était couvert de sang. Il venait, disait-il, d'échapper à une bande d'assassins, payés pour l'attendre au passage et pour tuer le meilleur ami du peuple. En même temps il rappelait ses exploits contre Mégare, et la gloire dont il s'était couvert à la tête des troupes d'Athènes. Quand l'indignation de la foule fut à son comble, ses partisans provoquèrent une assemblée du peuple, et cette assemblée ne tarda pas à se réunir. L'un d'entre eux y proposa de donner à Pisistrate cinquante gardes pour le protéger : en vain Solon combattit

---

(1) Pour nous, un tyran est un homme qui, maître du pouvoir absolu, gouverne avec cruauté, avec injustice, dans le seul intérêt de ses passions, et sans respect des lois divines et humaines. Pour les Grecs, un tyran était simplement un homme qui, dans un état libre, s'était emparé de l'autorité et régnait en souverain. Ils pouvaient donc reconnaître parfois de bons tyrans, et Pisistrate était de ce nombre. En français, ces deux mots sont inconciliables, et le second est la contradiction du premier.

la demande ; les cris de la multitude l'emportèrent, les riches effrayés quittèrent l'assemblée, le
législateur fut réduit à faire comme eux, et la loi
fut votée au milieu de ce tumulte. On laissa ensuite Pisistrate dépasser le chiffre, mettre dans sa
garde autant d'hommes qu'il voulut ; avec leur
aide, il s'empara de la citadelle, et Solon découragé ne prit plus aucune part aux affaires publiques. « J'ai défendu, disait-il, le pays et les lois
« tant que j'ai pu. »

Établie en 561, l'autorité de Pisistrate fut deux
fois renversée. Il lui fallut s'éloigner d'Athènes
avec sa famille, pendant cinq ans la première
fois, pendant onze ans la seconde ; mais toujours
il fut rétabli, et en 542 ce fut pour rester jusqu'à
sa mort maître de la république.

13. Dès le début de ces dix-huit années (542-
528), Pisistrate montra le caractère doux et bienfaisant qu'allait prendre le pouvoir dans ses mains.
Au lieu d'exciter ses partisans et ses troupes mercenaires (1) à poursuivre ses ennemis en déroute,
il promit aux fugitifs l'entier oubli du passé, à la
seule condition de retourner paisiblement dans
leurs demeures ; les chefs des factions hostiles se
virent alors abandonnés de presque tous, et se
décidèrent à quitter la ville. Le vainqueur cependant, deux fois exilé déjà, prit les moyens de ne
pas l'être une troisième, et voulut tenir d'une

---

(1) Quand des étrangers servent un pays ou un prince pour de
l'argent, on donne à ces troupes le nom de *mercenaires* (du mot latin *merces*, qui signifie solde).

main plus ferme l'autorité que son caractère entreprenant et le dévouement de son parti lui avaient acquise : au lieu de s'appuyer seulement sur l'affection du petit peuple, il continua de s'entourer d'une troupe de mercenaires étrangers. Les lois de Solon d'ailleurs étaient observées comme à l'ordinaire, les anciennes magistratures subsistaient, et Pisistrate, simple et modeste dans sa vie, semblait ne rechercher autre chose qu'une grande influence et ne vouloir être que le premier des citoyens.

En même temps qu'au dehors il augmentait la marine d'Athènes, il faisait porter une loi par laquelle les citoyens qui reviendraient d'une guerre mutilés et invalides seraient nourris aux frais de l'État. Dans les campagnes, il encourageait de ses deniers l'agriculture ; à Athènes, il ouvrait aux plus pauvres, comme promenade, ses propres jardins. De splendides monuments s'élevaient dans la ville par ses ordres : la fontaine dite aux belles eaux (Callirhoë), d'où se répandait, claire et limpide, à travers de nombreux conduits, l'eau de l'unique source qui existât à Athènes ; les somptueux bâtiments du Lycée (1), beau jardin où la jeunesse athénienne, au milieu de la verdure et sous des ombrages touffus, allait s'exercer aux luttes du gymnase ; les temples d'Apollon et de Jupiter Olympien : nul temple, dans l'antiquité,

---

(1) Ce nom leur venait de ce que le lieu où ils s'élevaient était consacré à Apollon Lycien, c'est-à-dire destructeur des loups (du grec *lycos*. loup).

n'atteignait l'étendue et n'égalait les proportions colossales de ce dernier, qui resta inachevé six siècles et demi, et dont le voyageur admire encore les ruines imposantes. Consacrer l'argent du trésor à ces magnifiques constructions, c'était

Ruines du temple de Jupiter Olympien, à Athènes.

tout ensemble donner à Athènes un éclat nouveau, et à beaucoup de ses habitants un travail qui leur assurait les moyens de vivre et les détournait des révolutions. Les lettres, comme les arts, durent beaucoup à Pisistrate : il eut le premier en Grèce une bibliothèque, et l'ouvrit libéralement à tous ; il fit recueillir les poésies d'Homère, jusqu'alors conservées par les seuls rapsodes, qui allaient de ville en ville en chanter des fragments détachés.

**14.** Les fils de Pisistrate, *Hippias* et *Hipparque*, succédèrent à l'autorité de leur père. Le premier tenait de lui les qualités de l'homme d'Etat ; le second avait hérité de son amour pour les lettres. Pendant quatorze ans (528-514), ils suivirent fidèlement son exemple. Athènes reçut de nouveaux embellissements ; les impôts furent diminués de moitié ; le recueil des poésies d'Homère fut terminé ; deux grands poëtes, Anacréon et Simonide, furent appelés par les fils de Pisistrate et passèrent quelque temps auprès d'eux. Un ancien va jusqu'à dire que cette administration rappelait les jours heureux de l'âge d'or. Un événement imprévu changea la face des choses, et prépara une brusque révolution.

Deux jeunes Athéniens, Harmodius et Aristogiton, étaient unis par les liens de la plus étroite amitié. Le premier repoussa les avances d'Hipparque, qui voulait aussi se l'attacher, et le tyran, blessé dans son orgueil, se vengea lâchement de cette sorte de dédain. Harmodius avait une jeune sœur ; elle fut, dans une fête, invitée à venir porter en procession la corbeille sacrée, et, quand elle se présenta, on la chassa honteusement, en lui disant qu'on ne l'avait pas mandée, et qu'elle n'était pas digne de remplir cette fonction, réservée aux filles des premières maisons d'Athènes. Les deux amis, indignés de cette insulte, résolurent de laver l'offense dans le sang du coupable et de renverser le pouvoir des Pisistratides. Ils communiquèrent leur plan à quelques autres, et la conspiration n'échoua que parce que les deux chefs, se croyant trahis, en pressèrent l'exécution. Hipparque seul fut assassiné, et Harmodius fut aussitôt tué par les gardes. Aristogiton, mis à la torture et pressé de dénoncer ses complices, nomma l'un après l'autre les plus dévoués partisans d'Hippias, qui les fit égorger aussitôt. — « Y « en a-t-il d'autres encore ? » lui demanda-t-il à la fin. — « Il n'y a plus que toi dont je voudrais la « mort, répondit Aristogiton ; mais au moins je « t'ai fait tuer tes amis les plus fidèles. » Une femme, Lééna, amie d'Aristogiton, était torturée comme lui, et, dans la crainte de céder à la douleur et de révéler quelque nom, elle se coupa la langue avec les dents et la cracha au visage d'Hippias.

A partir de ce jour (514), le caractère d'Hippias changea complétement, et son autorité devint une véritable tyrannie. Devenu soupçonneux et cruel, il considéra tous les Athéniens comme de secrets ennemis, et il en fit périr un grand nombre. En même temps il augmentait les impôts, cherchait à se faire des amis au dehors : prévoyant qu'une révolution finirait par le chasser d'Athènes, il se ménageait un asile et des ressources. Ce fut, en effet, son sort au bout de quatre ans. Il essaya de résister ; mais ses enfants, qu'il voulait embarquer pour les mettre à l'abri de tout péril, tombèrent aux mains de l'ennemi. Pour les ravoir, il accepta toutes les conditions qu'on voulut lui imposer : on lui donna cinq jours pour sortir de l'Attique, et il alla mendier en Asie, chez les satrapes du roi de Perse, les moyens de remettre son pays sous le joug (510).

15. Au milieu des luttes intestines qui se réveillèrent, plus vives que jamais, au départ d'Hippias, un fait important mérite d'être recueilli : ce sont les changements que fit Clisthène, nouveau chef du peuple, à la constitution, dans le but de la rendre encore plus démocratique. Pour combattre avec plus de sûreté les nobles et leur influence dans l'assemblée du peuple, il classa parmi les citoyens un grand nombre d'étrangers domiciliés et même des esclaves, qu'aucun lien ne rattachait aux anciennes familles. Pour atteindre le même but dans le sénat, il y fit entrer cent membres nouveaux. Enfin, pour empêcher à tout jamais le retour de la tyrannie, il fit instituer l'ostracisme (1), c'est-à-dire l'exil temporaire de tout citoyen dont l'influence, fût-elle due seulement à ses vertus, paraîtrait inquiétante et redoutable ; sans avoir aucun crime, aucune faute, à lui reprocher, on le bannissait pour dix ans... par précaution. C'était pousser le peuple d'Athènes à l'injustice, à l'ingratitude, et mettre dans ses mains une arme dont il devait souvent abuser contre les meilleurs citoyens. « Un sage « législateur, dit Aristote, à qui l'on peut repro- « cher cependant trop d'indulgence pour cette « prétendue loi de salut public, combinera ses « lois de manière à se passer de ce violent re-

---

(1) Chaque citoyen inscrivait son vote sur une coquille (en grec *ostracon*) : de là le nom. Il fallait 6,000 suffrages pour que le bannissement fût prononcé.

« mède. L'ostracisme n'était qu'une affaire de
« cabale, et l'intérêt général n'y entrait pour
« rien (1). »

QUESTIONNAIRE. — 12. Que devint Athènes après le départ
de Solon? — Quelle était, pour les Grecs, la signification
du mot tyrannie? — A-t-il le même sens dans notre langue? — Qu'était Pisistrate? — A quel ruse recourut-il
pour s'emparer de l'autorité? — En quel temps eut lieu
son usurpation, et quand devint-elle définitive?—13. Combien d'années conserva-t-il le pouvoir après son second
rétablissement? — Montrez le caractère modéré, ferme et
bienfaisant du gouvernement de Pisistrate. — Faites comprendre, en énumérant les grands travaux accomplis par
ses ordres, la protection dont il entourait les arts et les
lettres.—14. Quels étaient ses deux fils, et comment gou-
vernèrent-ils d'abord?—Racontez, avec sa date, ses causes
et ses résultats, la conspiration d'Harmodius et d'Aristogiton. — Comment Hippias usa-t-il de son pouvoir après
le meurtre de son frère? — Quand fut-il chassé d'Athènes,
et où alla-t-il? — 15. Qu'était Clisthène, et quels changement apporta-t-il à la constitution?—Qu'était-ce que l'ostracisme, et comment cette institution nouvelle doit-elle
être appréciée? — D'où venait son nom?

---

# CHAPITRE V

## PREMIÈRE GUERRE MÉDIQUE (492-490).

### Miltiade et Marathon.

16. Dès les premiers temps de leur histoire, les
Grecs avaient été détruire, sur les côtes d'Asie, le
petit royaume de Troie. Au cinquième siècle, les
Perses et les Mèdes, maîtres de l'Asie, vinrent à

---

(1) *Politique*, liv. III, chap. IX.

leur tour se jeter sur la Grèce, pour lui ravir son indépendance. Cette dernière lutte prend le nom de guerres Médiques.

La principale cause de ces guerres fut le désir de conquêtes du roi de Perse *Darius*, fils d'Hystaspe. De ses deux prédécesseurs, l'un, Cyrus, avait placé sous ses lois toute l'Asie alors connue, de la Méditerranée à l'Indus; l'autre, Cambyse, passant en Afrique, avait ajouté l'Égypte à cette vaste domination. Darius, venant après eux, ne voulut pas être au-dessous d'eux, et il songea à porter ses armes dans l'Europe. Il avait à craindre d'ailleurs, s'il n'occupait au dehors l'activité belliqueuse des Perses, de voir, au sein de son empire, de nouvelles agitations comme celles qu'il avait déjà réprimées. « Il faut conquérir d'autres « pays pendant que vous êtes jeune, lui disait la « reine Atossa, sa femme, qui savait sans doute à « merveille que c'était là sa propre pensée. Il ne « faut pas que les Perses puissent s'imaginer que « leur roi manque de courage. Il ne faut pas que « l'oisiveté les porte à se soulever contre vous. « Marchez contre la Grèce, car, sur ce que j'en « ai ouï dire, j'ai hâte d'avoir à mon service des « femmes d'Athènes et de Corinthe, de Sparte et « d'Argos. » Plus d'un Grec, exilé comme Hippias, parlait dans le même sens, soit à Darius, soit à ses ministres. La révolte des Grecs d'Ionie et l'appui qu'ils trouvèrent chez leurs frères d'Europe achevèrent de le décider.

17. Depuis les conquêtes de Cyrus, les villes grecques d'Asie faisaient partie de l'empire des

Perses, et ceux-ci, trouvant plus commode, pour le payement du tribut, de n'avoir affaire qu'à un seul homme dans chacune d'elles, avaient favorisé partout l'établissement de quelque tyran, qui gouvernait sous leur suprématie. Celui de Milet, Aristagoras, se trouva, en 501, dans une situation des plus inquiétantes : une expédition contre Naxos, entreprise d'après ses conseils et sous sa conduite par les vaisseaux perses, avait complétement échoué; il y avait perdu ses propres trésors avec ceux que Darius lui avait confiés, et il craignait d'avoir à rembourser les frais de la guerre. Ne voyant d'autre ressource que la révolte, il profita de la présence de tous les tyrans dans l'armée pour s'emparer de leurs personnes, les livra aux villes, qui les bannirent ou les tuèrent, et rétablit partout la démocratie.

C'était se déclarer en lutte ouverte avec le grand roi (1), et Aristagoras sentit le besoin de trouver des appuis au dehors. Il essaya de tenter les Spartiates, en parlant à leur roi, Cléomène, des terres fertiles de l'Asie, des trésors accumulés dans Suse. « — Combien y a-t-il de journées de marche entre « la mer et le palais de Suse? » demanda Cléomène. « — Trois mois, » répondit Aristagoras. « — Alors, reprit le roi, quittez Sparte sans délai : « on ne vient pas dire à des Lacédémoniens de « faire de pareils voyages. » Il fut plus heureux

---

(1) Les anciens appelaient souvent ainsi le roi de Perse, par opposition à ces rois, si nombreux dans l'antiquité, dont les États ne comprenaient qu'une petite province ou même une ville avec son territoire.

chez les Athéniens, indignés de l'accueil que recevait Hippias en Asie, et de l'ordre que leur avait envoyé le satrape de Lydie, Artapherne, frère de Darius, de rappeler le tyran qu'ils avaient chassé. Ils accordèrent aux révoltés une escadre de vingt vaisseaux; Érétrie, la principale ville de l'Eubée, en ajouta cinq autres, et bientôt les troupes grecques vinrent tomber comme un torrent sur la ville de Sardes, capitale de la Lydie. Sardes, laissée sans soldats pour la défendre, fut prise et pillée, et Artapherne ne put que se réfugier dans la citadelle. Au milieu du désordre, un soldat mit le feu à une habitation, et toutes ces constructions fragiles que la crainte des tremblements de terre faisait adopter de préférence, toutes ces maisons en bois, toutes ces toitures de roseaux, devinrent aussitôt la proie des flammes. La prise et l'incendie de Sardes furent la seule part des Athéniens dans la révolte de l'Ionie. Satisfaits d'avoir répondu à l'injonction du satrape par cette sorte de bravade, et se sentant incapables de résister aux forces qu'il rassemblait de toutes parts, ils retournèrent alors à leurs vaisseaux et regagnèrent leur patrie.

Le soulèvement fut rapidement comprimé. En vain les Ioniens y entraînèrent Byzance, l'île de Cypre, toutes les colonies grecques de la côte occidentale, depuis l'Hellespont jusqu'à la Carie. Partout leurs efforts et ceux de leurs alliés échouèrent; Aristagoras désespéra lui-même de sa cause et s'enfuit en Thrace; une victoire navale et la prise de Milet achevèrent la soumission de l'Asie

Mineure (494). Restait alors à punir ces Athéniens qui s'étaient permis de porter la guerre dans l'empire du grand roi : c'était l'unique pensée de Darius depuis l'incendie de Sardes. En apprenant cet humiliant désastre, il avait demandé ce que c'était que cette ville d'Athènes; il avait supplié les dieux de lui permettre de se venger d'elle, et chaque jour, avant le repas, un de ses officiers lui répétait trois fois ces paroles : « Seigneur, sou- « venez-vous des Athéniens. »

18. A deux reprises, Darius tenta de satisfaire sa vengeance, et chaque fois ses armées n'éprouvèrent que des revers.

Il chargea d'abord son gendre, Mardonius, de faire la conquête de la Grèce. Une armée nombreuse traversa l'Hellespont dans ce dessein, et suivit les rivages de la Thrace, tandis que la flotte qui devait la seconder longeait aussi la côte de ce pays. Arrivés en face du mont Athos, les vaisseaux furent assaillis par une violente tempête, qui en jeta trois cents sur les rochers et fit périr plus de vingt mille hommes. L'armée, de son côté, fut attaquée la nuit par la tribu thrace des Bryges, et cette surprise, où Mardonius lui-même fut blessé, coûta encore la vie à un grand nombre de ses soldats. Tout ce qu'il put faire alors, ce fut de châtier le petit peuple barbare qui osait ainsi entraver l'expédition dans sa marche. Il lui fallut ensuite retourner honteusement en Asie avec ce qui lui restait de vaisseaux et de troupes (492).

Cette campagne désastreuse n'ébranla pas la résolution du grand roi, qui rassembla de nouvelles forces sous le commandement du Mède Datis et de son propre neveu, Artapherne, fils du satrape de Lydie. Il envoya des hérauts demander aux villes grecques la terre et l'eau en son nom (1), et l'indignation fut telle, à Athènes comme à Sparte, que, sans respect pour le droit des gens (2), elles tuèrent l'une et l'autre les ambassadeurs. Une flotte de six cents petits navires ou trirèmes, auxquels s'ajoutaient des vaisseaux de transport pour les chevaux (3), se dirigea alors vers la Grèce (490). Cette fois, au lieu de suivre les côtes et de faire le tour de la mer Égée, elle se porta directement sur les Cyclades, où les Perses brûlèrent la ville de Naxos, et sur l'île d'Eubée, où la trahison leur livra Érétrie après six jours de siége : ils l'incendièrent, comme Naxos, et en réduisirent tous les habitants en esclavage. Les Athéniens ne devaient pas s'attendre à plus de ménagements : ils se préparèrent à une défense acharnée.

---

(1) Présenter à un prince un peu de la terre et de l'eau du pays, c'était lui en abandonner, par une sorte de signe et d'image, la possession et la souveraineté.

(2) Le mot *gens*, employé surtout au pluriel, n'a pas seulement le sens de *personnes*, mais aussi celui de *peuples*, de *nations* (du mot latin *gens*, au pluriel *gentes*). La Fontaine lui donne même souvent ce sens au singulier : la gent qui fend les airs, la gent marécageuse, la gent trotte-menu. Le mot *droit des gens* ou *droit international* signifie l'ensemble des lois qui régissent les rapports des peuples entre eux, et l'une de ces lois est le caractère inviolable et sacré des ambassadeurs.

(3) Nous n'avons sur la marine des anciens que des notions très-incomplètes. Ils avaient deux sortes de navires : les *vaisseaux longs*, qu'emportaient, suivant le temps, la voile ou la rame, quelquefois toutes deux ensemble; les *vaisseaux ronds*, qui ne s'aidaient que de la voile et du vent. Les premiers, toujours petits et légers, étaient les bâtiments de guerre ; les autres, plus lourds et plus vastes, servaient au commerce et aux transports. Les vaisseaux longs por-

La résistance pourtant semblait difficile. D'après le conseil du vieil Hippias, les ennemis jetèrent l'ancre dans la baie de Marathon : la plaine voisine, espace uni de plusieurs lieues de long sur une lieue de large, était la situation la plus favorable de toute l'Attique pour les évolutions de leurs dix mille cavaliers. A cette cavalerie redoutée, dont les javelots et les flèches ne laissaient jamais l'ennemi en repos, s'ajoutait une infanterie de cent mille soldats pour le moins, et depuis soixante-dix ans ces armées perses faisaient trembler toute l'Asie. Les Athéniens n'avaient à leur opposer que dix mille hommes, auxquels vinrent généreusement se joindre de la Béotie un millier de Platéens. Les Spartiates, retenus par une loi religieuse, attendaient que la lune fût dans son plein pour se mettre en marche, et elle n'était encore qu'à son neuvième jour.

La petite armée d'Athènes obéissait à dix généraux, qui devaient commander alternativement,

---

taient ordinairement le nom de *trirèmes*, parce qu'ils avaient trois rangs de rameurs. Suivant les uns, ces trois rangs étaient placés côte à côte le long des deux flancs du navire, et chaque rame était manœuvrée par trois hommes en même temps. Suivant les autres, et c'est de ce côté que penche la science aujourd'hui, les rangs étaient disposés par étages dans le vaisseau, et chaque homme maniait une rame, plus ou moins longue selon le rang où il se trouvait. Peut-être l'antiquité a-t-elle appliqué l'un et l'autre des deux systèmes. En 1861 l'Empereur, venant en aide aux érudits, a fait construire une trirème antique, conservée maintenant au port de Cherbourg : les rames y sont disposées, sur les flancs du vaisseau, à trois hauteurs différentes. — Ces vaisseaux anciens, avec leurs faibles dimensions, craignaient nécessairement le large, surtout dans une mer fréquemment agitée comme est la Méditerranée ; ils ne s'éloignaient jamais des côtes. Souvent, dès qu'ils arrivaient au port, on les tirait à terre à l'aide de cordages ; pour le départ, on les relançait à l'eau avec la même facilité.

chacun pendant une journée. Les uns voulaient combattre à l'instant même; les autres, attendre le renfort de Sparte. L'un d'eux, *Miltiade*, qui demandait la bataille, fit sentir tout le danger qu'apporterait ce retard : des divisions pouvaient s'élever à Athènes, les anciens amis d'Hippias avoir le dessus, et alors la ville était livrée au tyran, qui la remplissait de victimes, et aux étrangers, qu'il avait appelés lui-même à asservir son pays. L'avis de Miltiade l'emporta : la bataille fut résolue, et elle se livra quand vint le jour de son commandement.

Les Perses étaient dix contre un, et cependant ce furent les Grecs qui commencèrent l'attaque. Ils descendirent en courant de la hauteur sur laquelle ils étaient placés, et se jetèrent sur les barbares (1) rangés en bataille à quelque distance du rivage. Miltiade avait mis sur les deux ailes ses principales forces, et les avait protégées par un abatis d'arbres, propre à gêner ou même à empêcher les mouvements de la cavalerie ennemie. Grâce à cette disposition, les Grecs furent vainqueurs des deux côtés, à droite et à gauche, et beaucoup de Perses, en fuyant, périrent dans les marais qui touchaient au champ de bataille. Les Athéniens étaient moins heureux au centre, que Miltiade avait laissé sans profondeur, pour avoir un front égal à celui des Perses; déjà l'ennemi avait percé leurs lignes, et la déroute commençait, quand

---

(1) Les Grecs donnaient le nom de barbares à tout ce qui n'était as Grec.

tout à coup, à la voix du chef, les deux ailes se
replièrent, au lieu de poursuivre les fuyards, et
vinrent, par derrière, assaillir ces bataillons à qui
Miltiade n'avait permis un succès facile que pour
mieux les écraser après ce triomphe d'un instant.
Les Athéniens alors défirent complétement les
Perses, et ils les suivirent de si près, l'épée dans
les reins, qu'arrivés en même temps qu'eux sur
le rivage, ils demandaient du feu à grands cris
pour incendier leurs vaisseaux. Sept furent pris;
le reste se sauva en toute hâte à force de rames. Un
des combattants, bien qu'excédé de fatigue, voulut être le premier à porter à sa patrie la nouvelle

Un des vainqueurs de Marathon apportant à Athènes la nouvelle de
la victoire.

du triomphe. Il courut, sans s'arrêter, de Marathon à Athènes : « Victoire ! Tout est sauvé ! » dit-

il aux archontes, et il tomba mort à leurs pieds. — Ce n'était pas tout : il fallait empêcher l'ennemi de s'emparer de la ville restée sans défense. Les vainqueurs y retournèrent à marche forcée, et quand les vaisseaux barbares se montrèrent dans la rade, les troupes de Miltiade étaient déjà campées, et prêtes à combattre de nouveau. Athènes et la Grèce restaient libres, et la flotte retourna en Asie. Les Perses avaient perdu six mille quatre cents hommes environ; les Athéniens, seulement cent quatre-vingt douze. Hippias était du nombre des morts.

19. L'invasion une fois repoussée, Miltiade voulut se rendre maître des Cyclades, et en faire une sorte d'avant-poste et de rempart contre l'Asie, en cas de nouvelles attaques. Sans indiquer le but de l'expédition projetée, il demanda aux Athéniens soixante-dix vaisseaux, des troupes, de l'argent : il allait, disait-il, enrichir prodigieusement sa patrie et ceux d'entre eux qui voudraient le suivre. Tout fut accordé, on accourut en foule auprès de lui, et la flotte se dirigea vers les îles qui avaient soutenu les barbares. Celle de Paros refusa de payer la somme de cent talents (556,000 francs) qu'on exigeait d'elle; il fallut faire le siége de la ville, et les Pariens opposèrent à Miltiade, qui reçut plusieurs blessures, une résistance vigoureuse. Il était pourtant sur le point de prendre la place, lorsqu'au bout de vingt-six jours un incendie, qu'on aperçut de loin, fut pris pour un signal annonçant l'approche d'une flotte des Perses. Il se décida alors à remettre à la voile, sans rappor-

ter aux Athéniens ces trésors dont il avait parlé, sans avoir soumis l'île qu'il avait attaquée. Ses ennemis l'accusèrent hautement de trahison : il aurait pu emporter Paros, disaient-ils, et c'était l'or des Perses qui l'avait seul poussé à lever le siége ; on rappelait, pour le rendre odieux, qu'avant les troubles de l'Ionie, il avait été le maître ou, comme on disait, le tyran de la Chersonèse de Thrace. L'un des principaux Athéniens, Xanthippe, lui intenta une accusation capitale, comme coupable d'avoir trompé le peuple et ruiné le trésor. « Miltiade ne comparut pas, dit Hérodote : la « gangrène qui s'était mise à sa cuisse le retenait « au lit; mais ses amis présentèrent sa défense, « rappelèrent la gloire dont il s'était couvert à Ma- « rathon, et mirent le peuple dans ses intérêts. Il « fut déchargé de la peine de mort, que réclamait « l'accusation, mais condamné à verser dans les « caisses de l'État cinquante talents (278,000 fr.) : « c'était le prix de l'expédition de Paros. La gan- « grène ayant fait des progrès, il mourut peu de « temps après, et Cimon, son fils, paya les cin- « quante talents de l'amende. » — Il eût été plus généreux de ne pas faire payer ainsi un échec à l'homme qui avait sauvé la Grèce ; mais tout au moins on ne trouve pas dans ce récit d'un contemporain, bien renseigné d'ordinaire, ce qu'ont raconté des écrivains postérieurs (1) ; on n'y voit pas mourir en prison le vainqueur des Perses.

_______________

(1) Cornélius Népos, premier siècle avant Jésus-Christ ; Plutarque, premier siècle de l'ère chrétienne.

QUESTIONNAIRE. — 16. Qu'appelle-t-on guerres médiques ? — Quelles furent les diverses causes de ces guerres ? — 17. En quel temps, par qui et dans quel but fut excitée la révolte des villes grecques d'Ionie ? — Comment les demandes de secours d'Aristagoras furent-elles accueillies en Grèce ? — Racontez la prise et l'incendie de Sardes. — Résumez l'histoire de la révolte de l'Ionie, depuis l'incendie de Sardes jusqu'à l'entière soumission de l'Asie Mineure. — Quel sentiment avait excité chez Darius l'appui donné par Athènes aux villes d'Ionie soulevées ? — 18. Combien Darius envoya-t-il d'expéditions contre la Grèce ?— Racontez la première, avec sa date.— A qui fut confiée la seconde ? — Quelle offense nouvelle Darius eut-il à reprocher aux Grecs ? — Que veut dire le mot *droit des gens* ? — En quelle année se fit cette seconde expédition ? — Quel était le nombre des vaisseaux perses, et quelle route suivirent-ils ? — Où jetèrent-ils l'ancre, et pourquoi ? — Quelle était la force de l'armée des Perses, et que pouvaient lui opposer les Athéniens ? — Qui leur fit adopter la résolution de livrer bataille aussitôt, et pour quels motifs ? — Racontez la bataille de Marathon, et faites-en connaître les résultats. — 18. (Note). Que savons-nous de la marine des anciens ? — 19. Quelle expédition fit Miltiade après le départ des Perses ? — Quel fut le résultat de cette tentative ? — Quelle accusation fut alors intentée à Miltiade, et quel jugement fut prononcé contre lui ?

---

# CHAPITRE VI

### DEUXIÈME GUERRE MÉDIQUE (480-479).

#### 1. — Léonidas et les Thermopyles.

20. Dix ans après la bataille de Marathon, Xerxès, fils de Darius, dirigea à son tour contre la Grèce des armements si terribles qu'il paraissait impossible qu'elle pût résister. Plus de douze cents vaisseaux de guerre, trois mille vaisseaux de transport, plus de cinq millions d'hommes, en y

comprenant les valets d'armée, étaient cette fois
lancés contre ce coin de terre qui n'avait pas
en tout trois millions et demi d'habitants. Avec de
pareilles forces, le grand roi ne doutait point du
succès : il comptait bien faire de ce peuple grec
ce que faisaient souvent les despotes d'Asie des
peuples vaincus, ce que les rois de Babylone
avaient fait, un siècle plus tôt, des Hébreux de la
Judée : les enlever à leur pays, donner ce pays à
d'autres, et les transporter eux-mêmes dans quelque région lointaine de la haute Asie.

Habitué à ne rencontrer jamais de résistance,
l'orgueil de Xerxès avait dépassé toutes les bornes,
jusqu'à devenir une sorte de folie et parfois de folie
furieuse. A ses yeux, tout ce qui était dans son
empire, hommes et choses, la vie de ses sujets
comme leurs biens, lui appartenait, et il regardait
comme un crime capital la seule idée de ménager
l'une ou de conserver quelque portion des autres,
quand il s'agissait de le servir. La nature elle-
même, mers et montagnes, devait être son esclave,
et les tempêtes étaient des révoltes contre sa souveraine autorité. Quand l'armée traversa l'Asie
Mineure, le Lydien Pythius, cent fois millionnaire
et le plus riche de l'empire après le grand roi, le
reçut magnifiquement, lui et toutes ses troupes; il
mit à la disposition de Xerxès tout ce qu'il avait
d'argent et d'or; il lui demanda seulement en
grâce de n'emmener en Grèce que quatre de ses
enfants, et de lui laisser l'aîné pour avoir soin de
ses champs et de sa vieillesse. Xerxès, indigné de
cette audace, fit couper en deux le jeune homme

par le milieu du corps, une portion fut placée de chaque côté du chemin, et toutes les troupes passèrent entre ces restes sanglants. Lorsqu'une tempête brisa les deux ponts de bateaux construits sur l'Hellespont pour le transport de l'armée et des bagages, Xerxès fit trancher la tête aux directeurs des travaux ; on passa sur les eaux de la mer un fer rouge, comme on fait sur le dos des criminels, on y jeta une paire de chaînes, on leur donna trois cents coups de fouet : « Ainsi te « punit ton maître, disaient à l'Hellespont les exé- « cuteurs de ces ordres insensés; le roi Xerxès te « passera de gré ou de force. » De nouveaux ponts du même genre furent établis (1), et les cinq millions d'hommes qu'amenait Xerxès entrèrent ainsi en Europe : il avait fallu, pour le passage de l'armée entière, sept jours et sept nuits. Le détroit franchi, elle se mit en marche le long des côtes de la Thrace, et la flotte suivit la même route à peu de distance jusqu'à la presqu'île de Chalcidique. Pour humilier le mont Athos, où s'étaient brisés tant de vaisseaux perses, et plus encore pour donner un nouveau témoignage de sa toute-puissance, Xerxès avait fait à l'avance creuser, près de la montagne, un canal d'une demi-lieue envi-

---

(1) Deux rangées de vaisseaux, protégés contre le courant par de grosses ancres et par des câbles solides, qu'on avait bien fixés au rivage, traversaient tout le détroit, large d'un kilomètre et demi, entre Abydos et Sestos. Sur ces vaisseaux, qui formaient comme les fondations du pont à construire, étaient placés des troncs d'arbres, recouverts de planches et ensuite d'une terre fortement battue. Enfin, de chaque côté du pont, s'élevaient de hautes barrières, pour que les chevaux et les bêtes de charge ne s'épouvantassent point en voyant la mer

ron, dont on voit encore aujourd'hui les traces.
Ce fut par ce canal que s'avancèrent, deux à deux,
les douze cents vaisseaux de la flotte : il avait
fallu, pour donner cette satisfaction à l'orgueil du
maître de l'Asie, des dépenses énormes, un travail
pénible de trois années, lorsqu'on aurait pu, si l'on
n'osait doubler le cap de peur des tempêtes, transporter les vaisseaux par-dessus l'isthme, comme
c'était l'usage pour les petits navires des anciens.

21. Xerxès fit un jour, dans la Thrace, la revue
et le dénombrement de ses troupes. S'adressant
ensuite au grec Démarate, ancien roi de Sparte,
qui, chassé de son pays, s'était, comme Hippias,
retiré en Perse : « Eh bien, lui dit-il, les Grecs
« oseront-ils me résister ? L'Occident tout entier
« se joindrait à eux qu'ils ne pourraient encore sou-
« tenir mes attaques. — Seigneur, répondit Déma-
« rate, est-ce la vérité que vous demandez ou la
« flatterie ? — La vérité, dit le roi. — Je ne vous par-
« lerai que des Lacédémoniens, reprit alors Déma-
« rate. Toute la Grèce fût-elle pour vous, ils vien-
« dront d'eux-mêmes vous présenter la bataille.
« Leur armée ne fût-elle que de mille hommes,
« ils vous combattront. — Que venez-vous me dire
« là ? répondit en riant Xerxès. Supposez qu'ils
« soient cinq mille, nous sommes plus de mille
« contre un. S'ils avaient un maître, comme chez
« nous, la crainte, j'en conviens, leur donnerait
« du courage. Contraints par les coups de fouet
« (c'était ainsi que les armées perses étaient con-
« duites à l'ennemi), ils marcheraient, bien qu'en
« petit nombre, contre des troupes plus nom-

« breuses. Mais ils sont libres, ils ne dépendent
« que d'eux-mêmes : ils n'attaqueront jamais des
« forces plus considérables que les leurs. » Et le
grand roi renvoya Démarate, en se moquant de ce
qu'il appelait ses niaiseries. Il allait bientôt comprendre qu'il y a plus à espérer d'un petit nombre
de guerriers résolus à défendre leur pays jusqu'à
la mort, que de ces immenses troupeaux d'hommes qu'on poussait au combat, le fouet à la main,
comme on pousse les bestiaux à la tuerie.

22. Les Thessaliens, les Thébains, et avec eux
le reste de la Béotie sauf Thespies et Platées, firent leur soumission aux ambassadeurs du roi ;
mais en même temps les Athéniens, les Spartiates,
tout ce qu'il y avait de Grecs ayant un peu de fierté
et d'amour du pays, envoyèrent leurs députés à
l'isthme de Corinthe pour préparer de concert la
résistance. Ils comprirent que l'union seule permettrait de lutter contre les envahisseurs, et il fut
convenu que toutes les guerres cesseraient entre
les villes. Une ligue fut formée pour la grande lutte
de l'indépendance, et Sparte fut mise à la tête de
la confédération : comme Athènes avait à elle
seule plus de la moitié des vaisseaux de la ligue
(147 sur 280), ses voisins auraient craint, en lui
donnant avec cela la suprématie, qu'elle ne devînt
dangereuse pour leur liberté. Les Athéniens eurent
la sagesse de ne songer qu'à l'intérêt commun et
de ne point contester à Sparte la prééminence : « ils
« mettaient au-dessus de tout le salut de la Grèce,
« dit Hérodote, et ils sentaient que sa ruine était cer-
« taine s'ils voulaient disputer le commandement. »

Dans ce moment critique, deux Athéniens, qui s'étaient distingués à Marathon par des prodiges de valeur, *Thémistocle* et *Aristide*, pouvaient être d'un grand secours, l'un par son intelligence hors ligne, l'autre par la fermeté de son caractère. Déjà Athènes devait au premier cent de ces vaisseaux qui faisaient sa force, et qui allaient servir de rempart à la Grèce : quelque temps après Marathon, il avait, sous prétexte d'une guerre avec Égine, décidé ses concitoyens à consacrer à cette dépense le revenu des mines d'argent du Laurium, au lieu de le partager, suivant l'usage, aux plus pauvres. Le second, malheureusement, était exilé depuis trois ans. L'énergique résistance qu'il opposait à toutes les intrigues l'avait fait regarder par beaucoup comme un embarras dont il était utile de se défaire ; d'autres, toujours disposés à jalouser ce qui vaut mieux qu'eux, s'étaient fatigués de l'entendre partout appeler le juste (1). L'ostracisme l'avait donc chassé d'Athènes, et le vertueux Athénien, en la quittant, avait supplié les dieux de ne jamais la placer dans une situation assez fâcheuse pour la forcer de se souvenir de lui. Cette situation maintenant était arrivée, et Thémistocle, qui, par ambition, avait été le premier promoteur de son exil, fut aussi le premier à sentir le besoin de

(1) « Le jour qu'Aristide fut banni, un paysan grossier, qui ne savait pas écrire, le prit pour un homme du peuple, et le pria d'écrire le nom d'Aristide sur sa coquille. Celui-ci, fort surpris, lui demanda si Aristide lui avait fait quelque tort. — Aucun, répondit le paysan : je ne le connais même pas ; mais je suis las de l'entendre partout appeler le juste. — Aristide écrivit son nom, sans lui répondre un seul mot. » (Plutarque, Vie d'Aristide.)

son retour. Il fit rendre un décret qui rappelait les bannis, et les invitait à venir, avec leurs concitoyens, défendre le pays contre les barbares.

23. A défaut de nombreux bataillons, les Grecs avaient pour eux, contre ces cinq millions d'Asiatiques, la nature montagneuse de leur pays, où certains défilés pouvaient être défendus par un petit nombre d'hommes, la conformation irrégulière de leurs côtes, où leurs vaisseaux, en se plaçant à l'entrée d'un détroit, ne pouvaient être enveloppés par la flotte ennemie (1). Il fut résolu qu'un corps de troupes, sous la conduite de *Léonidas*, roi de Sparte, occuperait le passage des Thermopyles, entre la Thessalie et la Locride Opontienne, et que l'armée navale des Grecs attendrait celle des Perses aux parages voisins, et garderait, le long du rivage d'Artémisium (2), l'entrée septentrionale de l'Euripe.

Sur mer, les orages secondèrent les efforts des Grecs avec une telle persistance qu'ils les regardèrent comme l'effet d'une protection toute spéciale des dieux. Le long de la presqu'île de Magnésie, plus de quatre cents vaisseaux perses, assaillis par une tempête furieuse, allèrent se perdre çà et là ou se briser contre les rochers de la côte, au pied de la chaîne du Pélion. Ce ne fut pas tout. Quand les barbares eurent reconnu combien la

---

(1) Voir plus haut 1re partie, ch. 1, pag. 8 à 13.

(2) Ce nom était donné à la côte septentrionale de l'île d'Eubée, à cause d'un temple élevé à la déesse Diane ou Artémis à la pointe Nord-Est. On appelait de même Artémisium le bras de mer resserré entre cette île et la presqu'île de Magnésie.

flotte des Grecs était peu nombreuse, ils se flattèrent, non-seulement de les vaincre sans peine, mais de s'emparer de tous leurs navires jusqu'au dernier : pour leur couper la retraite et les empêcher de prendre la fuite, ils chargèrent 200 vaisseaux de faire le tour de l'île d'Eubée et d'entrer dans l'Euripe par le midi, tandis que le gros de la flotte attaquerait les Grecs au nord du canal ; mais les 200 navires, surpris à leur tour par un vent impétueux, furent jetés sur les écueils de la côte orientale d'Eubée et y périrent misérablement. La lutte, bien que difficile encore, devenait alors possible pour les Grecs. Si, dans les deux combats qui furent livrés près du rivage d'Artémisium ils ne remportèrent pas une victoire décisive, ils se soutinrent du moins sans désavantage ; la moitié de leurs navires avaient beaucoup souffert, mais les pertes de leurs ennemis en hommes et en vaisseaux étaient encore, et de beaucoup, plus considérables. La nouvelle que les Perses s'étaient rendus maîtres des Thermopyles décida pourtant l'armée navale à redescendre vers le sud.

24. Léonidas n'avait emmené que trois cents Spartiates, auxquels s'étaient joints environ sept mille hommes des autres villes. Les Thébains eux-mêmes, bien qu'ils eussent fait leur soumission au grand roi, n'avaient point osé se refuser à l'appel de la Grèce, et ils avaient envoyé quatre cents soldats. En arrivant au défilé, le roi de Sparte apprit qu'un étroit sentier du mont OEta permettrait à l'ennemi, s'il le découvrait, de ne point traver-

ser les Thermopyles et de surprendre par derrière les défenseurs du passage. Les mille Phocidiens qu'il avait avec lui furent chargés de la garde de ce poste, et Léonidas, avec le reste, se plaça dans le défilé.

On vint dire à Xerxès qu'une poignée de Grecs se trouvaient sur le chemin, et l'un de ses cavaliers, envoyé à la découverte, lui rapporta que les uns se livraient tranquillement aux exercices du gymnase, que les autres peignaient avec soin leur longue chevelure : il ignorait que les Spartiates faisaient toujours cette sorte de toilette à la veille des combats et au moment d'exposer leur vie. Xerxès resta bien persuadé que la seule vue de ses troupes déciderait les Grecs des Thermopyles à prendre la fuite, et il attendit quatre jours qu'ils eussent évacué le passage. Lorsqu'au cinquième il les vit encore devant lui, il fut pourtant bien forcé de croire qu'ils avaient l'audace de songer à la résistance. — « Si tu veux te soumettre, écrivit-il « à Léonidas, je te donnerai l'empire de la Grèce. « — J'aime mieux mourir pour ma patrie que « de l'asservir, répondit le Grec.— Rends-moi tes « armes, lui dit le grand roi dans une seconde « lettre. — Viens les prendre, » répondit Léonidas. Xerxès furieux ordonna alors d'attaquer vigoureusement les Thermopyles, et de lui amener vivants tous leurs défenseurs.

A deux reprises les Mèdes s'élancèrent pour forcer le passage ; mais ils perdirent beaucoup de monde et furent repoussés. Les Perses leur succédèrent, et ne firent pas mieux. « Dans cet étroit

« défilé, dit Hérodote, la supériorité du nombre ne
« leur servait de rien, et ils avaient contre eux le
« désavantage des armes, leurs piques étant plus
« courtes que celles des Grecs. De temps en temps
« les Spartiates tournaient le dos comme pour
« fuir, et les barbares les poursuivaient en pous-
« sant de grands cris ; mais tout à coup, au mo-
« ment où les Perses allaient se jeter sur eux, les
« Grecs faisaient volte-face, et, presque sans per-
« dre de monde, ils renversaient en foule leurs en-
« nemis étonnés. » Les combats recommencèrent
le lendemain, mais sans plus de succès pour les
envahisseurs. Xerxès trembla plus d'une fois pour
ses meilleures troupes : il commençait à comprendre, et tout le monde avec lui, qu'il y avait
« beaucoup d'hommes, mais peu de soldats (1) »,
dans cette innombrable armée.

Un habitant du pays, nommé Éphialte, vint
alors, dans l'espoir d'une récompense, lui indiquer l'existence du sentier que gardaient les
Phocidiens. Xerxès accueillit le traître avec joie,
et envoya, sous sa conduite, un corps de dix mille
hommes s'emparer du chemin par lequel on pouvait tourner les Grecs. Les Perses marchèrent
toute la nuit en silence, et, au point du jour, ils
arrivèrent au sommet de la montagne. Comme le
temps était calme, le bruit des feuilles qu'ils fou-
laient aux pieds révéla leur approche aux Phocidiens. Ceux-ci prirent leurs armes, accoururent,
essayèrent de combattre ; mais bientôt, accablés

_______________

(1) Hérodote, liv. VII, § 210.

de traits et de flèches, ils reculèrent, gagnèrent un point plus élevé, et s'apprêtèrent à y vendre chèrement leur vie : les barbares, au lieu de les poursuivre, s'empressèrent de descendre l'autre revers. On vint l'annoncer à Léonidas. « Les Per- « ses sont près de nous, » lui dirent quelques soldats. — « Dites plutôt que nous sommes près « d'eux, » répondit-il froidement, résolu qu'il était de les attaquer, et non point de les attendre. Et ses compagnons se disposèrent, avec une héroïque gaieté, à la lutte acharnée qui allait suivre. « L'armée des Perses est si nombreuse, disait un « homme du pays, que ses flèches obscurciraient « le soleil. — Tant mieux, répondit un Spartiate « en plaisantant, nous combattrons à l'ombre. » Léonidas voulait sauver deux jeunes gens qui l'avaient accompagné : il donna à l'un une lettre, au second une commission secrète pour les éphores. « C'est pour combattre que nous sommes ici, ré- « pondirent-ils, non pour porter des messages, » et ils refusèrent de quitter leur chef.

Le roi de Sparte annonça que, sous aucun prétexte, ni lui ni ses concitoyens n'abandonneraient le poste qu'ils étaient chargés de défendre ; mais il renvoya les autres Grecs, que le même devoir ne retenait point, et qui pouvaient mieux servir le pays, en le défendant sur d'autres points, qu'en mourant sans utilité aux Thermopyles. Les 700 Thespiens et les 400 Thébains seuls demeurèrent : les Thébains malgré eux, parce que leur ville avait consenti à se soumettre à Xerxès ; les Thespiens de leur propre volonté, et pour mourir brave-

ment avec les Spartiates. Au lever du soleil, à
l'heure convenue avec Éphialte, les Perses s'ap-
prochèrent de nouveau des Thermopyles. « Les
« Grecs marchèrent à leur rencontre; ils livrèrent
« leur dernière bataille dans l'endroit le plus
« large du défilé, et il y périt un nombre infini
« de barbares. Les uns étaient tués dans le com-
« bat; beaucoup d'autres, poussés en avant par
« le fouet de leurs chefs, tombaient dans la mer,
« et s'y noyaient; d'autres encore, et c'était le
« plus grand nombre, étaient écrasés tout vivants
« sous les pieds de la foule, sans que personne y
« prît garde. Quand les Spartiates eurent brisé
« leurs piques à force de s'en servir, ils continuè-
« rent à combattre avec leurs épées. Enfin Léoni-
« das tomba, et une lutte furieuse s'engagea autour
« de son corps. Quatre fois les Spartiates repous-
« sèrent l'ennemi, et ils parvinrent à retirer de la
« mêlée les restes de leur prince. Ils avaient en-
« core l'avantage lorsqu'arrivèrent les dix mille
« hommes conduits par Ephialte. Enveloppés alors
« de toutes parts, ils se défendirent encore, les
« uns avec les armes qui leur restaient, les autres
« avec les mains et les dents, et tous à la fin suc-
« combèrent sous la grêle de pierres et de traits
« que leur lançaient les barbares (1). » Ainsi périrent les Spartiates et les Thespiens (480). Quand
les Thébains virent l'ennemi maître du passage,
ils tendirent les mains aux Perses, leur déclarèrent qu'ils avaient été des premiers à donner

---

1) Hérodote, liv. VII, 223 à 225.

la terre et l'eau au grand roi, et qu'ils n'étaient venus que malgré eux aux Thermopyles : c'était acheter la vie au prix de l'honneur. Les autres furent tous enterrés à l'endroit même où la mort les avait frappés, et des inscriptions y furent plus tard placées pour rappeler leur dévouement héroïque. « Passant, lisait-on sur le tombeau des Spar-« tiates, dis à Lacédémone que nous sommes « morts ici pour obéir à ses lois. » Xerxès avait perdu, dans ce défilé, vingt mille soldats et deux de ses frères.

QUESTIONNAIRE. — 20. En quel temps et par qui fut entreprise la seconde guerre médique? — Indiquez le chiffre approximatif des armements de Xerxès contre la Grèce. — Que se proposait-il dans cette guerre ? — Donnez une idée de l'orgueil de ce prince. — Comment se conduisit-il à l'égard du Lydien Pythius ?— Racontez sa conduite extravagante au passage de l'Hellespont. — Quelle route suivirent ensuite l'armée et la flotte ? — Quels travaux avait ordonnés Xerxès près du mont Athos, et dans quel but ? — 21. Racontez l'entretien de Xerxès avec le Grec Démarate sur les armées des deux peuples. — 22. Quels peuples grecs se soumirent volontairement à Xerxès ? — Quelle grande résolution prit le reste de la Grèce ? — Quel peuple fut placé à la tête de la confédération ? — Pourquoi ne fut-ce pas Athènes ? — Quels étaient alors les deux citoyens d'Athènes les plus remarquables ? — Quel service avait déjà rendu Thémistocle ? — Que savez-vous d'Aristide, et quelle mesure l'invasion de Xerxès fit-elle prendre à son égard ? — 23. Quelles circonstances venaient en aide aux Grecs dans leur résistance à l'invasion ? — Où se postèrent-ils pour attendre les troupes et la flotte de Xerxès ? — Dans quels parages les tempêtes amoindrirent-elles, dès le début, le nombre des vaisseaux perses ? — Quel fut le résultat des combats livrés près du rivage d'Artémisium ?— 24. Combien Léonidas emmena-t-il de soldats aux Thermopyles, et quelles dispositions prit-il en arrivant ?—Quelle impression fit sur Xerxès la vue de ces défenseurs de la Grèce, et quelle correspondance fut échangée entre Léonidas et le grand roi? — Quel fut le résultat des premiers engagements entre les Grecs des Thermopyles et les troupes de Xerxès? — Quel événement vint assurer la défaite des Grecs? — Comment Léonidas et ses compagnons accueillirent-ils la nouvelle de cette trahison? — Que résolut-il alors pour les Spartiates et pour leurs alliés? — Racontez le dernier combat entre les compagnons de Léonidas et l'armée des Perses. — Comment se conduisirent les Thébains? — En quelle année eut lieu ce dévouement des Spartiates, et quelle inscription le rappela sur leur tombeau? — Quelles pertes fit Xerxès aux Thermopyles?

# CHAPITRE VII

## DEUXIÈME GUERRE MÉDIQUE (480-479).

### II. — Thémistocle et Salamine.

25. Les Thermopyles une fois franchies par l'armée des Perses, l'Euripe une fois dépassé par leur flotte, toute la Grèce centrale était ouverte à Xerxès, et il fallait chercher à défendre d'autres points. Les Péloponnésiens ne songèrent plus alors qu'à fortifier par une muraille l'isthme de Corinthe, et à faire de leur péninsule le dernier asile de la liberté.

Xerxès s'avançait à travers la Phocide et la Béotie. Dans la première, ses troupes avaient tout pillé, tout dévasté, coupant les arbres, brûlant les maisons, détruisant les villes et les temples; dans la seconde, Thespies et Platées avaient été livrées aux flammes : le tour d'Athènes allait venir bientôt, et le même sort lui était réservé. Les Athéniens de la flotte demandèrent aux alliés de s'arrêter près de Salamine, afin qu'ils pussent au besoin faire sortir leurs femmes et leurs enfants de l'Attique, et recevoir ensuite sur leurs vaisseaux tout ce qu'il y avait d'hommes dans la ville. Le peuple cependant ne pouvait se résoudre à quitter ses demeures; mais *Thémistocle*, qui de longue date avait prévu de quelle ressource seraient, dans cette lutte, les vaisseaux de sa patrie, s'entendit en secret avec les prêtres de Delphes, et, sous son influence, le départ sembla ordonné par les dieux. « Fuyez jusqu'au bout du monde, « dit la pythie aux députés qui la consultèrent; « abandonnez vos maisons et les rochers sur les- « quels s'élève votre ville, car de fond en comble « elle sera renversée, tout y périra, tout y sera « consumé par le feu. » Accablés de tristesse, ils revinrent en suppliants demander une réponse moins accablante. « Pallas n'a pu fléchir Jupiter, « leur dit l'oracle. Une promesse cependant lui « est faite : des murailles de bois, qui seules ne « seront ni prises ni renversées, seront votre re- « fuge et votre salut. Tournez maintenant le « dos à l'ennemi : un jour viendra où vous le « regarderez en face. O divine Salamine, tu pri- « veras bien des mères de leurs enfants ! » Ces paroles mystérieuses furent diversement inter- prétées : on se demandait si ces murailles de bois désignaient les vaisseaux de la flotte ou les pa- lissades de la citadelle; si, à l'aide des vaisseaux, il fallait livrer bataille, ou plutôt aller chercher fortune en quelque terre lointaine, pour éviter la catastrophe que les derniers mots semblaient an- noncer. Thémistocle, consulté, déclara qu'à ses

yeux les murailles de bois n'étaient autre chose
que les navires, qui faisaient la force d'Athènes.
Il fit remarquer qu'en donnant à Salamine le nom
de divine, et non celui de malheureuse ou de
funeste, l'oracle semblait remercier les dieux au

Les Athéniens, à l'approche de Xerxès, se retirent sur leurs vaisseaux.

nom de la Grèce, et lui présager une victoire
éclatante et non un revers. Son avis prévalut : la
ville fut mise sous la garde de Minerve ; les
femmes et les enfants furent conduits à Égine, à
Salamine, à Trézène en Argolide, et les Athéniens,
sauf un petit nombre qui voulurent rester, s'embarquèrent sur la flotte qui revenait de l'Artemi-
sium, et à laquelle beaucoup d'autres vaisseaux
s'étaient ajoutés.

26. A peine la ville était-elle abandonnée que
les Perses envahirent l'Attique. Ils entrèrent dans

Athènes, saccagèrent les temples, s'emparèrent
de la citadelle, malgré la résistance acharnée des
quelques Athéniens qui y étaient demeurés, et
bientôt les flammes qui dévoraient l'Acropole annoncèrent au loin que la catastrophe annoncée
par l'oracle s'accomplissait. Ces événements jetèrent la consternation parmi les Grecs de la
flotte. Sans attendre de décision, plus d'un chef
fit tendre les voiles pour le départ, et le conseil
décida que, dès le lendemain, les vaisseaux se
rapprocheraient de l'isthme, où déjà les troupes
de terre s'étaient retranchées : c'était là que
l'armée et la flotte voulaient tenter un effort suprême.

Thémistocle, presque seul, croyait tout perdu si
l'on reculait ainsi, au lieu de profiter des avantages qu'offrait pour un combat naval la situation
de Salamine. Il prévoyait que les Péloponnésiens,
dès qu'ils se trouveraient près de leurs rivages,
sacrifieraient la cause commune, et se retireraient
les uns après les autres, pour protéger leur propre
pays. Il alla trouver le spartiate Eurybiade, qui
commandait en chef l'armée de mer. « Eurybiade,
« lui dit-il devant les autres généraux, le salut
« de la Grèce est entre vos mains. A l'isthme,
« nous combattrons dans une mer ouverte et spa-
« cieuse : les vaisseaux de l'ennemi, bien plus
« nombreux que les nôtres, pourront facilement
« nous envelopper. Ici au contraire, resserrés
« dans un détroit, nous opposerons un front égal
« au front des barbares, et toutes les chances
« d'une victoire éclatante seront pour nous. »

Une discussion des plus vives s'engagea aussitôt ; les Péloponnésiens, irrités de l'obstination de Thémistocle à revenir sur une question déjà résolue, en vinrent à des propos offensants, à des menaces outrageantes. Eurybiade leva même son bâton, comme pour le frapper : « Frappe, mais « écoute, » dit froidement l'Athénien, et il continua de défendre vigoureusement son opinion. « Qu'est-il besoin, dit à la fin un Corinthien, de « nous arrêter plus longtemps aux paroles d'un « homme qui n'a même plus de patrie ? — Mi- « sérable, s'écria Thémistocle indigné, si nous « avons abandonné nos maisons et nos murailles, « c'est pour la liberté, c'est pour le salut de tous. « Notre patrie, ce sont ces deux cents vaisseaux « qui sont là, et qui vous sauveront, si toutefois « vous consentez à être sauvés. » Se tournant ensuite vers Eurybiade, il lui dit, avec plus de véhémence encore : « Si vous restez à Salamine, si « vous vous comportez en hommes de cœur, la « Grèce reste libre. Si vous partez d'ici, vous la « perdez. Quant à nous, nous ne vous suivrons « point : nous nous transporterons en Italie avec « nos familles, et quand, vis-à-vis des barbares, « nos deux cents vaisseaux vous manqueront, « vous vous rappellerez les paroles de Thémis- « tocle. » Cette menace eut plus de pouvoir que tout le reste. Sans les Athéniens, il fallait renoncer à toute idée de résistance sur la mer : on ne quitta point Salamine.

Cependant quand on vit la flotte ennemie s'approcher de l'île, et ses nombreux vaisseaux prendre leurs positions à loisir, la frayeur s'empara de nouveau des Grecs, et l'idée de cingler vers le Péloponnèse fut une seconde fois mise en avant. Thémistocle alors recourut à un dernier moyen pour rendre le départ impossible. Il fit partir en secret un homme sûr, chargé de porter ce message au roi de Perse : « Thémistocle, général des « Athéniens, vous est dévoué et ne veut que le « succès de vos armes. Il m'envoie vous dire que « les Grecs effrayés s'apprêtent maintenant à « prendre la fuite. Fermez-leur les passages, afin

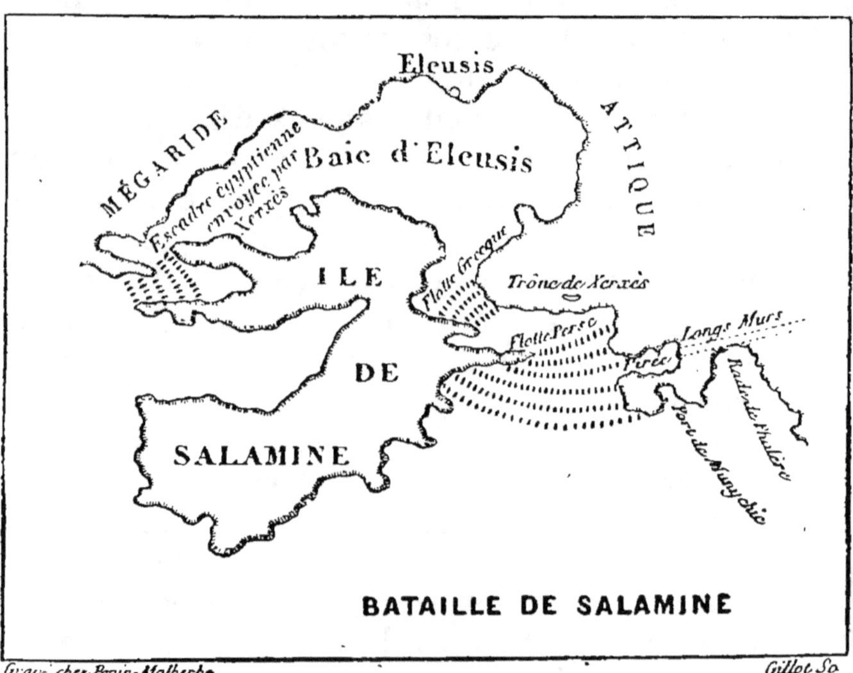


Bataille de Salamine.

« qu'ils ne puissent échapper. » Xerxès prit cette ruse pour un avis sincère : il ordonna au gros de sa flotte de s'étendre dans toute la largeur du canal qui sépare Salamine d'Athènes, et en même temps il détacha les deux cents vaisseaux de l'escadre égyptienne, avec ordre d'occuper le bras de mer situé entre l'île et la Mégaride. Pendant que les vaisseaux des barbares prenaient ces nouvelles positions, Aristide arriva d'Égine au milieu de la flotte grecque : il avait eu toutes les peines du monde à traverser celle des Perses sans être aperçu. « Remettons nos querelles à d'autres « temps, dit-il à Thémistocle : en ce moment ne « pensons qu'à la patrie. Nous sommes investis « de toutes parts, je l'ai vu de mes yeux et je « viens l'annoncer au conseil. Ni devant ni der- « rière il ne reste de chemin pour la fuite. — « Je le sais, » répondit Thémistocle ; et il communiqua à Aristide la ruse qu'il avait employée. Le bataille était devenue inévitable : elle eut lieu le lendemain, dès le point du jour.

27. Les Grecs avaient en tout 380 vaisseaux, et la flotte des Perses était trois fois plus considérable. Depuis le début de l'invasion, certaines îles de la mer Égée, les peuples de la Thessalie, une partie de la Grèce centrale, avaient embrassé et soutenu de leurs soldats et de leurs navires la cause du grand roi : les barbares avaient ainsi réparé leurs pertes, et leurs vaisseaux atteignaient le chiffre de douze à treize cents, comme avant les désastres de l'Artémisium.

Leur surprise fut grande, lorsqu'au lever du soleil ils virent la flotte ennemie, qu'on leur avait représentée comme n'aspirant qu'à la fuite, rangée en bataille ; lorsqu'ils entendirent des chants de guerre et les sons de la trompette exciter les Grecs au combat. Thémistocle cependant différa l'attaque jusqu'à la naissance d'un vent très-fort, qui soufflait chaque jour à la même heure et soulevait les vagues dans le détroit. Ce vent glissait en quelque sorte sur les navires des Grecs, sortes de bateaux plats qui ne lui offraient point de résistance ; il avait prise, au contraire, sur les lourds vaisseaux de Xerxès, dont l'avant était très-élevé, et il les faisait tourner de telle sorte, qu'ils présentaient aux Grecs le flanc au lieu de la proue, et qu'ils s'embarrassaient et s'entre-heurtaient sans cesse. Les Athéniens tenaient la droite de la flotte grecque, et se trouvaient opposés aux Phéniciens ; l'aile gauche, composée des Péloponnésiens, des Mégariens et des Éginètes, avait en face les Ioniens. Pour animer son armée par sa présence, Xerxès s'était fait dresser un trône sur une hauteur voisine, et des secrétaires étaient à ses côtés, chargés d'inscrire tous les événements du combat.

Il n'eut de là qu'un triste spectacle. Toute la journée il vit ses sujets, qui appartenaient à cent nations diverses et n'avaient rien de commun que d'obéir au même maître, combattre parfois avec courage, mais toujours sans règle, avec confusion et au hasard : il y avait dans cette flotte autant d'ordres différents que de chefs. Dès la première charge, les vaisseaux perses furent coulés ou mis en fuite, et le désordre qui en résulta fit prévoir de bonne heure l'issue de la lutte. Cependant le grand nombre des galères barbares la fit durer jusqu'à l'approche de la nuit. Quand le jour vint à baisser, les débris de deux cents vaisseaux perses flottaient çà et là, quantité d'autres étaient pris, et les Grecs n'en avaient eux-mêmes perdu que quarante. Les matelots et les soldats perses avaient péri par milliers dans les eaux ; sortis pour la plupart de l'intérieur de l'Asie, ils n'étaient pas en état de se sauver à la nage comme leurs adversaires, habitués à braver les flots depuis leur enfance. Les restes de la flotte perse se dirigèrent alors vers la rade de Phalère, voisine d'Athènes ; mais, dans cette retraite, ils coururent de nouveaux dangers. Les vaisseaux qui avaient échappé aux Athéniens rencontraient plus loin, au sortir du détroit, l'escadre des Eginètes, et, au moment où ils croyaient s'être tirés des mains de l'ennemi, ils en trouvaient un autre à combattre. Ce ne fut pas tout encore. Xerxès avait placé dans la petite île de Psyttalie, entre Salamine et l'Attique, un grand nombre de soldats, avec l'ordre d'achever la défaite présumée des Grecs, en faisant main basse sur tous ceux qui viendraient y chercher un refuge. Une fois la victoire assurée à la Grèce, Aristide prit avec lui une troupe d'Athéniens, et les conduisit à ce rocher : l'île fut cernée, et tous les Perses, jusqu'au dernier, y furent percés de flèches, écrasés sous une grêle de pierres, ou égorgés sans pitié par l'épée ou la hache de leurs ennemis (octobre 480).

28. « A l'aspect de cet abîme d'infortunes, dit

« le poëte Eschyle (1), qui lui-même avait pris
« part à la bataille, Xerxès sanglotait; il déchi-
« rait ses vêtements et poussait des cris de déses-
« poir. » Il ne songeait plus alors qu'à la fuite, et
craignait que les Grecs ne la rendissent impossible, en allant se poster à l'Hellespont pour lui couper le passage. On trouvait pourtant encore le
moyen de le flatter après ce terrible revers. «Il
« avait, lui disait-on, atteint le principal but
« de la guerre, car Athènes était brûlée. — Les
« peuples de Phénicie et d'Egypte, de Cypre et de
« Cilicie, avaient mal fait leur devoir, ajoutait
« Mardonius, et une partie de la flotte était dé-
« truite; mais cette perte importait peu au ré-
« sultat final de l'expédition : c'était sur eux-
« mêmes, sur leurs armes, sur leurs chevaux, et
« non sur des planches fragiles, que les Perses
« comptaient d'ordinaire pour s'assurer la vic-
« toire. » Il se faisait fort, avec trois cent mille
hommes seulement, de punir et d'asservir les
Grecs. — Xerxès n'eut garde de repousser cette
proposition. Il lui laissa prendre ces troupes à son
choix, et, en quarante-cinq jours, il rejoignit lui-
même l'Hellespont avec le reste de son armée de
terre. Ce fut une retraite désastreuse. La faim, la
peste, la dyssenterie, firent périr des multitudes
de soldats, réduits plus d'une fois, en Macédoine
et en Thrace, à se nourrir d'herbe, d'écorce ou de
feuilles. Au passage du Strymon, dont le froid
avait glacé les eaux, la glace se rompit tout à coup

---

(1) Dans sa tragédie des *Perses*, dont nous parlerons bientôt.

pendant que l'armée traversait le fleuve, et un grand nombre d'hommes y furent engloutis. Xerxès ne ramena jusqu'au détroit qu'une très-petite partie de ses troupes. Il y retrouva ceux de ses vaisseaux qui avaient échappé au désastre de Salamine. C'était avec ces débris de flotte, avec ces débris d'armée, que le grand roi rentrait en Asie.

QUESTIONNAIRE. — 25. Où se posta l'armée des Grecs après que Xerxès eut franchi les Thermopyles? — Racontez l'invasion des Perses dans la Grèce centrale jusqu'à leur entrée dans l'Attique. — Où s'arrêta la flotte grecque, en revenant du rivage d'Artémisium? — Comment Thémistocle décida-t-il les Athéniens à quitter leur ville? — 26. Quel fut le sort d'Athènes après le départ de ses habitants? — Quelle résolution prirent les Grecs de la flotte quand ils connurent l'incendie d'Athènes? — Que pensait Thémistocle de cette décision, et qu'en dit-il aux autres généraux? — Par quelle menace détermina-t-il les Grecs à rester à Salamine? — A quel moyen recourut-il pour les forcer bon gré, mal gré, à livrer bataille près de cette île? — 27. Quelle était, à Salamine, la force de la flotte des Grecs et de celle des Perses? — Racontez cette bataille et indiquez-en la date. — 28. Comment Xerxès supporta-t-il sa défaite? — Que lui disaient ses courtisans, et quelle offre lui fit Mardonius? — Comment accueillit-il cette proposition? — Racontez la retraite de Xerxès jusqu'à sa rentrée en Asie.

---

# CHAPITRE VIII

## DEUXIÈME GUERRE MÉDIQUE (480-479).

### III. — Platées et Mycale.

29. Xerxès avait quitté la Grèce en fugitif; sa flotte et son armée étaient plus qu'à demi détruites. Tout n'était pas fini cependant, car Mardonius,

avec trois cent mille hommes d'élite, campait dans la Thessalie. Il fallut encore une année et de nouvelles victoires, pour mettre vraiment les Grecs à l'abri des dangers qu'ils avaient courus.

Mardonius essaya d'abord de détacher Athènes de la ligue, et le roi de Macédoine, Alexandre, fut chargé de cette difficile négociation. « Xerxès, « vint-il dire aux vainqueurs de Salamine, par- « donnait aux Athéniens toutes leurs fautes; il « leur rendait leur pays, et était tout prêt, s'ils le « désiraient, à leur en donner d'autres encore ; il « offrait de rebâtir tout ce qu'il avait brûlé, et, en « échange, il ne demandait pas la soumission, « mais seulement l'alliance d'Athènes, qui reste- « rait libre et se gouvernerait par ses propres lois. « Ce serait une vraie folie, ajouta l'ambassadeur, « que de vouloir prolonger contre le grand roi « une résistance impossible : car sa puissance est « telle et son empire est si vaste qu'il trouverait « toujours, au besoin, de nouvelles armées pour « remplacer les premières. » Les Athéniens, sur- pris de ce langage, invitèrent le roi de Macédoine à ne jamais leur proposer à l'avenir de pareilles lâchetés, et ils ne lui firent, pour Mardonius, que cette mâle réponse : « Tant que le soleil suivra « dans les cieux sa course accoutumée, les Athé- « niens ne feront point d'alliance avec Xerxès. Ils « le combattront vigoureusement, pleins de con- « fiance dans ces dieux et dans ces héros dont il « a brûlé sans respect les temples. » — Mardo- nius se vengea de ce refus en ravageant de nou- veau leur pays, en incendiant de nouveau leur ville. Les habitants s'étaient réfugiés à Salamine, comme ils avaient fait dix mois plus tôt, et presque tout ce qui avait échappé à la première invasion fut détruit dans la seconde.

30. L'armée barbare se retira ensuite en Béotie, et ce fut en ce pays, près de *Platées*, que se livra la grande bataille qui compléta la victoire navale de Salamine (septembre 479).

Les forces grecques s'élevaient, cette fois, à 110,000 hommes, et elles étaient commandées par *Pausanias*, parent et tuteur du jeune roi de Sparte. Mardonius avait ajouté à ses 300,000 soldats 50,000 auxiliaires grecs. Déjà depuis onze jours les deux armées étaient en présence, et plusieurs escarmouches avaient eu lieu entre des corps détachés. Un mouvement des Grecs, qui manquaient d'eau et de vivres et voulaient se rapprocher de Platées, fit croire à Mardonius qu'ils prenaient la fuite. Aussitôt il lança son armée contre les Lacédémoniens et les Arcadiens de Tégée, qui longeaient le pied du Cithéron ; les Athéniens, qui avaient pris par la plaine, furent attaqués, de leur côté, par les peuples grecs qui s'étaient joints, comme auxiliaires, aux troupes du grand roi, et ils ne purent, comme ils l'auraient voulu, soutenir Pausanias dans sa résistance. Les Perses, dans cette célèbre journée, ne le cédèrent à leurs ennemis ni en force ni en audace ; mais ils eurent contre eux l'insuffisance de leurs armes et leur manque d'ordre et de discipline dans le combat. Croyant d'abord qu'ils n'avaient qu'à dépouiller des fuyards, ils s'élancèrent sur les Spartiates en

courant, en jetant des cris, en poussant des hurlements épouvantables, et ils furent très-étonnés
de rencontrer de rudes combattants, quand ils
croyaient ne trouver que des victimes. L'action
une fois engagée, ils eurent le malheur de ne
mettre aucun ensemble dans leurs attaques : ils
venaient, tantôt isolément, tantôt par petites
troupes d'une dizaine d'hommes, et toujours en
désordre, se ruer sur leurs ennemis, et facilement
ceux-ci les renversaient et les taillaient en pièces.

Guerrier grec armé de toutes pièces (1).

Leurs longs vêtements les gênaient ; leurs légères
cuirasses et leurs boucliers d'osier n'étaient qu'une

(1) La visière du casque est baissée, comme dans le combat. Le
haut du corps est protégé par le casque et la cuirasse, le milieu
par le bouclier, le bas par des jambards en airain.

faible défense. Leurs flèches, leurs courtes lances et leurs petites épées ne pouvaient guère entamer l'armure complète et solide qui couvrait 39,000 des soldats grecs. « Sur un point cepen« dant la lutte était des plus vives : c'était celui « où Mardonius, monté sur un cheval blanc, com« battait en personne à la tête de mille hommes « choisis parmi les plus braves des Perses. Tant « qu'il vécut, ses troupes soutinrent l'effort de « l'ennemi; mais il fut tué par un Spartiate, les « soldats d'élite au milieu desquels il se trouvait « furent écrasés à leur tour, et le reste alors « tourna le dos, abandonnant la victoire (1). »

En vain les barbares cherchèrent un refuge dans leur camp retranché, qui occupait près d'une demi-lieue en tous sens. Le mur fut bientôt renversé par les vainqueurs, qui se jetèrent en foule dans cette enceinte, et y firent un affreux carnage de leurs ennemis. Des 300,000 hommes de Mardonius, 43,000 seulement survécurent : les uns, au nombre de 40,000, parce que le chef de ce corps, sûr de la défaite à l'avance, les avait à dessein éloignés de la bataille; les 3,000 autres, échappés aux hasards du combat. Ils regagnèrent à la hâte la Thrace et l'Asie. Quant aux Grecs, si l'on en croit Hérodote, ils n'avaient perdu en tout que sept à huit cents hommes, dont 91 Spartiates, 52 Athéniens, 16 Tégéates, et 600 Mégariens, qui avaient été surpris par la cavalerie de Thèbes.

31. Le jour même où se remportait cette vic-

_________________

(1) Hérodote, liv. IX, 62.

toire en Grèce, l'armée navale obtenait en Asie un autre triomphe, sous le commandement de *Léotychidas*, roi de Sparte, et de l'athénien *Xanthippe*. Répondant à l'appel des villes grecques d'Asie, qui les suppliaient de venir les délivrer de la servitude, ils avaient fait voile vers Samos, où se trouvait alors la flotte de Xerxès. Les Perses, avertis de leur approche, n'osèrent hasarder un combat naval contre des forces supérieures à celles dont ils disposaient. Ils abordèrent au promontoire de Mycale, en face de l'île, tirèrent à eux leurs vaisseaux, les entourèrent d'un mur fait à la hâte de pierres et de bois, et se joignirent eux-mêmes à une armée de 60,000 hommes, qui campait dans le voisinage. Les Grecs débarquèrent à leur tour, attaquèrent cette armée, la mirent en fuite, tuèrent les généraux perses et un grand nombre de leurs soldats, et ne remirent à la voile qu'après avoir brûlé les vaisseaux et les retranchements de l'ennemi.

Ainsi se termina la deuxième guerre médique. La victoire de Salamine sur mer, celle de Platées sur terre, avaient assuré aux Grecs le maintien de leur indépendance, et celle de Mycale, où ils devenaient agresseurs à leur tour, était le commencement des représailles. Elles avaient en même temps sauvé cette brillante civilisation qu'avait déjà portée si haut le génie d'Homère, et qui devait enfanter, dans tous les genres, tant de chefs-d'œuvre nouveaux : le triomphe des barbares d'Asie l'aurait subitement étouffée. On a donc à juste titre regardé la victoire des Grecs comme l'un des plus grands événements dont l'histoire ait gardé le souvenir. C'était la victoire du patriotisme et de l'intelligence sur le nombre et sur la force brutale, et la civilisation de la Grèce a exercé sur les autres peuples une telle influence, que l'avenir tout entier du monde était intéressé dans la lutte engagée entre ce coin de terre et les cinq millions d'hommes de Xerxès.

32. Rien n'a manqué à la guerre médique. *Hérodote*, que les anciens ont appelé le Père de l'histoire, l'a racontée en neuf livres, auxquels ils ont donné le nom des neuf Muses, et la postérité a confirmé les applaudissements enthousiastes que ses récits obtenaient des Grecs (1). Quinze à vingt ans plus tôt, huit ans seulement après Salamine, la tragédie des *Perses* en avait excité bien d'autres encore. Transportant les Athéniens dans la ville de Suse, dans le palais des rois de Perse, *Eschyle* (2) y montrait, au début, les vieillards et la reine Atossa, veuve de Darius, s'inquiétant, avec des pressentiments sinistres, de ce que devenaient Xerxès et son innombrable armée. Atossa demande aux vieillards ce qu'ils savent de cette Athènes que son fils a voulu réduire sous son obéissance. — Cette ville une fois prise, lui répondent-ils, toute la Grèce serait sujette du grand roi. — Et quel est le maître de ces Athéniens? — Ils ne sont les esclaves « ni les sujets de personne. — Comment donc résiste- « raient-ils à l'attaque de nos guerriers (3) ? — Ils ont

_______

(1) Hérodote naquit à Halicarnasse, colonie grecque d'Asie Mineure, quelques années avant la bataille de Salamine. Il lut, dit-on, en public, avec un immense succès, diverses parties de son ouvrage, soit aux Jeux Olympiques, où la Grèce entière se rassemblait, en 456, soit dans une des grandes fêtes d'Athènes, en 444.

(2) Eschyle, né dans le bourg athénien d'Eleusis, est le plus ancien des trois grands poëtes tragiques de la Grèce. Il signala son courage dans les batailles de Marathon, de Salamine et de Platées.

(3) C'est ainsi que, dans Hérodote, nous voyons Xerxès parler au

« bien détruit l'immense, la superbe armée de Da-
« rius. » — Au moment où les vieillards rappellent ce
funeste souvenir de Marathon, un courrier arrive : il
vient de Salamine, et il annonce, en gémissant, que
la flotte a péri, que la fleur des Perses est moissonnée,
que le grand roi lui-même est en fuite, et qu'il n'a pu
qu'à grand'peine et à travers mille dangers regagner
l'Asie. « O puissant Jupiter, s'écrient les vieillards
« consternés, tu viens donc de la détruire, cette ar-
« mée des Perses, si fière et si nombreuse ! Tu as
« plongé les villes d'Ecbatane et de Suse dans les té-
« nèbres du deuil ! Que de femmes, de leurs faibles
« mains, déchirent leurs voiles et arrosent leur sein
« de larmes amères ! L'Asie tout entière aujourd'hui
« gémit, dépeuplée ! Xerxès a tout emmené, hélas !
« Xerxès a tout perdu, hélas ! Xerxès, sur de frêles
« navires, a tout livré à la merci des flots ! Certes les
« nations de l'Asie n'obéiront plus longtemps aux Per-
« ses ; elles ne se prosterneront plus, le front dans la
« poussière, devant la majesté souveraine, car la
« force du roi s'est évanouie. » Ce n'était pas tout encore. Les malheureux apprenaient bientôt que cette
castastrophe épouvantable ne devait pas être la seule.
L'ombre de Darius, appelée comme un dieu tutélaire,
soulevait le voile de l'avenir, et leur révélait qu'il n'y
aurait non plus ni salut ni retour pour l'armée restée
en Béotie. « Je vois dans les champs de Platées, di-
« sait-elle, des flots de sang couler sous la lance des
« Doriens. Des montagnes d'ossements diront aux
« yeux de l'homme, jusqu'à la troisième génération :
« — Ne t'abandonne point à l'ivresse de l'orgueil. Si
« tu sèmes l'insolence, elle ne donne pour fruit que
« le malheur, et la moisson qu'on recueille est toute
« de larmes. » Puis, à la fin de la pièce, cette idée d'un
Dieu qui brise les superbes reparaissait plus énergi-

---

grec Démarate : « S'ils avaient un maître, comme chez nous, dit-il,
« la crainte leur inspirerait du courage. » Voir plus haut chap. VI,
p. 117-118

que, plus frappante encore, lorsqu'on voyait Xerxès arriver sur la scène, seul, humilié, les vêtements en lambeaux, le désespoir sur les lèvres, et montrer le carquois où étaient ses flèches, comme l'unique reste de tant de puissance et de grandeur.

QUESTIONNAIRE. — 29. La victoire de Salamine avait-elle écarté tous les dangers? — A quel moyen recourut d'abord Mardonius pour affaiblir les Grecs, et quelle fut l'issue de sa tentative? — Comment se vengea-t-il du refus des Athéniens? — 30. Indiquez le lieu et la date de la grande bataille livrée par Mardonius aux Grecs. — Quelles étaient les forces des deux armées, et à qui celle des Grecs obéissait-elle? — Racontez la bataille de Platées, en faisant bien comprendre les causes qui amenèrent la défaite des Perses. — Que devinrent-ils en quittant le champ de bataille? — Comparez les pertes des deux armées. — 31. Racontez la bataille de Mycale, en nommant les chefs de l'armée grecque, et en précisant bien le lieu du combat. — Montrez les grands résultats de la deuxième guerre médique.

32. Quel a été le grand historien de la guerre médique? — Outre les récits d'Hérodote, quel chef-d'œuvre l'a célébrée? — Donnez une idée de la tragédie des Perses. — Indiquez le lieu natal et l'époque d'Hérodote et d'Eschyle.

---

# CHAPITRE IX

## CONSÉQUENCES DE L'INVASION DES PERSES. — TROISIÈME GUERRE MÉDIQUE (479-449).

33. L'invasion des Perses et le triomphe de l'héroïque nation qu'ils avaient en vain tenté d'asservir amenèrent de notables conséquences, soit dans le gouvernement d'Athènes, soit dans l'organisation et les dispositions de la Grèce. Au lieu de rester ce que l'avait faite Solon, une démocratie tempérée, la constitution d'Athènes vit renverser, pour les hardis marins, pour les braves

soldats de Salamine, les barrières qui retenaient aux mains des premières classes la direction des affaires, et elle s'approcha de la démocratie pure. En même temps la Grèce, pour être toujours à même de lutter contre les barbares, essaya de maintenir la ligue formée à l'arrivée de Xerxès et de s'organiser en fédération permanente (1). Au dehors enfin, enhardie par ses victoires, elle attaqua à son tour résolûment l'empire des Perses, et avec succès : ce fut la troisième guerre médique.

34. Le premier soin des Athéniens, en rentrant dans leur ville, fut de rebâtir leurs murailles et leurs demeures. Il ne restait que peu de chose de l'ancienne enceinte ; la plupart des maisons étaient détruites ; on n'en voyait plus qu'un petit nombre, où avaient logé les plus considérables des Perses. Les Spartiates, toujours jaloux de leurs rivaux, les auraient volontiers arrêtés dans ce travail : il ne fallait point, disaient-ils, de forteresses en dehors du Péloponnèse, car les barbares, dans une autre guerre, pourraient s'y établir et s'y défendre contre les Grecs. *Thémistocle* répondit à ces défiances par une ruse. Il se fit envoyer à Sparte comme ambassadeur, et, pendant qu'Athènes tout entière, hommes, femmes, enfants, s'occupait sans relâche de la construction des murs, il endormit par de belles paroles la vi-

______

(1) On appelle *fédération* ou *confédération* l'association entre des États voisins qui se réunissent en corps de nation pour la défense commune, mais dont chacun conserve son gouvernement propre et son indépendance pour ce qui ne concerne pas les intérêts généraux. Il en est ainsi, dans notre Europe actuelle, des 22 cantons suisses, des nombreux États d'Allemagne formant la confédération germanique.

gilance des Spartiates, les amusa par des délais, dit qu'il attendait, pour se présenter devant le peuple, les autres députés, qui devaient le rejoindre bientôt, et ne leva le masque que lorsque le rempart fut assez avancé pour être en état de défense. Il déclara alors sans détour qu'Athènes avait des murailles, que ses citoyens avaient cru cette précaution nécessaire, et que les autres villes grecques ne pouvaient le trouver mauvais, à moins de s'interdire à elles-mêmes d'être des villes fortifiées. Les Spartiates, quoique blessés au fond, ne montrèrent aucun ressentiment; les travaux continuèrent sans interruption, et ce fut alors que Thémistocle fit construire le port nouveau du Pirée.

Il était urgent aussi de récompenser largement ces hommes du peuple qui venaient, par leur courage, de sauver la Grèce. *Aristide* était trop juste pour ne pas le comprendre, trop prudent pour les mécontenter, quand ils avaient encore à la main ces armes dont ils avaient fait un si noble usage. Il fit porter un décret qui ouvrait toutes les fonctions publiques, même l'archontat, à la quatrième classe comme aux trois premières. Tous les citoyens purent alors, s'ils étaient honnêtes et capables, arriver à tous les honneurs.

35. En même temps qu'il payait aux défenseurs du pays une dette de reconnaissance, *Aristide* voulut prémunir la Grèce contre les dangers d'une invasion nouvelle, et il fit voter le maintien de la confédération entre les villes grecques. « Les chefs et les députés des villes de la Grèce,

« disait le décret, s'assembleront tous les ans à
« Platées, pour y faire des sacrifices aux dieux. On
« lèvera dans toute la Grèce dix mille hommes de
« pied, mille cavaliers, et l'on équipera cent vais-
« seaux, pour faire la guerre aux barbares. »
Sparte resta à la tête de la confédération ; mais,
trois ans plus tard, la folle conduite de son général *Pausanias* lui fit perdre sa suprématie.

Fier de sa victoire de Platées et des succès qui
l'avaient suivie, il s'abandonnait, sans réserve aucune, aux coupables espérances de l'ambition la
plus insensée. Quelques nobles Perses, qu'il avait
faits prisonniers, lui avaient décrit les plaisirs de
la cour de Suse, et il n'aspirait plus qu'à échanger
les coutumes austères de sa patrie contre les délices des satrapes de l'Orient. Il fit offrir à Xerxès
de lui soumettre Lacédémone et le reste de la
Grèce, s'il voulait lui donner sa fille en mariage,
et Xerxès mit à sa disposition tout l'or et toutes
les troupes dont il aurait besoin pour réaliser ses
projets. Ce Spartiate qui, dans les champs de Platées, s'était moqué du faste asiatique, en voyant
les riches tapis, la vaisselle d'or et d'argent, saisis
dans la tente de Mardonius, prit la robe des
Perses et fit servir sa table avec la somptuosité
des courtisans du grand roi. Il emprunta à l'Asie,
avec la mollesse de ses mœurs, le despotisme ar-
rogant de ses maîtres. Toujours escorté d'une
garde égyptienne et perse, il devint d'une humeur si hautaine avec tous que personne ne pouvait plus l'aborder. On n'obtenait plus de lui que
des réponses blessantes, que des ordres impé-

rieux et durs. Les alliés murmurèrent; les Grecs Ioniens d'Asie, devenus libres et rattachés à la confédération depuis la victoire de Mycale, se plaignirent d'être tombés sous un joug plus pesant que ne l'était pour eux celui des satrapes de Xerxès. La douceur et la modération des généraux d'Athènes, d'*Aristide* le juste, de *Cimon*, fils de Miltiade, qui répandait autour de lui en bienfaits l'argent à pleines mains, faisaient un contraste frappant avec la morgue insolente du chef spartiate. Bientôt, d'une voix unanime, tous les confédérés, à l'exception des États du Péloponnèse et de l'île d'Égine, se détachèrent des Spartiates, et invitèrent les Athéniens à exercer, à leur place, la suprématie (476). En vain Sparte remplaça Pausanias par d'autres chefs : les insulaires et les Grecs d'Asie s'étaient irrévocablement séparés d'elle. Elle rappela alors ses troupes, et désormais, au lieu d'une seule confédération, deux associations distinctes se partagèrent les forces de la Grèce. Les Péloponnésiens se groupèrent autour de Sparte ; Athènes eut sous son influence et sa direction la mer Égée et les côtes d'Asie. *Aristide*, chargé de fixer et de répartir entre les confédérés la contribution nécessaire aux intérêts de la ligue, s'acquitta de cette tâche délicate à la satisfaction de tous. La somme totale fut de 460 talents chaque année (deux millions et demi de francs), et le trésor fédéral fut déposé dans l'île sacrée de Délos (1).

---

(1) Les principales monnaies d'Athènes étaient : le *chalque*, monnaie de cuivre (environ 2 centimes); l'*obole*, monnaie d'argent, va-

La punition du traître ne fut pas immédiate, car on n'avait contre lui que des soupçons; mais, neuf ans plus tard, elle fut terrible dans sa justice. Resté libre depuis son rappel, il avait, sans y être autorisé, quitté Sparte pour retourner dans sa conquête de Byzance; chassé de Byzance par les Athéniens, il s'était rendu dans la Troade, et il y continuait ses intrigues criminelles contre son pays. Les éphores (1) lui ordonnèrent une seconde fois de revenir, sous peine d'être déclaré ennemi public : il eut l'audace d'obéir, sûr que sa trahison ne pourrait être prouvée ; mais son imprudence ne tarda pas à le perdre. Il conçut le projet de soulever les hilotes, dont plusieurs vinrent eux-mêmes le dénoncer. Comme la loi n'acceptait point le témoignage de ces esclaves, les éphores attendirent, et une lettre adressée au roi de Perse leur fut à la fin livrée. L'homme à qui elle avait été remise connaissait Pausanias de longue date, et il avait remarqué qu'on ne revoyait jamais les porteurs de ses dépêches. Il s'était défié, avait ouvert le message, et, y trouvant la recommandation de le tuer dès son arrivée, il avait porté la lettre aux magistrats. Les éphores, cachés à dessein, entendirent ensuite, entre Pausanias et son

---

lant 8 chalques (15 à 16 centimes) ; la *drachme*, monnaie d'argent, valant 6 oboles (93 centimes); le *statère* d'or, égal à 20 drachmes (18 à 19 francs). La *mine* et le *talent* n'étaient pas des monnaies réelles, mais des mots employés pour désigner certaines sommes considérables. La *mine* valait 100 drachmes (92 à 93 francs); le *talent*, 60 mines ou 6000 drachmes (5560 francs).

(1) Voir plus haut, IIe partie, page 93. Les cinq éphores pouvaient traduire les rois eux-mêmes devant leur tribunal.

messager, une conversation qui leur donna de nouvelles preuves du crime, et ils résolurent de se saisir aussitôt du coupable. Averti par un signe au moment de l'arrestation, il courut se réfugier dans le temple de Minerve, asile inviolable d'où les plus grands criminels ne pouvaient être arrachés. Pour le punir sans outrager la déesse, on mura les portes; la vieille mère de Pausanias apporta, dit-on, elle-même la première pierre, et il mourut de faim dans l'enceinte où il avait cru trouver son salut (467).

36. La troisième guerre médique, guerre de représailles à laquelle la Grèce, en se confédérant, tâchait d'assurer des ressources régulières, avait commencé aussitôt après la victoire de Mycale, qui affranchit de la domination du grand roi les îles de la mer Égée. Bientôt après, l'île de Cypre, au sud de l'Asie Mineure, fut de même enlevée aux Perses. Aux deux extrémités de la Propontide (mer de Marmara), les Grecs s'emparèrent de la Chersonèse de Thrace et de la ville de Byzance (aujourd'hui Constantinople). Ils eurent ainsi en leur pouvoir les deux détroits qui forment l'entrée et la sortie de cette petite mer, et qui la font communiquer d'un côté avec le Pont-Euxin, et de l'autre avec la mer Égée. En prenant ainsi position tout autour de l'Asie Mineure (479-476), ils semblaient se préparer à y pénétrer : il ne leur restait plus qu'à délivrer les villes grecques du continent, où déjà les Ioniens avaient d'eux-mêmes soulevé le joug. Ainsi s'ouvrit la lutte, sous la direction de *Pausanias*.

Quand Sparte, depouillée de la suprématie, eut rappelé ses troupes, la guerre n'en continua pas moins sous la conduite de l'Athénien *Cimon*, dont la popularité avait complétement effacé celle de Thémistocle. On le trouvait lourd, il est vrai, ignorant, sans éloquence : il le devait à sa jeunesse oisive et débauchée ; mais c'était du moins un vaillant soldat, un cœur généreux, le premier soutien de Thémistocle quand il avait fallu quitter Athènes pour combattre à Salamine, le hardi compagnon de Pausanias dans la conquête de Cypre et de Byzance, le rival d'Aristide en désintéressement. Ses immenses richesses semblaient moins à lui qu'à tout le monde. « Il avait, dit Plutarque, fait abattre la clôture de « ses jardins, afin que les étrangers et les Athé- « niens qui en auraient besoin pussent aller sans « crainte en cueillir les fruits. Il tenait tous les « jours chez lui table ouverte, et tous les pauvres « qui s'y présentaient y étaient reçus. Dans les « rues d'Athènes, il était toujours suivi de plu- « sieurs esclaves, et, lorsqu'il rencontrait quelque « vieillard mal vêtu, il lui faisait donner le cos- « tume ou le manteau d'un d'entre eux ; s'il aper- « cevait quelque pauvre honteux et timide, les « serviteurs s'approchaient, et lui mettaient en « secret dans la main quelque pièce d'argent. » En voyant ces grandes qualités, on regrette plus encore les déréglements qui amoindrissaient et dégradaient parfois le fils de Miltiade.

On le vit tantôt, sur les rivages de la Thrace et dans les îles de la mer Égée, étendre et fortifier par ses conquêtes la domination athénienne ; tantôt faire expier aux Perses, en soulevant leurs villes sur les côtes méridionales de l'Asie Mineure, en détruisant leurs armées et leurs navires, tout le mal qu'ils avaient fait aux Grecs.

Dans la Thrace, Cimon prit au grand roi la ville d'Eion, position maritime des plus importantes, que les Perses avaient conservée. Placée sur la mer Égée, aux bouches du Strymon, elle recevait en quantité, par le fleuve, les bois coupés sur les cimes du Rhodope et du Pangée : or ce bois, excellent pour la construction des vaisseaux et des rames, était une richesse pour un peuple de marins. Ce n'était pas le seul avantage de cette conquête : les plaines de la Thrace étaient très-fertiles en grains, et l'Attique, dont le sol ne produisait que les deux tiers du blé nécessaire à ses habitants, allait sans doute trouver dans ces campagnes ce qui lui manquait ; elle ne tarda pas à y envoyer des colonies, et en une seule fois dix mille Athéniens y arrivèrent : ce fut la première origine de la ville d'Amphipolis, dont Eion devint comme le port. Enfin le mont Pangée avait des mines d'argent et d'or, qui rapportaient, chaque année, aux habitants de l'île de Thasos au moins quatre-vingts talents (un demi-million de francs). Les Athéniens les réclamèrent, comme portion du territoire enlevé par eux aux Perses, et, sur le refus des Thasiens, ils firent le siége de leur île. En vain Thasos implora l'assistance des Spartiates : ils avaient alors à réprimer un soulèvement des hilotes et des Messéniens, et ne purent répondre à cet appel.

9.

Au bout de trois ans, l'île, réduite à elle-même et sans espoir de secours, fut forcée de se rendre. Elle livra ses vaisseaux et ses mines du continent, démantela ses murailles, et s'engagea à payer un tribut annuel à ses vainqueurs.

Dans l'Asie Mineure, Cimon fit révolter et soutint contre Artaxerxès Longue-Main, fils et successeur de Xerxès, les villes de la Carie et de la Lycie : tout l'ouest et le sud-ouest de la Péninsule se trouvèrent alors en dehors de la domination du grand roi. Les barbares concentrèrent en Pamphylie, aux bouches de l'*Eurymédon*, une nombreuse armée de terre et trois à quatre cents voiles, que devaient encore rejoindre 80 vaisseaux phéniciens. Cimon, pour prévenir cette jonction, attaqua impétueusement la flotte. Il coula à fond un grand nombre de navires, en prit environ deux cents ; puis, voyant que ses soldats, au sortir du combat naval, ne demandaient qu'à marcher aussi contre l'armée de terre, il mit en avant des siens les vaisseaux capturés, y plaça les plus braves de ses Athéniens, revêtus de la coiffure et du vêtement des Perses, et dirigea sa flotte vers le rivage. On prit pour des amis les troupes qui débarquaient, et il fut facile aux agresseurs, tout échauffés de leur lutte récente, de faire, à la faveur de cette ruse, un épouvantable carnage : tous ceux qui échappèrent au fer des Grecs furent faits prisonniers. A cette double victoire, remportée sur mer et sur terre dans la même journée, s'ajouta la prise des quatre-vingts vaisseaux attendus : terrifiés à la nouvelle de la défaite, ils opposèrent à peine une ombre de résistance; tous les navires tombèrent au pouvoir de Cimon, et la plupart des troupes qu'ils portaient furent taillées en pièces (466).

Ces brillants succès ne protégèrent point le vainqueur contre les mécontentements et l'inconstance du peuple d'Athènes. Comme il était partisan déclaré du gouvernement aristocratique et admirateur de Sparte et de ses vertus guerrières, on s'en prit à lui de l'affront que les Spartiates firent aux Athéniens : après les avoir appelés à leur assistance contre la Messénie révoltée, ils s'étaient inquiétés, effrayés, de leur présence, et les avaient renvoyés presque aussitôt, sous prétexte qu'ils n'avaient plus besoin de leur aide. Athènes indignée abjura l'alliance contractée avec Sparte au commencement de la guerre médique; on regarda de mauvais œil ceux qu'on savait être ses amis, et, malgré les services et la gloire de Cimon, on ne tarda pas à le bannir par un décret d'ostracisme (461).

Son exil dura cinq ans. Portant alors leurs armes plus loin que jamais, les Athéniens tentèrent de porter secours à l'Égypte, qui s'était soulevée contre le grand roi; mais les cinquante vaisseaux qu'ils y envoyèrent furent détruits pour la plupart, et leur armée périt aussi presque entière : à peine quelques soldats, franchissant le désert de Libye, parvinrent-ils à gagner la ville de Cyrène, que les Grecs avaient fondée sur ces rivages deux siècles plus tôt. Humiliée par ces revers, Athènes sentit la nécessité de rappeler le chef sous lequel ses armées n'avaient jamais connu que des triomphes. Cimon rentra dans sa patrie, et avec lui la victoire reparut sous les drapeaux athéniens. Il reprit aux Perses presque toutes les villes de l'île de Cypre, retombées dans les derniers temps en leur possession. Il s'apprêtait, dès que le siége de Citium serait terminé, à aller surprendre l'Égypte, restée toujours en lutte avec ses maîtres. La mort l'arrêta dans ses projets; mais ses soldats, au moment de retourner en Grèce, se montrèrent dignes du général qu'ils venaient de perdre. Renouvelant, sur les côtes de Cypre, la gloire de l'Eurymédon, ils livrèrent le même jour, avec succès, un combat de mer et un combat de terre à une flotte venue de Phénicie et de Cilicie. Un traité fut alors conclu, qu'on a appelé la paix de Cimon, parce qu'il fut fait à la suite de ses victoires et en quelque sorte sous ses auspices. Athènes s'engageait à ne point attaquer les pays appartenant à Artaxerxès; mais l'indépendance des villes grecques du littoral d'Asie était reconnue, avec interdiction aux troupes perses de s'en approcher à plus de trois jours de marche; la mer Égée était déclarée possession grecque, avec défense aux vaisseaux perses de franchir, au nord, le Bosphore de Thrace, et, au sud, les côtes orientales de la Lycie (449).

37. Pendant que les triomphes de Cimon préparaient cette paix glorieuse, deux autres Athéniens, qui avaient joué un rôle éclatant dans la lutte contre les Perses, *Thémistocle* et *Aristide*, terminèrent leur vie d'une manière bien différente l'un de l'autre : on ne sait au juste en quelle année.

*Thémistocle* avait perdu de plus en plus les sympathies de ses concitoyens. Ses ennemis parlaient hautement de ses rapines, et l'accusaient d'être encore plus avide d'argent que de gloire. Les Athéniens, d'ailleurs, ne l'entendaient qu'avec une sorte de fatigue et de dégoût rappeler sans cesse, du haut de la tribune, ses services et ses exploits. Le temple élevé par lui à Diane *la bonne conseillère*, semblait encore leur répéter, sous une autre forme, qu'il avait par ses conseils sauvé sa patrie. Cette cupidité, cette vanité, leur firent ou-

Exil de Thémistocle (1).

blier une gloire qui aurait dû pourtant couvrir bien des fautes, et, sans rougir de leur ingrati-

---

(1) Pendant son séjour chez le roi des Molosses, Admète, un ami lui envoya sa femme et ses enfants, qu'il avait fait sortir secrètement d'Athènes. Si l'on en croit un historien cité par Plutarque, cet ami fut pour cela cité en justice et même condamné à mort.

tude, ils éloignèrent d'Athènes, pour le punir de quelques travers, le vainqueur de Salamine, le fondateur du Pirée. Banni par l'ostracisme, Thémistocle se retira dans la ville d'Argos; mais les haines qui le poursuivaient ne s'apaisèrent point encore. Quand Pausanias fut condamné à mort, les Spartiates voulurent envelopper Thémistocle dans sa ruine : ils prétendirent qu'il était le complice du traître, demandèrent pour lui la même punition, et les Athéniens, abandonnant tout à fait leur grand citoyen, envoyèrent à Argos des députés chargés de l'arrêter, en quelque lieu qu'ils le rencontrassent. Cette prétendue complicité était, à ce qu'il semble, une accusation sans valeur aucune. Pausanias avait fait à Thémistocle quelques ouvertures, des lettres avaient été échangées entre eux, mais Thémistocle avait rejeté ses propositions : il avait trop de prudence et d'habileté pour prendre une part dans de pareilles extravagances. Malheureusement, sa conduite dans son exil sembla donner raison à ceux qui avaient provoqué son arrestation.

Informé à temps, il quitta Argos à la hâte et se rendit chez les Corcyréens, à qui il avait rendu service autrefois; mais ceux-ci, craignant l'inimitié d'Athènes et de Sparte, n'osèrent le garder chez eux, et ils le firent passer dans l'Épire, située en face de leur île. Ceux qui voulaient le perdre continuèrent de l'y poursuivre, s'informant de tous les lieux où il pouvait s'être réfugié; et Thémistocle, se voyant ainsi traqué, prit l'audacieuse résolution de chercher un asile chez l'un des petits rois du pays, le roi des Molosses, Admète, dont il avait, au temps de sa puissance, fait rejeter plus d'une demande avec dédain. Il se présenta en suppliant, tenant entre ses bras l'enfant d'Admète, comme pour le prier au nom de ce qu'il avait de plus cher, et se jetant à genoux près de son foyer. Le roi molosse, touché de cette confiance, le fit relever, l'accueillit généreusement, refusa de le livrer aux députés de Sparte et d'Athènes, et lui donna les moyens de gagner la Macédoine, d'où Thémistocle partit pour l'Asie. Il alla trouver à Suse le roi Artaxerxès, qui venait de succéder à son père. « Je suis Thémistocle, lui écrivit-il har- « diment. Plus que nul autre Grec, j'ai fait du « mal à votre famille, en défendant mon pays « contre l'invasion ; plus que nul autre aussi je lui « ai été utile, quand votre père, à son retour, « avait de grands dangers à courir. » Et il rappe- lait, comme des services signalés, qui prouvaient tout son attachement pour la cause des Perses, le perfide avis qu'il avait envoyé à Xerxès, pour le décider à combattre dans les eaux de Salamine, et un autre message où, pour précipiter la retraite des envahisseurs, il avait fait annoncer à leur roi que les Grecs se disposaient à détruire le pont de bateaux de l'Hellespont. Il demandait une année pour apprendre la langue des Perses, et promet- tait, comme ennemi déclaré des Grecs, ses persé- cuteurs, des services bien autres que ceux qu'il avait déjà rendus. Artaxerxès fut transporté de joie : « J'ai Thémistocle l'Athénien ! » s'écriait-il encore en pleine nuit, au milieu même du sommeil. Il fit un excellent accueil au réfugié, lui donna, pour satisfaire à tous ses besoins, les contributions de trois villes d'Asie Mineure (1), et quand Thémistocle se fut familiarisé avec les coutumes de l'Asie, « il fut, dit Thucydide, élevé à des honneurs que pas un Grec avant lui n'avait obtenus. » Le vainqueur de Salamine était devenu l'un des courtisans, l'un des favoris du roi de Perse, qui le mettait de toutes ses parties de chasse, de toutes les fêtes données au palais, et il resta jusqu'à ses derniers jours dans cette situation, si peu digne de lui. Suivant les uns, il mourut de maladie ; selon les autres, il s'empoisonna, lorsque Artaxerxès le pressa plus tard de tenir ses promesses et de diriger une expédition contre les Grecs.

A cette triste fin de Thémistocle opposons celle du juste Aristide. Sa vie avait eu moins d'événements, moins d'agitations ; mais elle était toujours restée sans reproche, et elle avait aussi été plus heureuse. Il s'éteignit dans une vieillesse avancée, et conserva toujours l'estime et le respect de ses concitoyens. Après avoir eu dans les mains, pendant des années, le trésor de la confédération à la tête de laquelle était placée Athènes, il mourut si pauvre que, faute de ressources, ses funérailles furent faites et ses filles dotées aux frais de l'État.

QUESTIONNAIRE. — 33. Indiquez les diverses conséquences qu'amenèrent pour Athènes et la Grèce l'invasion des Perses et les victoires de Salamine et de Platées. — Qu'ap-

---

(1) L'une de ces villes était pour son pain, et elle lui rapportait par an 50 talents (278,000 francs) ; l'autre, pour son vin ; la troisième, pour sa viande.

pelle-t-on fédération ? — 34. Dans quel état se trouvait Athènes quand les Athéniens y rentrèrent ? — Quelle opposition rencontrèrent-ils, quand ils se mirent à relever leurs murailles ? — Comment Thémistocle en triompha-t-il ? — Comment, par qui et pour quel motif la constitution d'Athènes fut-elle alors modifiée ? — 35. Comment Aristide essaya-t-il d'organiser la Grèce après la victoire de Platées ? — Quelle ville fut placée à la tête de la confédération grecque ? — Sparte garda-t-elle longtemps cette suprématie ? — Quels projets conçut Pausanias ? — Comment changea-t-il de mœurs et traita-t-il les alliés ? — Quelle impression fit sur les alliés la conduite de Pausanias ? — Quels changements amena-t-elle dans l'organisation de la Grèce ? — Indiquez la date de ces changements. — Par qui et comment furent réglées les contributions des peuples alliés d'Athènes ? — Faites connaître les principales monnaies des Athéniens. — Que valait une obole ? une drachme ? un talent ? — Racontez les dernières années et la fin de Pausanias. — Indiquez les dates de son rappel et de sa mort. — 36. Résumez l'histoire de la troisième guerre médique jusqu'au rappel de Pausanias. — Quel général la continua après lui ? — Donnez une idée de la conduite et du caractère de Cimon. — Sur quels points se fit la guerre depuis le rappel de Pausanias jusqu'à l'exil de Cimon ? — Quelle ville Cimon prit-il en Thrace, et quelle fut l'importance de cette conquête pour les Athéniens? — Racontez ses progrès et ses victoires en Asie Mineure. — Indiquez la date de la double victoire de l'Eurymédon. — Quand et pour quels motifs Cimon fut-il exilé par un décret d'ostracisme ? — Combien de temps dura cet exil ? — Quelle expédition fit Athènes pendant son absence, et quel en fut le résultat ? — Racontez les guerres de Cimon depuis son rappel jusqu'à sa mort. — Quelle victoire remportèrent ses troupes au moment de retourner en Grèce ? — Faites connaître la date et les conditions du traité appelé paix de Cimon. — 37. Quelles causes amenèrent l'exil de Thémistocle ? — Où se retira-t-il quand l'ostracisme l'eut banni ? — De quoi l'accusa-t-on à la mort de Pausanias, et que doit-on penser de cette accusation ? — Que devint-il alors, et comment se passa la fin de sa vie ? — Comment mourut-il ? — Que savez-vous de la fin d'Aristide ?

# TROISIÈME PARTIE

## Préponderance successive d'Athènes, de Sparte et de Thèbes. — Retraite des Dix-Mille.

## CHAPITRE PREMIER

### ATHÈNES SOUS PÉRICLÈS

La Minerve de Phidias au Parthénon (restituée par Simart, 1855).

1. Athènes avait le droit d'être fière du rôle qu'elle avait joué dans les guerres médiques. Dans

la première et dans la seconde, c'étaient ses victoires de Marathon et de Salamine qui avaient chassé les barbares. Dans la troisième, c'était elle encore qui avait triomphé près de l'Eurymédon, et imposé au grand roi l'humiliant traité signé dix-sept ans plus tard. C'était d'Athènes enfin qu'était sortie cette vigoureuse poésie de la tragédie des *Perses*, qui était comme le chant de victoire des Grecs et leur hymne de délivrance au sortir de l'invasion.

A cette gloire Athènes en ajouta bientôt une

Temple de Jupiter à Olympie (1).

seconde. Elle devint en Grèce le centre et le foyer des arts et des lettres. Les peuples grecs

---

(1) Les Français ont découvert, en 1829, les débris de ce temple, dont quelques précieux restes sont maintenant au musée du Louvre.

s'étaient jusque-là partagé cet honneur : le père de la poésie et le père de l'histoire, Homère et Hérodote, étaient nés l'un et l'autre sur les côtes d'Asie; Hésiode et plus tard Pindare étaient sortis de Thèbes ou des campagnes voisines, l'un pour chanter les travaux des champs, l'autre pour célébrer, dans des odes pleines d'élévation et de majesté, les vainqueurs des jeux publics de la Grèce (1); les îles de la mer Egée avaient eu aussi leurs poëtes, Simonide, Anacréon et bien d'autres ; les Athéniens venaient d'applaudir Eschyle. Dans les arts, les Doriens, les Ioniens, les Corinthiens, avaient donné leur nom à trois genres de colonnes, ou, comme on dit, à trois ordres d'architecture différents (2). Depuis longtemps,

---

(1) Ces jeux publics étaient les grandes fêtes nationales de la Grèce. Il y en avait quatre principaux : les jeux *Olympiques*, renouvelés tous les quatre ans, en l'honneur de Jupiter, près de la ville de Pise ou Olympie, en Élide; les jeux *Néméens* et les jeux *Isthmiques*, célébrés tous les deux ans, les uns en mémoire d'Hercule, au village de Némée, dans l'Argolide, les autres en l'honneur de Neptune, près de Corinthe ; les jeux *Pythiques* ou de Delphes, qui avaient lieu tous les quatre ans, en l'honneur d'Apollon. — On y venait de toutes parts, et même des pays étrangers; mais les Grecs seuls étaient admis à concourir. Courses à pied, courses à cheval, courses de chars, joutes de lutteurs, combats à coups de poing ou pugilat, exercices du saut, du javelot, du disque, sorte de palet fort lourd, en métal ou en pierre, qu'il fallait lancer au loin : voilà ce qu'offraient ces solennités. Les jeux Pythiques avaient en outre des concours de musique et de poésie. Les vainqueurs ne recevaient pour prix qu'une simple couronne; mais leur victoire, à quelque jeu que ce fût, était regardée comme un insigne honneur, et pour eux-mêmes et pour la ville où ils avaient pris naissance.

(2) L'ordre dorique était le plus ancien de tous, et c'est à cet ordre qu'appartenaient, à Athènes, le Parthénon et le temple de Thésée, à Olympie le temple de Jupiter. L'ordre ionique et l'ordre corinthien datent du sixième siècle. Le temple de Diane, construit à cette époque dans la ville d'Éphèse, et regardé comme une des merveilles du monde, était d'ordre ionique. Le temple de Jupiter Olympien, commencé par Pisistrate à Athènes, appartenait à l'ordre corinthien.

les sculpteurs de l'île d'Égine faisaient pour les temples des statues déjà correctes, mais encore

Les trois ordres grecs d'architecture (dorique, ionique, corinthien).

roides et sans expression. La peinture, presque dans l'enfance, était enseignée à Samos, à Ephèse, dans l'île de Thasos. Après les guerres médiques, cette sorte de partage cessa d'exister. Athènes eut quelque temps le privilége de donner seule à la Grèce, dans les arts comme dans les lettres, des chefs-d'œuvre que le génie moderne n'a point dépassés. Cette grande époque artistique et littéraire a reçu le nom de *siècle de Périclès* (1).

_______

(1) L'histoire a signalé trois autres grandes époques de ce genre:

2. *Périclès* était le fils de Xanthippe, vainqueur de Mycale, et le petit-neveu de Clisthène, chef du peuple après l'expulsion d'Hippias. Fidèle au souvenir de son oncle, il s'était mis, dès sa jeunesse, à la tête de la classe inférieure, et, pour ébranler la puissance de l'Aréopage, seule barrière qui fût encore opposée à la multitude, il avait profité de l'absence de Cimon, qui aurait défendu ce corps vénéré. D'accord avec lui, un orateur du parti populaire, Éphialte, avait fait retirer à l'antique tribunal la plupart des causes qui lui étaient réservées : c'étaient sans doute celles qui avaient un caractère politique, celles qui découlaient du droit qu'avait l'Aréopage de veiller au maintien de la constitution et de réviser ou même d'annuler au besoin les décrets de l'assemblée du peuple. Toujours est-il qu'au témoignage de tous les anciens, l'autorité de cette cour suprême en fut, sinon ruinée entièrement, du moins grandement abaissée.

En même temps, Périclès avait fait instituer, sous divers noms, des distributions d'argent au petit peuple. Tous les citoyens faisaient partie de l'assemblée, tous avaient le droit de siéger comme juges dans les tribunaux ; mais le pauvre pouvait dire que le temps lui manquait pour assister à ces assemblées, qui se renouvelaient presque chaque semaine, pour prendre place dans ces tribunaux, sans

---

le siècle d'Auguste à Rome, au commencement de l'ère chrétienne ; dans l'Italie moderne, le siècle de Léon X ou des Médicis (seizième siècle) ; le siècle de Louis XIV en France (dix-septième siècle).

cesse occupés de procès nombreux : avant d'être citoyen et juge, il fallait gagner sa vie. Les institutions de Périclès vinrent y aider ceux des Athéniens qui n'avaient d'autre bien que leur travail. En échange du temps que le citoyen donnait aux tribunaux, il reçut désormais, chaque fois, une sorte d'indemnité ou de salaire ; une prime fut accordée aussi à ceux qui, le jour des assemblées, se rendaient de bonne heure sur la place publique. Enfin, lors des représentations théâtrales, l'État distribua aux pauvres quelques oboles, pour qu'ils eussent de quoi payer leur entrée.

Telle était la situation d'Athènes quand Cimon mourut (449). La démocratie y avait atteint ses dernières limites. Tous les citoyens y étaient électeurs, tous éligibles, tous juges : le premier venu pouvait être sénateur, général, archonte, pourvu que sa conduite fût reconnue régulière par le sénat et les tribunaux. La seule barrière que cette démocratie trouvât devant elle, la puissance politique de l'Aréopage, c'est-à-dire l'influence des hommes d'âge et d'expérience, venait d'être renversée. Enfin, pour que les devoirs publics ne fussent pas un fardeau pour les pauvres, pour que les spectacles ne fussent par un privilége pour les riches, l'Athénien sans fortune était payé pour voter, payé pour juger, et l'État lui donnait encore l'argent nécessaire à ses plaisirs.

3. Sans avoir aucun titre, sauf parfois celui de général, Périclès eut le talent de diriger en maî-

tre tout-puissant cette démocratie. « Il contenait
« la multitude d'une main libre, dit Thucydide,

Périclès, d'après le buste antique qui porte son nom.

« sans jamais se laisser conduire par elle. Il ne
« cherchait pas, dans ses discours, à flatter le peu-
« ple, et savait au besoin braver fièrement son
« déplaisir. Quand il voyait les Athéniens s'aban-
« donner hors de saison à une insolente confiance,
« sa parole arrêtait leur fougue en les frappant de
« terreur ; tombaient-ils mal à propos dans l'abat-
« tement, il les relevait et ranimait leur courage.
« Le gouvernement populaire subsistait de nom,
« et l'on était en effet sous la domination d'un
« chef. » Les revenus, les armées, les flottes, les
îles et les villes alliées, tout était à la disposition,
tout suivait les lois de ce maître souverain. C'é-
tait presque une monarchie sous les formes répu-
blicaines.

Périclès devait cette action sur le peuple et cette autorité dans l'État à son éloquence, qu'un poëte du temps compare aux éclairs et aux grondements de la foudre, bouleversant la Grèce entière; à sa probité, qui le rendait, aux yeux de tous, incapable de se laisser corrompre par des présents; à sa modération, qui lui permit de dire en mourant que pas un Athénien n'avait pris le deuil par sa faute; enfin à l'éclat que les lettres et les arts, encouragés et stimulés par lui, jetaient sur Athènes, et au bien-être que la construction des édifices élevés par ses ordres répandait parmi tout un monde de travailleurs.

4. En même temps que *Sophocle* et *Euripide*, dignes successeurs d'Eschyle, composaient leurs admirables tragédies (1), les statues de *Phidias* atteignaient presque cette perfection, cette beauté idéale (2) que l'artiste cherche et poursuit, sans jamais pouvoir l'atteindre. C'était surtout à repré-

---

(1) Trois des pièces de Sophocle se rapportent à l'histoire d'Œdipe (Œdipe roi, Œdipe à Colone, Antigone). Celle de Philoctète a fourni à Fénelon l'un des plus beaux livres de son *Télémaque*. — Deux tragédies de notre Racine, Iphigénie et Phèdre, sont des imitations d'Euripide.

(2) « Dans aucun genre, dit un grand écrivain de l'antiquité, il n'y « a rien de si beau qui ne le cède à une beauté supérieure, dont l'au- « tre n'est que l'image et comme le portrait : beauté inaccessible « à l'œil, à l'oreille, aux sens, et que la pensée, que l'âme seule peut « saisir. Quand Phidias faisait son Jupiter ou sa Minerve, ce grand « artiste n'avait pas sous les yeux un modèle vivant dont il tirât la « ressemblance ; mais il y avait dans sa pensée une beauté suprême, « sur laquelle s'attachaient ses regards, et que son art et sa main « cherchaient à reproduire (Cicéron). » On donne le nom d'idéal à cette beauté suprême que l'âme de l'artiste entrevoit, qu'il tâche de faire passer dans son œuvre, mais dont il ne peut jamais que s'approcher plus ou moins. « Je suis moins indulgent que vous pour moi- « même, disait Raphaël à des amis qui admiraient un de ses dessins ; « je m'élève plus haut par la pensée. »

senter les divinités que Phidias avait consacré son génie, et « la beauté de sa Minerve d'Athènes, de « son Jupiter d'Olympie, semblait, dit un ancien, « avoir ajouté à la religion des peuples : tant la « majesté de l'œuvre s'approchait de l'idée du « dieu. » On lui demandait, un jour, où il avait pris la divine figure de son Jupiter : « Dans Homère, » répondit-il, et il récita trois vers où le grand poëte montre « le vaste Olympe ébranlé au « seul mouvement de ses noirs sourcils. » Il ne nous reste malheureusement rien de ces statues

L'Apollon du Belvédère.

colossales, la plupart d'ivoire et d'or, qui avaient, sans le piedestal, jusqu'à dix-huit mètres de hau-

teur (1) ; mais les monuments que nous possédons
de la statuaire grecque, l'Apollon du Belvédère,

Le groupe du Laocoon.

par exemple et le groupe du Laocoon (2), peuvent,
par leur perfection, nous donner une idée de ce

---

(1) A l'aide des textes et des médailles décrivant ou représentant
l'œuvre de Phidias, on a, de nos jours, essayé de faire revivre, en
petit, la fameuse Minerve du Parthénon. Un savant investigateur
du passé, M. le duc de Luynes, a eu l'idée et a fait les frais de cette
restitution, et le sculpteur Simart, que les arts ont perdu peu d'années après, s'est chargé de l'exécution de l'ouvrage. La statue, d'or
et d'ivoire comme son modèle, a neuf pieds de haut, c'est-à-dire le
quart de l'original. Elle était à l'exposition de 1855, et nous en donnons le dessin en tête du chapitre.

(2) L'Apollon du Belvédère est à Rome, dans le pavillon du Vatican appelé de ce nom. Il paraît remonter au siècle qui suivit Phidias.
— Le groupe de Laocoon, fils de Priam, étouffé avec ses fils par
deux serpents monstrueux, est aussi au Vaticau. Si nous en croyons
Pline, il est bien postérieur au temps de Périclès, et date du premier
siècle de notre ère.

qu'étaient les chefs-d'œuvre de Phidias, placés par les anciens au-dessus de tout ce qu'avait produit la sculpture antique.

De son côté la peinture, sans s'élever aussi haut, avait fait à Athènes, avec *Polygnote*, des progrès rapides. Ramené de Thasos par Cimon et devenu son ami, comme Phidias l'était de Périclès, Polygnote avait trouvé pour ses tableaux des procédés encore inconnus, et il s'était servi de couleurs nouvelles ; en même temps qu'il changeait ainsi les conditions matérielles de son art, il était parvenu à animer les traits de ses personnages, à leur donner la physionomie et la grâce, tout en leur conservant cette noblesse d'attitude que la sculpture rencontrait si heureusement pour les siens ; au lieu de copier servilement les modèles qui posaient devant lui, il avait, comme Phidias, cherché à mettre dans ses tableaux cette beauté idéale qu'il trouvait dans sa pensée (1) ; enfin, et ce caractère mérite d'être remarqué, il semblait, dans le choix et la conception de ses sujets, souvent empruntés à Homère, avoir voulu, comme lui, fortifier les sentiments moraux et héroïques dans le cœur des Grecs. C'étaient, par exemple, la prise de Troie et les triomphes de la Grèce ; Oreste et Pylade et leur amitié dévouée ; Nausicaa et l'hospitalité qu'elle offre à Ulysse après son naufrage ; le retour d'Ulysse à Ithaque et le

___

(1) « Passez, dit Aristote, passez devant ces peintres qui se con-
« tentent de représenter les hommes comme ils les voient ; fuyez cet
« autre qui les peint plus laids encore ; arrêtez-vous devant Poly-
« gnote, qui les fait plus beaux qu'ils ne sont. »

massacre des prétendants ; les supplices des grands coupables dans l'autre vie. Un des philosophes les plus austères de la Grèce, le stoïcien Zénon, a dit que c'était en regardant les peintures de Polygnote qu'il avait songé à le devenir, et plus tard les sages envoyaient la jeunesse devant ses tableaux pour exciter en elle de nobles aspirations. Les peintres qui vinrent après lui, dans le même siècle ou au commencement du suivant, l'emportèrent peut-être par la vigueur du coloris, comme Zeuxis, par la correction du dessin, comme Parrhasius, par l'expression des figures, comme Timanthe (1); mais on voit que, même après eux, Polygnote conservait encore son prestige et son influence, et il avait la gloire d'avoir le premier fait sortir la peinture de l'enfance où elle était restée jusque-là.

Phidias n'était pas seulement un grand statuaire : Périclès lui avait confié la direction des monuments à construire, et cette intendance des travaux était alors une lourde fonction. Dans l'Acropole ou haute ville s'élevèrent les *Propylées*, qui en ornaient l'entrée, et le *Parthénon* ou temple de Minerve, protectrice d'Athènes. Les Propylées, dus à l'architecte Mnésiclès, étaient de magnifiques vestibules, que formaient plusieurs rangées de colonnes de marbre, et auxquels conduisait un escalier de 40 degrés, large de 24 mè-

---

(1) Zeuxis était de la colonie grecque d'Héraclée en Italie ; Parrhasius, d'Éphèse ; Timanthe, de l'une des Cyclades.

tres. Entre les Propylées et le Parthénon se trouvait la statue en bronze de la déesse, ouvrage de Phidias comme celle d'or et d'ivoire que renfermait le temple ; elle avait vingt à vingt-cinq mètres, et on la voyait de la haute mer. Le Parthénon, œu-

Le Parthénon aux temps anciens.

vre d'Ictinus et de Callicrate, était situé au sommet de l'Acropole ; il était construit tout entier en marbre du Pentélique, et avait 72 mètres de long sur 32 de large et 21 de hauteur. C'était moitié moins, en longueur et en hauteur, que nos grandes cathédrales (Amiens, Reims, Paris, Cologne) ; mais l'autel s'élevait et les cérémonies se faisaient en dehors de l'édifice. Ces temples antiques n'étaient guère plus hauts que les

statues colossales qu'ils abritaient (1); mais les
Grecs voyaient dans cette disproportion apparente
une image de la majesté divine, pour laquelle
tout est trop petit : le dieu, disaient-ils, remplit le
monde de son action et de sa puissance, comme
sa statue remplit la demeure que l'homme lui
consacre. Par l'unité parfaite, l'exacte proportion
et la merveilleuse convenance de toutes ses parties, le Parthénon n'en était pas moins le plus
beau modèle de la simplicité et de la grâce dans
la majesté. Près du Parthénon fut reconstruit le

Ruines du Parthénon.

petit temple qui portait le nom d'*Érechthée*, l'un
des premiers rois d'Athènes : cet édifice, le mo-

______

(1) Au Parthénon, la lance de Minerve touchait le faîte; à Olympie, si la statue de Jupiter s'était levée, elle aurait emporté le toit.

dèle de l'ordre ionique, était cité pour son extrême élégance et pour les gracieuses caryatides (1) qui soutenaient une portion de l'édifice.

A ces monuments de l'Acropole il faut ajouter, dans la basse ville, l'*Odéon*, destiné aux concours de chant, de flûte et de lyre. Il faut parler enfin du travail utile que fit faire Périclès dans la longue avenue qui reliait Athènes à ses ports. De chaque côté de cette large route s'élevait une muraille d'environ deux lieues, aboutissant d'une part à la rade de Phalère, et de l'autre à la pointe septentrionale du Pirée. Ces remparts, dus à Thémistocle et à Cimon, et appelés *les longs murs*, ne parurent pas à Périclès une protection assez sûre. Il suffisait, en effet, que sur un seul point l'ennemi fît une brèche à la muraille, pour interdire toute communication avec les deux ports. Un troisième mur fut alors construit au milieu des deux premiers, depuis la ville jusqu'à la pointe sud du Pirée : grâce à cette fortification nouvelle, le succès de l'ennemi sur quelque point ne le rendait alors maître que de l'un des deux ports, et les Athéniens conservaient l'autre.

---

(1) Caryatides : figures de femmes drapées, remplaçant les colonnes et les piliers, et soutenant de leur tête la partie supérieure de l'édifice. Suivant l'architecte ancien Vitruve, l'origine des caryatides remonterait aux guerres médiques. Les habitants de Caryes, en Arcadie, ayant embrassé le parti des Perses, auraient été réduits en esclavage par les autres Grecs, et la sculpture se serait chargée de perpétuer leur honte, en représentant leurs femmes dans cet état de sujétion. D'autres pensent que les caryatides rappelaient les jeunes filles dansant autour de la statue de Diane aux fêtes de Caryes. — Les caryatides du temple d'Érechthée subsistent encore : elles ont sur la tête une corbeille, qu'elles soutiennent d'un de leurs bras.

5. Pour entreprendre et terminer de pareils travaux, pour donner sans cesse des fêtes et distribuer, sous forme d'indemnités, de l'argent au peuple, il fallait des ressources considérables. Athènes en trouvait dans ses mines d'argent du Laurium et dans ses mines d'or du mont Pangée. Elle en demandait encore aux revenus que lui assurait l'état florissant de son industrie et de son commerce. Depuis que Phocée, au temps de Cyrus, et Milet, après la révolte de l'Ionie, avaient été prises et à demi ruinées par les Perses, c'était à Athènes et à Corinthe, sa voisine, qu'appartenait presque tout le commerce des mers de l'Orient. Chaque jour ses vaisseaux partaient du Pirée pour porter aux autres peuples son miel, son huile (1), ses figues, ses cuirs, ses marbres du Pentélique et de l'Hymette, ses armes, ses étoffes, ses meubles, ses poteries, objets d'art et de goût pour lesquels elle n'avait guère de rivales. En échange, les navires apportaient du Pont-Euxin et de la Thrace le blé qui manquait à l'Attique, le bois, le goudron, les cordages dont elle avait besoin pour sa marine ; de l'Asie Mineure, la laine de Phrygie et les tapis artistement tissés dans les villes ioniennes ; des régions de l'Occident, le fer et l'airain. Ce qu'on ne trouvait ailleurs qu'avec peine, ce qu'il aurait fallu chercher en vingt endroits divers, on était sûr de le rencontrer dans ce vaste mar-

---

(1) Aujourd'hui encore l'éducation des abeilles occupe beaucoup des habitants de l'Attique, et l'on y trouve des forêts entières d'oliviers.

ché du Pirée, où affluaient les productions de tous les pays. — A ces ressources, que les Athéniens devaient à leur sol et à leur travail, s'ajoutaient la taxe sur les nombreux étrangers domiciliés de la ville ou du Pirée (1), et les contributions des alliés, devenus les sujets d'Athènes.

6. La transformation des alliés en sujets et tributaires s'était opérée peu à peu et graduellement. Athènes, que ses nombreux vaisseaux rendaient toute puissante, avait d'abord placé sous son influence et sa direction toutes les villes grecques de la Thrace, bon nombre de celles des côtes d'Asie, presque toutes les îles de la mer Égée, et en même temps qu'elle augmentait le chiffre des villes alliées, elle encourageait leur éloignement pour la guerre. Au lieu d'exiger rigoureusement des confédérés, comme on l'avait fait d'abord, leurs contingents de vaisseaux et de soldats, Cimon s'était toujours montré disposé à recevoir les navires et l'argent de ceux qui ne voulaient pas servir eux-mêmes. Presque tous, sans défiance, avaient ainsi grossi à leurs dépens les forces et le trésor d'Athènes; et bientôt celle-ci, tout en continuant d'exiger, comme une obligation, la contribution fixée, avait cessé d'appeler à Délos les députés des villes alliées et de les consulter sur les intérêts de la confédération. Périclès avait été plus loin : il avait, les armes à la main, réduit à l'état de sujettes les îles d'Eubée,

_______________

(1) Douze drachmes par an pour le chef de famille, moitié moins pour les enfants.

d'Égine et de Samos ; il avait porté de 460 à 600 talents la somme totale à fournir par les alliés ; il avait transféré de Délos à Athènes le trésor de la ligue, et ce trésor, il le déclarait ouvertement, n'était employé qu'aux embellissements d'Athènes. « Nous ne devons pas compte aux « alliés de l'argent que nous recevons d'eux, « disait-il aux Athéniens. Nous combattons pour « leur défense, nous éloignons les barbares de « leurs frontières ; ils ne fournissent pour la guerre « ni chevaux, ni galères, ni soldats ; ils ne con- « tribuent à la lutte que par quelques sommes « d'argent, et ceux qui les reçoivent ne sont tenus « qu'à bien remplir les conditions qu'ils s'impo- « sent en les recevant. La ville, abondamment « pourvue de tous les moyens de défense que la « guerre exige, doit employer ces richesses à des « ouvrages qui, une fois achevés, lui assureront « une gloire immortelle (1). » Telle était la situation des îles de la mer Égée et d'un grand nombre de villes situées sur les côtes septentrionale et orientale de cette mer. Quelques îles seulement faisaient exception : Chios et Lesbos, qui, sans payer de tributs, joignaient leurs forces à celles d'Athènes ; Mélos et Théra, deux des Cyclades, qui n'étaient ni ses alliées ni ses tributaires, et qui demeuraient tout à fait indépendantes.

Cette tyrannie imposée aux alliés était le premier vice du gouvernement de Périclès, dont, au premier coup d'œil, on ne voit que la grandeur.

---

(1) Plutarque, *Vie de Périclès.*

Le second, c'est que cette grandeur ne tenait qu'à un homme, dont l'ascendant savait contenir le peuple d'Athènes. La peste enleva cet homme au commencement de la guerre du Péloponnèse, et, Périclès une fois mort (429), les caprices de la multitude et les intrigues de ses meneurs disposèrent de tout. « Ceux qui vinrent après lui, « luttant entre eux à qui aurait le plus de crédit, « furent réduits, pour en obtenir, à flatter le « peuple, au lieu de le diriger (Thucydide), et le « peuple, n'ayant plus de guide, s'abandonna à sa « fougue, comme un coursier qui n'a plus de frein « et qu'on ne peut ramener à l'obéissance (Plu-« tarque). »

QUESTIONNAIRE. — 1. Rappelez les services d'Athènes dans la guerre médique. — Quelle autre gloire ajouta-t-elle au souvenir de ses victoires? — Résumez l'histoire des lettres en Grèce jusqu'au temps d'Eschyle. — Que savez-vous de l'architecture, de la sculpture et de la peinture dans la même période? — Quel nom a-t-on donné à l'époque qui suivit les guerres médiques? — Quels sont, dans l'histoire, les autres siècles particulièrement cités pour l'éclat des lettres et des arts? — Quand et en quel lieu se célébraient les jeux publics de la Grèce, et en quoi consistaient-ils? — 2. A quelle famille appartenait Périclès? — Comment et pourquoi abaissa-t-il la puissance de l'Aréopage? — Par quelles mesures nouvelles augmenta-t-il les ressources du petit peuple? — Donnez une idée de la constitution d'Athènes au temps de la mort de Cimon. — 3. Que disent les anciens de l'ascendant de Périclès sur le peuple d'Athènes? — A quelles causes devait-il cette autorité? — 4. Nommez les grands poëtes du temps de Périclès, et indiquez quelques-uns de leurs ouvrages. — Que savez-vous de Phidias et de ses œuvres? — Faites comprendre ce qu'on appelle le beau idéal. — Quels progrès Polygnote fit-il faire à la peinture, et quelles louanges lui ont été données? — Nommez quelques-uns des peintres grecs qui vinrent après lui. — Décrivez les divers monuments de l'Acropole (*Propylées, Parthénon, temple d'Érechthée*). — Que veut dire et d'où vient le mot *caryatides?* — A quoi était destiné l'*Odéon?* — Qu'était-ce que les *longs murs*, et quel travail nouveau y ajouta Périclès? — 5. Faites connaître les principales ressources du gouvernement d'Athènes. — Par quelles villes se faisait surtout le commerce dans la Méditerranée orientale? — Donnez une idée de l'industrie et du commerce d'Athènes (exportation et importation). — 6. Montrez comment les alliés d'Athènes étaient devenus peu à peu ses sujets et ses tributaires. — A quoi s'employaient leurs tributs annuels? — Quelles îles de la mer Égée conservaient encore leur indépendance? — Indiquez les deux vices essentiels du gouvernement de Périclès.

---

# CHAPITRE II

### GUERRE DU PÉLOPONNÈSE (431-404).

**1. — Mort de Périclès. — Athènes perd Amphipolis et la Chalcidique presque entière. — Paix de Nicias.**

7. Après les guerres médiques, où l'union et le patriotisme avaient sauvé l'indépendance de la Grèce, vint la guerre du Péloponnèse, où, pendant vingt-sept ans (431—404), elle se déchira de ses propres mains. Deux grandes causes, depuis quelque temps déjà, poussaient les Grecs à ces tristes divisions : la vieille jalousie de Sparte contre Athènes, encore ravivée par la gloire et l'accroissement de puissance de sa rivale ; le mécontentement des villes alliées d'Athènes, forcées de faire juger leurs procès par ses tribunaux, de payer une contribution pour la guerre quand il n'y avait plus de guerre, devenues en un mot ses sujettes au lieu de rester ses égales : plus d'une était toute disposée à prêter la main à ses ennemis.

Dans une pareille situation, il suffisait d'une occasion pour amener la rupture, d'une étincelle pour tout enflammer. Cette occasion fut l'intervention d'Athènes dans une lutte engagée entre Corinthe et l'île de Corcyre (1). Les Athéniens, qui s'attendaient, d'un moment à l'autre, à une guerre avec le Péloponnèse, craignirent de voir la puissante marine des Corcyréens tomber aux mains des Corinthiens, amis de Sparte, et ils envoyèrent trente vaisseaux, pour défendre, au besoin, Corcyre contre leurs attaques (2). Corinthe, pour se venger, voulut enlever aux Athéniens les côtes de la Thrace : elle fit révolter Potidée, sa colonie, tributaire d'Athènes, et avec elle la plupart des autres villes de la Chalcidique ; mais les troupes qu'elle envoya au secours de Potidée furent battues, la place fut assiégée, et alors Corinthiens et Potidéates s'adressèrent à la ligue du Péloponnèse, et demandèrent son appui. Les Lacédémoniens convoquèrent à Sparte, avec leurs alliés, tous ceux qui avaient à se plaindre d'Athè-

---

(1) Corcyre était une colonie de Corinthe, et le droit public de la Grèce, a-t-on dit, défendait de soutenir une colonie contre sa métropole; mais depuis longtemps déjà les Corcyréens avaient brisé tous les liens qui les rattachaient à Corinthe, et, dans tous les cas, Corinthe, la première, avait oublié cette interdiction, en soutenant contre les Corcyréens la ville d'Épidamne, que ceux-ci avaient fondée sur la côte d'Illyrie.

(2) Les paroles des députés de Corcyre au peuple d'Athènes montrent bien tout l'intérêt qu'avaient les Athéniens à soutenir leur cause. « Il y a dans la Grèce, disaient-ils, trois marines dignes d'être comptées : la vôtre, la nôtre, et celle de Corinthe. Si vous souffrez « que deux d'entre elles se fondent ensemble, si Corinthe se rend « maîtresse de notre île, vous aurez à combattre à la fois sur mer les « vaisseaux de Corcyre et ceux du Péloponnèse ; si, au contraire, vous « acceptez notre alliance, vous réunirez nos flottes aux vôtres pour « lutter contre les Péloponnésiens (*Thucydide*, I, 37). »

nes. « La paix subsistera, fut-il dit dans ce con-
« grès, si Athènes lève le siége de Potidée, si elle
« rend la liberté à Égine, si elle laisse à tous les
« Grecs leur indépendance. » Athènes déclara
qu'elle n'avait point d'ordre à recevoir, qu'elle ne
voulait traiter que sur le pied de l'égalité ; pour
toute réponse, elle demanda si Sparte laisserait
aussi les villes de sa domination se gouverner à
leur manière, et la guerre commença.

Athènes avait pour elle, outre ses alliés et ses
dépendances dans les îles et sur les côtes de la
mer Égée, Platées et l'Acarnanie dans la Grèce
centrale, la Thessalie dans la Grèce du nord,
l'île de Corcyre dans la mer Ionienne. Les autres
peuples Grecs étaient les alliés de Sparte, sauf
Argos et l'Achaïe, qui demeuraient neutres, et
l'Épire qui ne se mêlait guère aux affaires de la
Grèce.

8. Dès le début, la guerre se fit en même temps
sur deux points, en Grèce et sur les rivages de la
Thrace. Dans la Thrace, Potidée, après deux ans
de siége, tomba au pouvoir des Athéniens. Quand
elle se rendit, le pain manquait aux habitants, et
déjà plusieurs avaient mangé de la chair humaine. Ils furent tous expulsés de la ville, que
les vainqueurs repeuplèrent en y envoyant une
colonie. En Grèce, les Péloponnésiens firent des
courses dans l'Attique, les vaisseaux athéniens dé-
vastèrent les côtes ennemies, et un horrible fléau,
la peste, vint s'ajouter aux maux de la guerre.

Elle avait ravagé l'Éthiopie, l'Égypte, une partie de l'Asie, quand elle vint fondre sur le Pirée,

apportée sans doute par quelque vaisseau marchand. L'affluence des gens de la campagne, que la peur des invasions amenait en foule dans la ville, avait doublé la population d'Athènes, et cette agglomération rendit encore plus rapides les progrès du mal. « C'était un feu intérieur si dé- « vorant, que les malades ne pouvaient endurer « les vêtements les plus légers, les couvertures de « toile les plus fines. On voyait des malheureux « se rouler dans les rues, autour de toutes les « fontaines, à demi morts et dévorés par la soif. « D'autres se précipitaient dans les puits, tour- « mentés qu'ils étaient par cette soif inextingui- « ble. Les yeux étaient rouges et enflammés, la « respiration difficile, l'haleine fétide, le corps « parsemé de taches et couvert de pustules et d'ul- « cères. La plupart des malades succombaient le « septième ou le neuvième jour. Forts ou faibles, « riches ou pauvres, entourés de soins ou aban- « donnés de tous, la peste frappait tout sans dis- « tinction, et l'on ne trouvait contre le mal aucun « remède efficace (1). » Le plus savant médecin de l'antiquité, *Hippocrate*, vint, dit-on, apporter aux Athéniens toutes les ressources de son savoir et de son expérience, mais sans obtenir tout le succès que son dévouement semblait mériter (2).

---

(1) *Thucydide*, I, 48 à 53.

(2) Hippocrate était un Grec de la petite île de Cos, située au sud-est de l'Asie Mineure, en face de la ville d'Halicarnasse. Ses écrits l'ont fait justement regarder comme le vrai fondateur de la méde- cine, réduite, avant lui, aux tâtonnements de l'ignorance et aux im- postures du charlatanisme. Il lui donna deux bases qui en firent une véritable science, l'observation attentive et répétée des maladies, et le raisonnement.

La peste dura deux à trois années : elle fit périr un grand nombre d'Athéniens, parmi lesquels près de cinq mille hommes en état de porter les armes. La perte la plus irréparable fut celle de Périclès, qui mourut dans la troisième année de la guerre (429).

9. La mort de Périclès fut un grand malheur pour la Grèce entière. Elle lui enleva le seul homme capable de conserver un peu de mesure à ces luttes acharnées : peut-être du moins aurait-il empêché Athènes de se souiller des abominables cruautés qui furent alors commises de toutes parts. A sa place, on eut le corroyeur *Cléon*, aussi dépourvu de modération dans ses idées que de tenue à la tribune et de courage dans les combats, et qui n'avait pour lui que sa voix retentissante ; au lieu de l'éloquence, toujours digne et sévère, de Périclès, une parole pleine de violence, d'audace effrontée, de flatteries pour la multitude, que Cléon haranguait dans le langage des matelots du Pirée.

Lesbos abandonna le parti d'Athènes, et, malgré les secours de Sparte, Mitylène, sa capitale, fut réduite à se rendre. Les Athéniens alors, dans l'entraînement de la colère, résolurent de faire périr, non-seulement les chefs de la défection, qu'ils avaient entre les mains, mais tous les Mityléniens arrivés à l'âge d'homme, et de réduire les femmes et les enfants en esclavage. Le lendemain, il est vrai, ils se repentirent ; malgré le fougueux démagogue (1) Cléon, qui voulait qu'on maintînt

______

(1) *Démagogue :* flatteur et agitateur des classes populaires,

cette décision précipitée, ils se bornèrent à prononcer la mort des principaux auteurs du mouvement : « ceux-ci étaient, dit Thucydide, un peu plus de mille. » Ainsi c'était de l'humanité, dans cette triste guerre, que de n'exterminer qu'un millier d'hommes de sang-froid. Le contre-ordre arriva à Mitylène au moment où la sentence venait d'être lue, et où le massacre de la ville entière allait commencer.

Les ennemis d'Athènes ne montraient pas moins de barbarie. Les Spartiates et les Thébains faisaient, depuis deux ans, le siége de Platées, dont la prise aurait presque réduit Athènes à ses propres forces, entre les troupes des Béotiens au nord et celles de Sparte au midi. Les assiégés avaient fait partir les enfants, les vieillards, la plupart des femmes, toutes les bouches inutiles. Ils restaient 400 avec 80 Athéniens pour défendre la place, et ils avaient avec eux 110 femmes pour faire le pain. Pressés par la famine et sans espoir de secours, deux cent douze d'entre eux profitèrent d'une nuit obscure, du vent qui soufflait, de la neige qui tombait ; ils gravirent, à l'aide d'échelles et à travers les flèches et les javelots qu'on leur lançait à l'aventure, la double muraille élevée par les assiégeants autour de la ville, traversèrent ensuite le fossé extérieur, bien qu'ils eussent à peine la tête hors de l'eau glacée qui le remplissait, et coururent se réfugier à Athènes. Pour engager les autres à se rendre, on leur promit qu'on ne condamnerait personne sans jugement ; puis, quand Platées fut entre leurs mains,

les assiégeants égorgèrent sans pitié tous ses défenseurs, à l'exception des femmes, qui devinrent
esclaves. « On les faisait venir un à un, et on
« leur demandait seulement s'ils avaient, dans le
« cours de la guerre, rendu quelque service aux
« Lacédémoniens et à leurs alliés. Sur leur ré-
« ponse négative, ils étaient emmenés et mis à
« mort (1). » La ville elle-même fut ensuite rasée
de fond en comble : on ne s'inquiéta plus du décret qui, le lendemain de la victoire sur les Perses, avait déclaré sacrés les Platéens et leur territoire, en souvenir de ce jour de salut.

10. La ruine de Platées enfermait Athènes dans
un cercle d'ennemis ; mais la prise de Mitylène
affermissait sa puissance maritime, en détournant,
par la crainte d'un pareil sort, ses alliés et ses
tributaires de l'abandonner. Sparte cependant les
y poussa encore, en envoyant l'habile *Brasidas*, à
la tête de quelques troupes, sur les côtes de la
Thrace.

La chute de Potidée n'avait pas entraîné la soumission des villes qui s'étaient révoltées contre
Athènes en même temps qu'elle. La présence
d'une armée spartiate, la modération de Brasidas, qui la commandait, en décidèrent ou en for-
cèrent dix autres encore, soit en Chalcidique, soit
au delà du Strymon, à se rattacher à la cause de
Sparte. La plus importante était Amphipolis, récente colonie d'Athènes, dont l'historien Thucydide, arrivé en toute hâte de Thasos avec trois vais-

---

(1) Thucydide, III, 68.

seaux, ne put sauver que le port. D'autres se livraient d'elles-mêmes, et celle de Scione, non contente de faire à Brasidas l'accueil le plus empressé, lui décerna une couronne d'or, en l'appelant le libérateur de la Grèce. Cléon, toujours plein de confiance en lui-même, se fit charger par les Athéniens du soin de rétablir leurs affaires dans la Thrace, et à peine arrivé, il vint attaquer Amphipolis. Brasidas ordonna une brusque sortie au moment où l'ennemi s'y attendait le moins : Cléon fut des premiers à donner l'exemple de la fuite ; il fut arrêté et tué, et, dans la déroute qui suivit, six cents de ses soldats environ eurent le même sort. Les Spartiates n'avaient perdu que sept hommes ; mais le vaillant Brasidas était l'un des sept.

La mort des deux généraux amena un traité entre les deux peuples. Aucun Spartiate n'était capable de suivre les projets de Brasidas ; à Athènes, les fanfaronnades de Cléon, toujours ami de la guerre, avaient fait place à l'influence du prudent *Nicias*. La paix, dite de Nicias, fut conclue pour cinquante ans, à la condition, pour chaque peuple, de restituer ses conquêtes et ses prisonniers (421). — Amphipolis et la Chalcidique presque entière n'en restèrent pas moins perdues pour Athènes. Les Spartiates se contentèrent de retirer leurs troupes de la Thrace : cet abandon livra Scione aux Athéniens, qui y tuèrent tous les hommes en âge de porter les armes, et donnèrent le territoire à cultiver aux Platéens ; mais la plupart des autres villes grecques du pays restèrent indépendantes, et elles continuèrent de regarder Athènes comme une ennemie.

QUESTIONNAIRE. — 7. Quelles furent les grandes causes de la guerre du Péloponnèse ? — Quand commença-t-elle, et pour combien de temps ? — Quelle en fut l'occasion ? — Faites bien comprendre, en indiquant les puissances maritimes de la Grèce, l'intérêt qu'avait Athènes à soutenir les Corcyréens. — Corinthe avait-elle vraiment le droit de s'en plaindre ? — Indiquez les alliés de Sparte et d'Athènes. — 8. Sur quels points se fit d'abord la guerre, et quel en fut le premier résultat ? — D'où venait la peste d'Athènes, et quelle cause activa les progrès du mal ? — Rappelez la description qu'en a faite l'historien Thucydide. — Que savez-vous d'Hippocrate ? — Combien de temps dura la peste ? — Fit-elle de nombreuses victimes? — Indiquez la date de la mort de Périclès. — 9. Quelle influence succéda à celle de Périclès dans les assemblées du peuple d'Athènes ? — Racontez la défection de Lesbos et les cruautés qu'elle amena.—Résumez l'histoire du siége et de la ruine de Platées. — 10. Quelles conséquences amena pour Athènes la ruine de Platées et la soumission de Lesbos ? — Quelles étaient les dispositions des villes de la Chalcidique quand le Spartiate Brasidas y fut envoyé? — Résumez les progrès de Brasidas en Thrace. — Quel Athénien fut chargé de les arrêter? — La lutte de Brasidas et de Cléon fut-elle longue? — Pourquoi leur mort amena-t-elle la paix? — Quel nom donne l'histoire au traité conclu? — Indiquez-en la date et les conditions. — Ces conditions furent-elles vraiment exécutées ?

# CHAPITRE III

## GUERRE DU PÉLOPONNÈSE (431-404).

### II. — Expédition de Sicile.

11. La paix, signée pour cinquante ans, fut formellement rompue au bout de huit, et même avant la rupture, Athènes profita des divisions qui éclataient entre Sparte et ses voisins pour pren-

dre part, comme alliée d'Argos, à de nouvelles hostilités contre sa rivale. La victoire de Mantinée en Arcadie maintint la prépondérance des Spartiates dans le Péloponnèse ; ils restèrent la première puissance continentale de la Grèce.

De son côté, Athènes cherchait à étendre et à consolider par tous les moyens son empire maritime. Deux des Cyclades, Mélos et Théra, avaient seules conservé, dans la mer Égée, une indépendance entière. Cette situation exceptionnelle parut aux Athéniens un danger et une sorte de mauvais exemple : ils craignirent que les autres îles, en voyant la liberté si près d'elles, ne fussent tentées de chercher par la révolte à y revenir, et une escadre de 38 vaisseaux fut envoyée à Mélos, avec l'ordre d'en faire la conquête. Les agresseurs n'avaient d'autre motif à donner de leur attaque que la raison du plus fort, et, au dire de Thucydide, ils le déclarèrent, en arrivant, avec une netteté qui, de nos jours, semble à peine croyable : «Partons, disaient-ils, d'un principe «connu de tous : c'est que les affaires se règlent «entre les hommes par les lois de la justice quand «une égale nécessité les oblige à s'y soumettre, mais «que, pour les forts, le pouvoir est la seule règle, «et que les faibles n'ont qu'à céder. » Les Méliens ne se laissèrent pas convaincre par cet exposé naïf du droit de la force : ils résistèrent sept mois, et, la ville une fois prise, Mélos fut traitée, pour avoir voulu rester libre, comme Scione l'avait été, pour avoir essayé de le redevenir : les hommes, à partir de quatorze ans, furent égorgés, les femmes et les enfants devinrent esclaves.

Telle était la situation quand, au lieu de chercher à reprendre les villes de Chalcidique qu'elle avait perdues, l'ambitieuse Athènes se lança, par l'expédition de Sicile, dans de nouvelles entreprises, pleines d'incertitude et de périls.

12. Les Grecs ne s'étaient pas contentés, pour leurs colonies, des rivages de la mer Égée et de ceux de la Libye, placés en face : soit à l'Orient, soit à l'Occident, ils avaient été bien au delà. Quand Darius, pour se venger du soulèvement des Ioniens, détruisit presque Milet, en transportant dans la haute Asie ceux de ses habitants qu'avait épargnés le fer, elle avait à elle seule fondé plus de quatre-vingts villes (Sinope, Trapézonte, Panticapée,etc.) sur les côtes du Pont-Euxin et de la Propontide (mer Noiré, mer de Marmara). Byzance, appelée à devenir plus tard, sous le nom nouveau de Constantinople, une grande et belle capitale, était une colonie de Mégare. — A l'Occident, une foule de villes grecques s'étaient élevées tout le tour de la Sicile et dans le sud de l'Italie. En Sicile, Syracuse, Géla, Agrigente, l'emportaient sur toutes les autres. En Italie, Tarente, Métaponte, Sybaris, Crotone, Locres, Rhégium, Cumes, Parthénope ou Naples, s'étaient ajoutées à la vieille Salente, fondée, dit-on, au temps de la guerre de Troie par Idoménée. Ces colonies de Sicile et d'Italie étaient si nombreuses, si riches, si prospères, qu'aux yeux des étrangers elles effaçaient la mère patrie : de là le nom de Grande-Grèce, donné à ces deux pays et particulièrement à l'Italie méri-

dionale. Les Grecs avaient même été plus loin encore : Marseille, en Gaule, était une fille de Phocée, et des colons de Zacynthe avaient de bonne heure fondé en Espagne la ville de Sagonte.

13. En Sicile comme en Grèce, les Doriens et les Ioniens étaient en lutte, et les derniers étaient loin d'avoir le dessus. Les trois grandes villes de Syracuse, de Géla, d'Agrigente, étaient des colonies d'origine dorienne, et c'étaient elles qui défendaient l'île avec succès contre les Carthaginois. Syracuse était plus puissante sur terre et sur mer qu'aucun des États de la Grèce. Elle avait placé dans sa dépendance ou sous son influence toutes les autres colonies doriennes, et plus d'une fois déjà elle avait menacé les établissements ioniens.

Ceux-ci avaient naturellement songé à implorer le secours d'Athènes, la grande ville ionienne de la Grèce. Les Athéniens, de leur côté, comprenaient que si, les colonies doriennes de Sicile ne trouvaient plus dans l'île aucune résistance, elles pourraient devenir un redoutable appui pour les Doriens du Péloponnèse : il était donc important pour eux de soutenir, s'ils le pouvaient, les villes menacées. Toujours prêts d'ailleurs à enfanter de nouveaux desseins, toujours avides d'acquérir, ils se disaient qu'ils trouveraient peut-être dans une entreprise de ce genre l'occasion de mettre la main sur l'île entière, et de conserver pour eux-mêmes ce riche et fertile pays. Dès le début de la guerre du Péloponnèse, ils avaient fait, en faveur des Léontins, voisins de Syracuse, une première tentative sans résultat. En 415, leur appui fut réclamé de nouveau : cette fois, c'était une ville plus éloignée, Égeste, à la pointe occidentale de l'île, qui, sans être d'origine ionienne (1), joignait ses supplications à celles des bannis de Léontium. Pour décider les Athéniens, elle promettait de contribuer largement à tous les besoins de la guerre ; elle montrait à leurs députés les richesses de son trésor, les précieux ornements de ses temples : c'étaient, en grande partie, des richesses et des ornements d'emprunt. Les conseils d'*Alcibiade* eurent plus de puissance encore, et l'expédition fut résolue.

14. Ce favori du peuple d'Athènes appartenait, comme Périclès, son oncle et son tuteur, à la noble et riche famille des Alcméonides. Sa vive intelligence, son courage et ses talents militaires, son habile et puissante éloquence, auraient fait de lui un grand homme, s'il avait joint à ces qualités une règle de vie et des principes de conduite, qui lui faisaient complétement défaut. Nature mobile et inconstante, il semblait parfois se passionner pour le bien, s'enthousiasmer pour les nobles enseignements du sage Socrate, et le lendemain, et sans cesse, il se plongeait, avec ses flatteurs, dans les plus coupables écarts d'une vie licencieuse et dépravée. Patriotisme, religion, scrupules d'honnêteté, respect des convenances, il foulait tout aux pieds pour ne reconnaître qu'une loi, la satisfaction de sa vanité sans bornes et de ses

______

(1) Elle avait, disait-on, été fondée par une colonie troyenne.

fantaisies désordonnées. Plus d'une fois il sacrifia les intérêts de sa patrie à ses jalousies et à ses vengeances, et il alla jusqu'à s'armer contre elle. Pour mieux célébrer une fête avec ses amis, il enleva un jour la galère sacrée, au moment où les besoins du culte la réclamaient. Apprenant que Périclès travaillait à rendre ses comptes : « Il fe-« rait bien mieux, dit-il, de travailler à ne pas les « rendre. » Il paria qu'il donnerait, en pleine rue, un soufflet à l'un des premiers notables d'Athènes, et il gagna sa gageure. Cette absence complète de principes, cette audace qui allait jusqu'à l'impudence et ne reculait devant rien, étaient d'autant plus regrettables, qu'Alcibiade avait beaucoup de crédit et d'influence sur le peuple. La grâce de sa personne, ses richesses, son luxe, l'argent qu'il distribuait, les fêtes qu'il donnait, les triomphes que remportaient ses chars aux jeux olympiques, séduisaient la multitude. Les principaux citoyens, il est vrai, s'indignaient à la vue de ses excès : ils voyaient dans cette licence effrénée et dans ce mépris des lois de grands dangers pour la république ; mais ces hommes sages ne formaient , dans la brillante et frivole Athènes, qu'une faible minorité.

Alcibiade vit dans la demande d'Égeste une guerre à diriger, des conquêtes à faire, du renom et des richesses à acquérir, et il poussa sa patrie à l'expédition de Sicile, comme il l'avait, quatre ans plus tôt, poussée à l'alliance d'Argos contre Sparte. A son exemple et à sa voix, les Athéniens se croyaient déjà maîtres de l'île entière, et leur imagination, une fois excitée, ne s'arrêtait pas à si peu : elle leur montrait, dans un avenir prochain, Carthage et l'Afrique vaincues et soumises, et les vaisseaux d'Athènes parcourant en maîtres la mer qui s'étend de la Sicile aux colonnes d'Hercule. C'était plus qu'il n'en fallait pour les tenter, et malgré les avertissements de Socrate, qui prévoyait pour cette guerre une issue fatale, malgré l'opposition de Nicias, qui leur disait d'affermir leur empire chancelant avant de songer à l'agrandir, l'entreprise fut décrétée. Alcibiade, Lamachus et Nicias furent mis, avec pleins pouvoirs, à la tête de l'expédition, et 136 vaisseaux de guerre furent envoyés en Sicile avec une armée nombreuse (415).

15. Les conditions de la marine antique ne permettaient guère à la flotte de s'aventurer à travers la mer Ionienne, et elle longea lentement les côtes d'Italie. On aurait pu du moins, comme le voulait Lamachus, se diriger aussitôt vers Syracuse, et la surprendre avant qu'elle eût eu le temps de se mettre en défense. Au lieu de ce coup d'audace et de vigueur, on perdit du temps à s'assurer l'alliance de deux villes ioniennes, Naxos et Catane. La lutte, ainsi traînée en longueur, commençait à peine, quand Alcibiade fut rappelé par ses concitoyens : on l'accusait d'avoir, avec d'autres jeunes gens, brisé et défiguré, pendant une nuit, presque tous les hermès ou statues de Mercure qui se trouvaient dans les rues d'Athènes (1) ; il avait, disait-on encore, parodié, dans

_______

(1) On appelait ainsi des bornes, surmontées d'une tête d'Hermès

une débauche, les cérémonies du culte qu'on rendait à Cérès dans le temple d'Eleusis. Coupable ou non, Alcibiade crut prudent de fuir, au lieu d'aller se justifier de ces sacriléges. Il se retira à Sparte, chez les ennemis d'Athènes, et apprenant qu'on l'avait condamné à mort : « Je leur ferai bien « voir, s'écria-t-il, que je suis en vie. » En effet, au moment où les Syracusains, attaqués enfin par Nicias et bloqués par terre et par mer, croyaient tout perdu, accusaient leurs chefs, parlaient de se rendre , ils apprirent que Sparte envoyait des troupes à leur aide, et qu'un chef spartiate, *Gylippe*, était déjà en Sicile. La guerre entre Sparte et Athènes recommençait, et c'était par les conseils d'Alcibiade : il avait décidé Sparte à secourir Syracuse ; il l'avait en même temps poussée à envahir l'Attique et à fortifier, en face d'Athènes, le bourg de Décélie, qui allait être pour sa patrie une menace et une entrave, tant que la guerre durerait (413).

La présence de Gylippe et de quelques milliers d'hommes, levés par lui çà et là, rendit le courage aux Syracusains, et changea complétement la face des choses. Il rattacha presque toute la Sicile à leurs intérêts, exerça leurs troupes, rétablit la discipline parmi elles ; et le malheureux Nicias, battu sur terre, battu sur mer, malade, découragé, fut réduit à presser Athènes d'envoyer au plus tôt en Sicile une armée nouvelle. Soixante-treize vaisseaux et 8,000 hommes arrivèrent ; un

---

ou Mercure, qu'on voyait en grand nombre, soit le long des rues, soit dans les lieux sacrés, soit aux vestibules des maisons particulières.

général plein de résolution, Démosthène, vint remplacer Lamachus, qui avait péri dans un des derniers combats : mais Syracuse reçut aussi du Péloponnèse les secours attendus, et la situation des assiégeants ne fut pas meilleure. Une tentative de Démosthène sur la haute ville échoua complétement et lui coûta deux mille de ses soldats; la flotte athénienne, vaincue à son tour, perdit un grand nombre de navires, et elle fut enfermée dans le port de Syracuse. Il fallut songer à la retraite, et elle était devenue impossible par mer : on résolut de fuir par terre jusque vers les villes amies d'Athènes, et 40,000 hommes, soldats ou valets d'armée, se mirent en route au hasard, abandonnant le camp, les vaisseaux, les blessés, les malades : c'était une désolation universelle, et Nicias, plus grand que son infortune, oubliait ses propres souffrances pour adresser à ses troupes quelques paroles de consolation. Ils marchèrent en avant pendant huit jours, sans eau, presque sans vivres, harcelés de toutes parts par la cavalerie et les archers de l'ennemi. Le corps de Démosthène fut alors enveloppé et réduit à se rendre, à la seule condition d'avoir la vie sauve. Les soldats de Nicias parvinrent, mourant de soif, au bord d'une rivière ; ils s'y jetèrent en foule, beaucoup s'y noyèrent, et les Syracusains, des bords escarpés de la rive, n'avaient qu'à lancer au hasard des flèches et des javelots, sûrs qu'ils étaient de rencontrer partout des victimes. Le carnage ne cessa que lorsque Nicias se fut remis à la discrétion de Gylippe, qui fit prisonniers ceux qui restaient

Les deux généraux furent égorgés par les Syracusains, malgré tout ce que put dire le vaillant Spartiate à qui était due la victoire. Les autres prisonniers, au nombre de sept mille pour le moins, furent descendus au fond des carrières, et ils y restèrent plusieurs mois, à ciel découvert, alternativement exposés aux ardeurs d'un soleil brûlant et à la fraîcheur des nuits d'automne. On leur donnait à peine ce qu'il fallait d'orge et d'eau pour les faire vivre ; les cadavres des blessés et des malades qui mouraient demeuraient au milieu d'eux, sans qu'ils pussent les ensevelir dans ces pierres au milieu desquelles ils étaient jetés, et l'air qu'ils respiraient était devenu infect. On vendit ensuite comme esclaves ceux qui avaient pu supporter toutes ces misères (413).

QUESTIONNAIRE. — 11. Combien de temps dura la paix de Nicias ? — N'y eut-il pas, même dans cet intervalle, une guerre indirecte entre Sparte et Athènes ? — Quel en fut le résultat ? — Comment Athènes, après la paix de Nicias, chercha-t-elle à étendre et à consolider sa puissance maritime ? — 12. Que savez-vous des colonies grecques de la mer Égée et de la Propontide ? — Indiquez les principales colonies grecques de Sicile et d'Italie. — Quel nom donnait-on à l'Italie méridionale ? — N'y avait-il pas des colonies grecques au delà de la Sicile dans la Méditerranée occidentale ? — 13. A quelles villes appartenait la prépondérance en Sicile ? — Quel intérêt avait Athènes à soutenir les ennemis de Syracuse ? — Quelles villes siciliennes implorèrent son appui au temps de la guerre du Péloponnèse ? — Qui poussa les Athéniens à accorder le secours demandé ? — 14. Donnez une idée du caractère, de la conduite et de l'influence d'Alcibiade. — Quels avantages Alcibiade et les Athéniens espéraient-ils retirer de l'expédition de Sicile ? — Quels généraux furent mis à la tête de cette expédition ? — En quelle année fut-elle envoyée ? — 15. Racontez l'expédition de Sicile jusqu'au rappel d'Alcibiade. — Quelle accusation fut dirigée contre lui? — Où se rendit-il, et dans quel but? — Que fit Nicias après son départ? — En quelle année, comment et sous quelle influence recommença ouvertement la guerre de Sparte et d'Athènes? — Racontez l'expédition de Sicile depuis l'arrivée de Gylippe jusqu'à la défaite complète des Athéniens. — Quel fut le sort des généraux d'Athènes? — Que devinrent les autres captifs?

# CHAPITRE IV

## GUERRE DU PÉLOPONNÈSE (431-404).

### III. — Alcibiade. — Prise d'Athènes.

16. Le désastre de Sicile eut pour conséquence de susciter contre Athènes une ligue formidable. A Sparte et à ses anciens alliés s'ajoutèrent Syracuse et la Sicile tout entière. Les alliés d'Athènes, îles de la mer Égée, villes de l'Asie Mineure, Lesbos, Chios, Milet, commencèrent à abandonner sa cause pour se joindre à ses ennemis. Les satrapes du grand roi, d'accord avec Sparte, s'apprêtèrent à chasser les Athéniens de toutes les colonies grecques d'Asie.

Seuls contre tous et accablés par les tristes résultats de la guerre de Sicile, les Athéniens pourtant ne perdirent pas courage. Jusque-là ils s'étaient contentés de rire des abus de leur constitution, impitoyablement bafouée dans les comédies d'*Aristophane* (1). Après les malheurs de Sicile, ils

(1) Aristophane, né à Athènes, commença à se faire connaître dans les premières années de la guerre du Péloponnèse. Ses comédies étaient, pour la plupart, des satires politiques où il se moquait, avec une verve inimitable, du gouvernement athénien et de la sotte crédulité du peuple, qui se laissait mener, comme un enfant, par les

sentirent la nécessité de mettre quelque entrave à cette démocratie sans limites, qui livrait Athènes et ses destinées à tous les caprices de la multitude. Il fut décrété qu'on élirait un conseil de vieillards, qui prendraient les premiers la parole sur toutes les questions : de cette manière, du moins, le peuple n'entendrait ses agitateurs qu'après avoir écouté les hommes d'âge et d'expérience. En même temps, Athènes envoya vers les côtes d'Asie une centaine de vaisseaux qu'elle avait encore; elle reprit Lesbos, elle triompha des Péloponnésiens à Milet. La lutte cependant ne paraissait pas pouvoir être longue; mais un fait inattendu, la rupture d'Alcibiade avec Sparte, vint tout à coup changer la situation.

17. Toujours souple et prêt à revêtir toutes les

---

discours de ses orateurs. Dans une de ses pièces, un personnage représente le peuple lui-même ; on lui parle de son amour des flatteries, qui permet à chacun de le séduire et de le tromper : « Lorsqu'un orateur, dans l'assemblée, se mettait à dire : O peuple ! je suis « ton ami, seul je t'aime, seul je veille sur tes intérêts ; à ce discours, « tu te redressais, tu te pavanais. Et puis, il s'en allait après l'avoir « dupé. — Que dis-tu? réplique le peuple. On me jouait ainsi et « je ne m'en apercevais pas! — Tes oreilles s'ouvraient et se fermaient tour à tour, comme un parasol. » — Ailleurs le poëte fait prédire à un Athénien des derniers rangs du peuple qu'il deviendra un homme d'État, un grand personnage. L'homme n'en veut rien croire, il allègue son humble position : « J'appartiens à la canaille, dit-il. — « Mortel fortuné ! Les heureuses qualités que cette naissance te donne « pour les affaires publiques! — Mais, mon cher, je n'ai pas reçu la « moindre éducation, si ce n'est que je sais lire, et encore assez mal. — « Ceci pourrait te faire tort, de savoir lire, même assez mal. » — On le persuade à la fin, et il demande comment il suffira à sa position nouvelle. — « Rien de plus facile, lui dit-on. Il ne s'agit que de brouiller les affaires et de cajoler l'assemblée. Tu as tout ce qu'il faut « pour l'entraîner, impudence de marché, voix terrible, esprit pervers, toutes les qualités nécessaires au gouvernement. » Les *Plaideurs* de Racine sont une libre et heureuse imitation des *Guêpes* d'Aristophane : l'auteur comique y tournait en ridicule les tribunaux d'Athènes et l'amour des Athéniens pour les procès, les jugements et les plaidoiries.

formes, Alcibiade, une fois à Sparte, était devenu en apparence plus simple et plus austère dans sa vie que les Spartiates eux-mêmes : ils l'avaient vu avec étonnement manger leur pain bis, leur brouet noir, passer avec eux ses journées dans les exercices du gymnase. Au fond cependant c'était toujours le débauché d'autrefois, l'homme sans principes et sans pudeur dont la folle conduite avait si souvent affligé les honnêtes gens à Athènes. Il outragea indignement le roi Agis ; les principaux Spartiates voyaient d'ailleurs avec inquiétude et jalousie l'influence croissante de cet étranger, à qui l'on rapportait tout ce qui se faisait de bien, tout ce qui arrivait d'heureux dans l'armée que le Péloponnèse entretenait en Ionie. L'ordre de le faire tuer fut envoyé aux généraux, et Alcibiade, secrètement informé, se réfugia à Sardes, auprès du satrape Tissapherne. Changeant de mœurs en même temps que de pays, il se distingua, au milieu des Perses, par sa mollesse et son faste, comme il avait fait à Sparte par sa frugalité et son activité laborieuse.

Bien qu'accueilli avec faveur par Tissapherne, il songea alors à rentrer dans sa patrie. Il fallait pour cela, à ce qu'il semblait, que le gouvernement qui l'avait chassé d'Athènes fût renversé, et ses émissaires s'entendirent, pour amener ce changement, avec les partisans de l'oligarchie. Moitié par force, moitié dans l'espoir que le crédit d'Alcibiade détacherait des intérêts de Sparte les satrapes du grand roi, le peuple laissa s'accomplir cette révolution : l'ancien sénat fut détruit, l'assemblée générale cessa d'être convoquée. Mais quand l'armée, alors à Samos, apprit les violences de l'administration nouvelle, elle se prononça avec énergie pour le retour à l'ancienne constitution. Alcibiade, qui ne s'inquiétait que de tirer parti des circonstances, devint aussitôt, pour plaire aux soldats, un chaud défenseur de ce gouvernement populaire au renversement duquel il avait largement contribué. En même temps il leur faisait de magnifiques promesses : l'amitié de Tissapherne, ses trésors, ses vaisseaux, tout allait être à leur disposition, disait-il, et cette alliance assurait le salut et la victoire d'Athènes. L'armée n'hésita pas, elle mit Alcibiade à sa tête, elle voulait même cingler aussitôt avec lui vers le Pirée. Il modéra cet empressement et se contenta de préparer et presque d'ordonner de loin la chute du gouvernement oligarchique : il ne voulait rentrer dans Athènes qu'après des succès capables de lui garantir une longue popularité. En trois années, trois victoires navales et une victoire sur terre furent remportées près des côtes de la Propontide ; la flotte du Péloponnèse tomba tout entière au pouvoir des Athéniens ; Byzance, qui s'était à son tour révoltée, fut reprise, et le satrape de l'Hellespont, Pharnabaze, ami des Spartiates, fut réduit à promettre des subsides à leurs rivaux. Alcibiade, à la fin, se décida à revenir à Athènes : sa sentence était révoquée ; son titre de général, confirmé ; tous l'attendaient avec impatience, et son retour fut une véritable entrée triomphale (407).

18. Les Athéniens le nommèrent généralissime

sur terre et sur mer, et ils placèrent en lui toutes leurs espérances. Malheureusement les circonstances lui rendirent difficile la tâche qui restait à accomplir. Pour maintenir la division en Grèce, Tissapherne avait soutenu tantôt l'un, tantôt l'autre des deux peuples ennemis ; Cyrus le jeune, envoyé à sa place en Asie Mineure, se prononça, au contraire, sans réserve pour les Spartiates : second fils du roi de Perse Darius Nothus, il songeait déjà à disputer à son frère aîné la succession paternelle, et il voulait faire du premier peuple militaire de la Grèce l'appui de ses projets ambitieux. En même temps, Sparte confia les troupes du Péloponnèse à un nouveau chef, *Lysandre*, brave et rusé tout ensemble, et prêt à employer tous les moyens, la perfidie comme les armes, pour arriver à ses fins. « Il faut, disait-il, coudre « la peau du renard à celle du lion ; il faut se ser- « vir du mensonge ou de la vérité, suivant la cir- « constance. On amuse les enfants avec des osse- « lets, ajoutait-il ; avec des serments, on amuse « les hommes. » L'argent des Perses lui permit de construire et d'armer une centaine de galères, et Alcibiade, au lieu d'écraser, à sa naissance, cette marine à peine formée, perdait son temps dans des expéditions inutiles ; en son absence, son lieutenant fut battu et perdit quinze vaisseaux de la flotte. Ce retour des dangers et des revers rappela son passé et ses trahisons ; la confiance de la ville et celle de l'armée lui échappèrent à la fois, et on le remplaça par dix autres généraux. Quittant alors Athènes pour ne plus la revoir, il se retira en Thrace, passa bientôt de là en Asie, et il y fut tué, on ne sait pourquoi ni sur quel ordre, par une troupe de barbares, qui avaient mis le feu à sa demeure (1).

19. À partir de ce moment, il n'y eut plus pour Athènes qu'un seul triomphe : encore fut-il attristé par un affreux malheur, qu'on aurait pu éviter. Sa flotte remporta, non loin de Lesbos, près des petites îles Arginuses, une brillante victoire sur le Spartiate Callicratidas, qui y fut tué l'un des premiers ; mais, par une incroyable négligence, les généraux laissèrent périr sans secours l'équipage de vingt-cinq galères, à demi brisées dans le combat, et dont il aurait fallu transporter les hommes au rivage. On mit du retard à envoyer d'autres vaisseaux pour les recueillir ; un orage s'éleva, et la tempête engloutit un millier de ces malheureux, sans que les corps pussent même être retrouvés pour la sépulture. Les chefs de la flotte furent mis en jugement : « J'étais à la ba-« taille, vint alors dire un Athénien ; ma galère « brisée, je me suis réfugié sur un mât de navire, « et j'ai vu périr l'un après l'autre mes compa-« gnons. Ils m'ont chargé, si j'échappais au nau-« frage, de déclarer à Athènes que ses généraux « les avaient lâchement abandonnés. » Le peuple s'indigna avec les familles des victimes, et les six vainqueurs des Arginuses furent condamnés à la peine de mort.

---

(1) Il avait, dit-on, pénétré les desseins du jeune Cyrus, et il voulait les révéler au grand roi, son frère ; mais rien ne prouve d'une manière certaine que sa mort ait été une vengeance du prince.

L'année suivante, l'imprudence de leurs successeurs amena pour Athènes un nouveau désastre, plus terrible encore par ses conséquences. Sa flotte, composée de 180 vaisseaux, s'était arrêtée sur les côtes de la Chersonèse de Thrace, à l'embouchure d'un ruisseau appelé le fleuve de la Chèvre (Ægos Potamos). Ce détroit de l'Hellespont n'a qu'une lieue de largeur en cet endroit, et les vaisseaux athéniens allaient chaque jour défier, sur le rivage opposé, la flotte de Lysandre, qui, pour augmenter encore leur confiance présomptueuse, affectait de la tenir enfermée au port de Lampsaque. Ils avaient déjà renouvelé quatre fois leur bravade, et, au retour, ils descendaient à terre et se dispersaient çà et là, sans s'inquiéter d'un ennemi qui paraissait trembler devant eux. Le cinquième jour, à peine venaient-ils de débarquer, que les vaisseaux de Lysandre arrivèrent à toutes rames. On sonna l'alarme ; mais les équipages étaient disséminés sur la côte : tel navire n'avait que deux rameurs, tel autre qu'un seul, plusieurs étaient entièrement abandonnés. Neuf galères seulement purent prendre le large, et les 171 autres tombèrent au pouvoir des Spartiates. Les hommes qu'elles avaient amenés furent, pour la plupart, faits prisonniers, au nombre de trois mille, et massacrés impitoyablement.

Ce triste événement décida du sort d'Athènes. Lysandre arriva bientôt avec sa flotte devant le Pirée : toutes les forces du Péloponnèse vinrent camper devant les murailles. Les Athéniens essayèrent encore de résister et de soutenir le siége ;

mais au bout de trois mois la famine était à son comble, il fallut céder. Plusieurs des alliés voulaient réduire tous les Athéniens en servitude ; un Thébain demandait qu'on rasât la ville, et qu'on fît de tout le pays un lieu de pâturage pour les troupeaux. On n'alla pas si loin, on laissa vivre Athènes, mais à la condition qu'elle évacuerait toutes ses conquêtes, qu'elle détruirait les longs murs et les fortifications du Pirée, qu'elle réduirait sa ma-

Vue actuelle du Pirée.

rine à douze vaisseaux, et qu'elle serait alliée, c'est-à-dire dépendante, de Sparte (404).

QUESTIONNAIRE. — 16. Quels nouveaux dangers le désastre de Sicile suscita-t-il à Athènes ? — Quel changement amenat-il dans son gouvernement ? — Que savez-vous d'Aristophane, et quel était, en général, le caractère de ses comédies ? — Comment les Athéniens s'efforcèrent-ils de maintenir leur suprématie sur les côtes d'Asie Mineure et dans les îles voisines ? — 17. Quelle était, à Sparte, la conduite d'Alcibiade, et pourquoi se retira-t-il chez les Perses? — Par quoi se fit-il remarquer en Asie? — Quelles intrigues employa-t-il pour se faire rappeler à Athènes? — Quelles victoires remporta-t-il avant d'y revenir? — Indiquez la date de son retour. — 18. Quel titre les Athéniens donnèrent-ils à Alcibiade? — Comment et pourquoi Cyrus le jeune, nouveau satrape d'Asie Mineure, entrava-t-il ses succès? — Que savez-vous de Lysandre? — Quelle faute les Athéniens reprochèrent-ils à Alcibiade, et quelle disgrâce l'en punit? — Que devint-il depuis lors? — 19. Où se livra et par qui fut gagnée la bataille des Arginuses? — Racontez, avec sa cause, le jugement des généraux qui avaient remporté cette victoire. — Comment les Athéniens perdirent-ils leur flotte à Ægos-Potamos? — Racontez le siége et la prise d'Athènes, et indiquez, avec leur date, les conditions qui lui furent alors imposées.

---

# CHAPITRE V

### DOMINATION DE SPARTE. — LES TRENTE TYRANS D'ATHÈNES. — THRASYBULE.

**20.** La chute d'Athènes assura la prépondérance et presque la domination de Sparte dans la Grèce, dans les îles grecques et sur les côtes de la mer Egée. Maîtresse de la Laconie et de la Messénie, elle dicta en souveraine des lois aux autres peuples, les réduisit presque tous à lui obéir en toutes choses, et à ne faire usage de leurs troupes que sous son bon plaisir. Quant aux Grecs d'Asie, ils avaient été frappés par Lysandre d'une contribution annuelle de mille talents (cinq millions et demi de francs), et chacune de leurs villes avait à sa tête un gouverneur ou *harmoste* lacédémonien, investi du droit de vie et de mort sans appel. En soutenant Sparte dans la guerre du Péloponnèse, les villes grecques n'avaient donc fait que changer de maîtres, et les maîtres nouveaux étaient certes bien plus durs que les premiers. Quatre pays, Argos, Corinthe, Thèbes et l'Étolie, étaient les seuls qui conservassent vraiment leur indépendance.

21. Athènes fut soumise à une oligarchie de trente archontes, dévoués à Sparte et soutenus par ses armes. L'histoire les a appelés les Trente Tyrans, et ils n'ont que trop mérité ce nom. Ils semblèrent d'abord n'avoir d'autre but que de purger la ville de tout ce qu'elle avait de citoyens malhonnêtes et méprisables, et personne ne plaignit les misérables qu'ils envoyaient au supplice ou jetaient dans les prisons. Mais bientôt les condamnations atteignirent tous ceux à qui ils croyaient assez d'influence et d'énergie pour leur faire opposition et combattre leurs violences. L'un des Trente, *Théramène*, trouva qu'on allait trop loin, et que l'administration nouvelle ne pourrait se maintenir, si elle se faisait détester de la population entière. *Critias*, chef du conseil, fit alors choisir trois mille citoyens, auxquels un privilége fut accordé : c'est que la mort ne pourrait leur être infligée sans le jugement et l'aveu du sénat. Le sort et la vie de tous les autres étaient laissés à la discrétion des Trente, toutes leurs armes leur furent enlevées, et les injustices redoublèrent à leur égard. Les uns périssaient, sans autre motif que la haine des Trente; d'autres, parce qu'ils étaient riches et qu'on voulait s'emparer de leur avoir. Pour payer la garde qui les protégeait, les tyrans décidèrent que chacun d'eux ferait mettre à

mort un des riches étrangers domiciliés à Athènes, et prendrait pour lui les biens de sa victime. Comme Théramène refusa de participer à ce crime nouveau, sa perte fut résolue. Ses collègues le représentèrent à chaque sénateur comme un factieux qui ébranlait l'État, en blâmant hautement tous les actes de ses chefs, comme un traître qui cherchait à se ménager des appuis, dans le cas d'une révolution nouvelle. La condamnation ainsi préparée, Critias, pour en être plus sûr encore, entoura le sénat de satellites armés de poignards, et accusa ouvertement Théramène devant l'assemblée. Malgré cet appareil menaçant, la défense de l'accusé fut favorablement accueillie, et Critias alors, faisant approcher sa bande armée, prit de nouveau la parole. Il venait, disait-il, empêcher le sénat de se laisser surprendre par les arguments captieux d'un coupable. « Les citoyens « que voici, ajouta-t-il en montrant ses collègues « et leurs satellites, déclarent qu'ils ne souffri- « ront pas qu'on laisse échapper un homme qui « sape, aux yeux de tous, les fondements de l'o- « ligarchie. Les nouvelles lois ne veulent pas « qu'on fasse mourir sans votre avis un homme « du nombre des Trois-Mille : j'efface le nom de « Théramène de la liste, et, en vertu de mon au- « torité et de celle de mes collègues, je le con- « damne à mort. » L'accusé s'élança vers l'autel de Vesta, placé à l'entrée de la salle. « Je sais « que j'embrasse en vain cet autel, s'écria-t-il ; « mais je veux que mes meurtriers se rendent « coupables d'un sacrilége. » Sur l'ordre de Critias, les bourreaux l'en arrachèrent, l'entraînèrent au lieu du supplice, et Théramène but

Théramène arraché de l'autel de Vesta par les bourreaux.

avec courage la coupe de ciguë qu'ils lui présentèrent (1). « A la santé du beau Critias ! » dit-il par moquerie, en jetant en l'air les dernières gouttes du breuvage.

Après la mort de Théramène, la tyrannie devint de plus en plus odieuse. Les Trente chassèrent d'Athènes tous ceux qui n'étaient pas des Trois-Mille ; ils les dépouillèrent de leurs terres, se les adjugèrent à eux-mêmes ou à leurs amis, et leur rapacité dépassa parfois celle du plus hideux brigandage. Un riche étranger demanda un jour à l'un d'eux si de l'argent pouvait lui sauver la vie.

(1) Les Athéniens se servaient de ce poison pour l'exécution des condamnés à mort.

— « Oui, si la somme est considérable, » répondit le tyran. On convint d'un talent, et quand le trésor fut ouvert, l'indigne magistrat fit enlever le coffre, qui en contenait quatre fois davantage. — « Laissez-moi du moins une petite somme pour la « route, dit la victime. — N'est-ce pas assez que « de te laisser la vie?» lui répondit-on. La femme de ce malheureux avait reçu en dot des pendants en or; l'un des Trente les lui arracha brutalement des oreilles. Ces abominables persécutions firent alors déserter l'Attique par un grand nombre de citoyens, et les Spartiates ne rougirent pas de porter un décret interdisant à la Grèce entière de leur ouvrir un asile. Thèbes et Argos s'honorèrent par leur résistance à ces ordres inhumains : l'une déclara que les bannis et les émigrés seraient reçus dans toute la Béotie, et qu'elle n'entraverait en rien leurs tentatives pour rentrer dans Athènes ; l'autre ordonna aux Lacédémoniens qui réclamaient l'exécution du décret, de quitter ses murs avant la fin du jour.

22. *Thrasybule* vint enfin renverser l'indigne gouvernement qui désolait et qui dépeuplait sa patrie. Encouragé par la récente déclaration de Thèbes, secrètement aidé par l'un de ses principaux citoyens, il sortit de cette ville avec 70 hommes, et se saisit du fort de Phylé, situé à cinq lieues d'Athènes. D'autres se réunirent à ce noyau, et bientôt la forteresse, au lieu de 70 défenseurs, en eut 700, en eut un millier. Les Trente les attaquèrent, mais sans succès; les troupes de Sparte ne réussirent pas davantage, et Thrasy-

bule, prenant l'offensive à son tour, pénétra dans le Pirée. Un nouveau combat s'ensuivit; Critias y fut tué, et cette mort décida du sort de ses collègues, qui furent déposés et se retirèrent à Eleusis. Les Trente avaient, en huit mois, fait périr sans jugement environ quinze cents hommes.

Les Trois-Mille les remplacèrent par un conseil de dix citoyens, qui, tout en rompant avec l'administration déchue, ne firent point cause commune avec les bannis : les Dix appelèrent à leur aide Lysandre, dont les forces vinrent bloquer le Pirée par terre et par mer. Heureusement les rois de Sparte s'inquiétèrent de la puissance excessive de ce général, qui, par ses créatures, placées partout à la tête des villes, tenait entre ses mains toutes les dépendances de Sparte. Pausanias, l'un d'eux, se fit envoyer dans l'Attique avec une armée; il ordonna la paix, fit proclamer une amnistie générale, et réconcilia les divers partis. Athènes revint alors à une démocratie modérée, telle à peu près que Solon et Aristide l'avaient voulue; l'Aréopage reprit son droit de veiller au maintien de la constitution. Mais cette révolution, en rendant à Athènes son ancien gouvernement, ne lui rendit pas son indépendance et sa grandeur d'autrefois. Elle restait, épuisée et affaiblie, sous la suprématie toute-puissante de sa rivale.

QUESTIONNAIRE. — 20. Montrez combien la chute d'Athènes augmenta le pouvoir de Sparte dans la Grèce et dans l'Asie. — Quels pays y conservèrent vraiment leur indépendance ? — 21. Quel gouvernement Lysandre imposa-t-il à Athènes ? — Comment les Trente se conduisirent-ils d'abord ? — Comment leur administration devint-elle une abominable tyrannie? — Quelles dispositions montra Théramène, à la vue des violences et des crimes de ses collègues? — Que lui attirèrent ses conseils de modération? — Par quels faits nouveaux se signala la tyrannie des Trente après la mort de Théramène? — Quel décret porta Sparte contre les bannis et les émigrés d'Athènes? — Quelles villes résistèrent à ce décret? — 22. Racontez la prise d'armes de Thrasybule et la chute des Trente. — Quel avait été le nombre de leurs victimes? — En combien de temps? — Par quelle administration les Trente furent-ils un instant remplacés? — Que fit Sparte pour amoindrir l'autorité excessive de son général Lysandre? — Quel gouvernement fut alors établi à Athènes? — Cette révolution rendit-elle à Athènes son ancienne indépendance?

# CHAPITRE VI

## LA VIE ET LA MORT DE SOCRATE. — PLATON ET ARISTOTE.

23. Il est triste que le retour d'Athènes à un gouvernement libre ait été signalé presque aussitôt par la condamnation de Socrate, par la mort de l'homme qui, de toute l'antiquité, a le mieux mérité le nom de Sage.

La réflexion des Grecs s'était surtout portée jusque-là sur des questions de pure curiosité et sans utilité morale. On discutait sur l'origine des choses; on se demandait quelle avait été la matière première, de laquelle tout le reste s'était formé, l'eau, l'air ou le feu. Ces chercheurs, ces philosophes (1), comme ils s'appelaient, se détachaient

_______

(1) Le mot *philosophe* veut dire ami de la sagesse. Le nom de *sophiste* vient aussi du mot grec *sophia*, sagesse, et il eut d'abord un sens analogue. Ce ne fut que plus tard, à la suite des excès re-

des croyances vulgaires ; mais ce qu'ils mettaient à la place était loin de valoir mieux : presque toujours ils confondaient l'âme avec le corps, et repoussaient par conséquent la vie future ; ils niaient Dieu tout à fait, ou ne reconnaissaient d'autre dieu que l'univers. Un d'eux pourtant, le maître de Périclès, *Anaxagore* de Clasomène en Asie Mineure, avait proclamé l'existence d'un principe du monde, distinct et différent du monde, d'une intelligence souveraine, cause et raison de l'ordre de la nature ; mais à ce langage élevé avaient bientôt succédé les subtilités des sophistes, charlatans de sagesse, pour qui la parole n'était qu'un moyen d'acquérir l'argent et la renommée. Toujours prêts à soutenir indifféremment le pour et le contre, et jetant ainsi le doute sur toute vérité, ces prétendus maîtres de sagesse et d'éloquence ont tellement déshonoré la philosophie, que leur nom, qui n'avait d'abord aucun sens défavorable, est devenu une sanglante injure. « Je ne puis affir-« mer, disait l'un d'eux, Protagoras d'Abdère, si « les dieux existent ou s'ils n'existent pas. — Rien « n'est mal, rien n'est bien, ajoutait-il, je mets « tout au même niveau. C'est l'esprit de l'homme « qui a fait ces différences. » C'était enlever à la Grèce toute religion et toute morale, en faire un pays sans foi ni loi. *Socrate* vint protester, au nom de l'honnêteté et du bon sens, contre ces doctri-

---

grettables de ceux qui le portaient, qu'il prit la signification mauvaise qu'il a de nos jours. « Un sophiste, dès lors, fut un homme qui fait « des sophismes, et on appela sophisme un raisonnement faux, énoncé « avec l'intention de tromper autrui. »

nes perverses et contre les recherches vaines qui les avaient précédées.

24. Il était né à Athènes en 470 : c'était le fils d'un sculpteur, et il suivit d'abord la profession de son père ; mais il la quitta de bonne heure, pour se livrer, sous un disciple d'Anaxagore, à l'étude de la sagesse. Il commença par se jeter dans ces questions obscures et difficiles auxquelles les philosophes s'étaient tenus jusque-là ; il s'occupa, comme eux, des éléments constitutifs de l'univers, de l'ordre et du mouvement des astres. Mais il comprit bientôt que tous ses progrès dans ce genre d'études ne feraient pas mieux aller le monde, et ne rendraient les hommes ni meilleurs ni plus heureux : l'essentiel était de les fortifier dans la connaissance et dans la pratique de leurs devoirs, de raffermir les croyances et la moralité, qu'ébranlait la parole des sophistes, et ce fut vers ce noble but que se dirigèrent toutes ses pensées. Pour avoir le droit de reprendre et de conseiller les autres, il tâcha, tout le temps de sa vie, de montrer lui-même les qualités qu'il réclamait d'eux. Au lieu de se plaindre de l'humeur violente et acariâtre de sa femme Xanthippe, il s'en fit un moyen de s'exercer à la patience, et d'acquérir la douceur et l'égalité d'âme qui lui manquaient (1). A ces vertus domestiques il ajouta les mérites du citoyen. Brave sur les champs de

______

(1) Un jour, après une scène où elle l'avait accablé d'injures, elle alla jusqu'à lui jeter sur la tête toute l'eau sale d'un pot qui lui tomba sous la main. Il se contenta d'en rire : « La pluie devait venir, dit-il, après ce terrible orage. »

bataille, il sauva, au siége de Potidée, le jeune Alcibiade, qui, tout couvert de blessures, était tombé aux mains de l'ennemi ; dans une autre rencontre, à Délium en Béotie, trouvant Xénophon, à qui l'avenir réservait une destinée si glorieuse, épuisé de fatigue et renversé de cheval, il le prit sur ses épaules et le ramena dans le camp. Non moins courageux au sein du sénat, il montra aux Trente-Tyrans, en soutenant Théramène, cette fermeté, cette indépendance de caractère, plus méritoires encore et plus rares que la valeur du soldat.

25. Socrate ne tint point école, comme les sophistes ; il ne fit point, comme eux, de leçons à une heure marquée, dans un endroit annoncé à l'avance ; il ne reçut point, comme eux, de l'argent, en échange et comme salaire de sa parole. En tout lieu, en tout temps, dans les promenades, dans les repas, à l'armée, sur la place publique, il causait de toutes choses, avec tout le monde, semblant n'avoir d'autre occupation que de poser des questions à chacun. Mais au fond de ces interrogations, enjouées et sérieuses tout ensemble, se cachait toujours une haute idée morale, à laquelle son raisonnement amenait peu à peu, sans qu'ils s'en doutassent, ceux qui s'entretenaient avec lui. « Il les renvoyait meilleurs, » dit l'historien Xénophon (1) ; et il y avait tant de charme dans le langage simple et familier par lequel s'exerçait cette influence salutaire, que bien souvent les jeunes Athéniens renonçaient à tout pour

______

(1) *Entretiens mémorables de Socrate*, liv. I, casc II.

le suivre et pour l'entendre. Au moment de mourir, Platon, le plus illustre de ses disciples, remerciait le Ciel de trois choses : de ce qu'il lui avait donné non-seulement la vie, comme aux animaux, mais une âme raisonnable ; de ce qu'il l'avait fait naître grec, et non point barbare ; de ce qu'il avait placé sa naissance au temps où Socrate vivait.

Il tâchait de fortifier, dans le cœur des jeunes gens qui le fréquentaient, les sentiments de famille, l'amour filial, l'amour fraternel ; les grandes vertus sociales, la justice, la bienfaisance ; et au-dessus de tout, il plaçait le respect des dieux, l'admiration pour leur sagesse infinie, la confiance en leur providence. Tout en parlant de plusieurs dieux, comme les hommes de son temps, il mettait si haut le Dieu suprême, il lui reconnaissait une telle perfection, qu'il semblait presque s'élever jusqu'à la notion d'un Dieu unique, dont les autres n'étaient que les ministres. « Celui qui dirige « et soutient cet univers, disait-il, celui qui réunit « en soi tout ce qu'il y a de bon, tout ce qu'il y a « de beau, le Dieu qui, pour nous, empêche le « monde de vieillir et de s'altérer avec le temps, « et qui le force d'obéir à ses ordres, sans s'égarer « jamais et plus vite que la pensée, ce Dieu se « rend assez visible par tant de merveilles... Telle « est la grandeur de la Divinité, qu'elle saisit tout « d'un seul regard, qu'elle entend tout, qu'elle « est partout, qu'elle porte en même temps ses « soins sur toutes choses (1). » Ce n'est pas le Dieu

______

(1) Xénophon, *Entretiens mémorables de Socrate*, liv. IV, ch. III ; liv. I, ch. IV.

créateur, tel que la Bible nous le montre (1) ; ce n'est pas le Dieu tout amour, tel que nous le trouvons dans l'Évangile ; mais le Dieu de Socrate est bien loin aussi du Jupiter de la Fable grecque (2), et l'on comprend que ses ennemis l'aient accusé d'introduire de nouvelles divinités.

26. Les sophistes, dont il démasquait l'éloquence vide et la fausse sagesse, les aveugles soutiens des vieilles croyances, qu'il semblait vouloir épurer, les amis ardents de la démocratie, dont il avait parfois attaqué les abus, se réunirent pour le perdre. Il fut cité devant le tribunal des héliastes (3) par le tanneur Anytus, l'un des hommes influents du parti démocratique, par le mauvais poëte Mélitus et par le rhéteur Lycon. Ils l'accusaient de ne pas reconnaître les dieux de l'Etat, et de corrompre les jeunes gens en leur apprenant à n'y pas croire. Socrate, alors âgé de soixante-dix ans, se défendit lui-même avec la fierté de l'innocence et le sentiment de l'action bienfaisante que ses enseignements avaient exercée. « Est-ce introduire de nouveaux dieux, dit-il « dans cette défense, que de parler d'une voix di-

---

(1) L'antiquité païenne tout entière a ignoré cette grande vérité de la création. Les plus grands philosophes du monde ancien ont cru que la matière avait existé, avec Dieu, de toute éternité, comme si la matière pouvait exister par elle-même : leur Dieu suprême ne fait que l'arranger et la disposer. Nos Livres saints, au contraire, nous montrent Dieu faisant sortir du néant le monde invisible et le monde visible, les esprits et les corps (Extrait de notre *Histoire Sainte, Cours Élémentaire*, page 6).

(2) Voir plus haut, page 53.

(3) On donnait ce nom aux citoyens appelés par le sort à devenir juges. Il venait de ce que le soleil (en grec hélios) frappait de ses rayons le lieu découvert où se tenaient leurs séances.

« vine qui me dicte ce que j'ai à faire, d'une inspi-
« ration céleste qui me pousse à telle action, qui
« m'écarte de telle autre ? » Cette voix dont parlait le sage n'était autre chose que la voix de la
conscience et de la raison, d'autant plus nette et
plus impérieuse que l'âme est plus habituée à lui
obéir ; mais les juges, prévenus contre Socrate
par les déclamations des accusateurs, virent en effet dans ces paroles l'introduction d'une divinité
inconnue, et ils ne les accueillirent qu'avec de
bruyants murmures. « Écoutez encore, leur dit-
« il hardiment sans s'inquiéter de leurs disposi-
« tions. Mélitus m'accuse de pervertir la jeunesse,
« et l'oracle de Delphes répondait un jour à Ché-
« réphon, qui le consultait à mon sujet : Il n'est pas
« d'homme plus libre, plus juste, plus sage que
« Socrate. Sans me comparer à un dieu, comme
« il l'avait fait pour Lycurgue, l'oracle jugeait que
« je m'élevais bien au-dessus des autres hommes. »
A la vue de cet accusé, qui transformait ainsi sa
défense en panégyrique, les clameurs redoublèrent, et 281 voix contre 278 le reconnurent coupable. Restait à statuer sur la peine, et, quand
elle n'était pas déterminée par la loi, l'accusé
avait le droit d'en proposer une lui-même. Mélitus réclamait la peine de mort, et Socrate fit à son
tour sa proposition : « Athéniens, dit-il, pour m'ê-
« tre consacré tout entier au service de ma patrie,
« en travaillant sans relâche à rendre mes conci-
« toyens vertueux, pour avoir négligé, dans cette
« vue, affaires domestiques, emplois, dignités, je
« me condamne à être nourri le reste de mes jours

« dans le Prytanée (1), aux dépens de la répu-
« blique. » C'était presque se moquer des juges,
dont la majorité venait de le déclarer coupable :
80 autres se tournèrent encore contre lui, et il fut
condamné à boire la ciguë.

27. Trente jours se passèrent jusqu'à l'exécution du jugement, car les lois défendaient
de mettre personne à mort pendant l'absence du
vaisseau envoyé à l'île sacrée de Délos, et ce vaisseau était parti la veille. Un des amis de Socrate
lui disant qu'il était révolté de le voir ainsi mourir innocent : « Aimerais-tu donc mieux me voir

Mort de Socrate.

« mourir coupable ? » répliqua le Sage. Et dans sa
prison, il s'entretint chaque jour avec ses disci-

______

(1) On appelait ainsi le palais du sénat, dans lequel une retraite
honorable était accordée aux citoyens qui avaient bien mérité de la
république.

ples, continuant, avec plus d'élévation que jamais, les enseignements de toute sa vie, leur parlant de l'immortalité de l'âme et de ce monde nouveau où il allait entrer. On voulut le décider à une évasion, le faire passer dans la Thessalie, où il trouverait, lui disait-on, une retraite assurée : il s'y refusa obstinément pour ne pas donner l'exemple d'une désobéissance à la loi : « Connaissez-vous donc, di-« sait-il, connaissez-vous, loin de l'Attique, un lieu « où l'on ne meure point ? » Enfin le jour fatal arriva, et Socrate, toujours calme et serein, but le poison, au milieu des larmes et des sanglots de ses amis, désespérés de le perdre (399).

Un des dialogues de Platon contient le récit complet de cette triste scène. Il est placé dans la bouche de Phédon, qui a donné son nom au dialogue.

« Le serviteur des Onze (1) entra, dit Phédon, et « s'approchant de Socrate : — Socrate, dit-il, je n'au-« rai pas à te faire le même reproche qu'aux autres : « dès que je viens les avertir, par l'ordre des magis-« trats, qu'il faut boire le poison, ils s'emportent con-« tre moi, ils me maudissent; mais pour toi, depuis « que tu es ici, je t'ai toujours trouvé le plus coura-« geux, le plus doux et le meilleur de ceux qui sont « jamais venus dans cette prison. En ce moment « même, j'en suis sûr, tu n'es pas fâché contre moi, « mais contre ceux qui sont la cause de ton malheur, « tu les connais bien. Maintenant, tu sais ce que « je viens t'annoncer; adieu, tâche de supporter avec « résignation ce qui est inévitable. — Et en même « temps il se détourna en fondant en larmes, et se « retira. — Et toi aussi, reçois mes adieux, lui dit « Socrate; je ferai ce qu'on me demande. Puis, se « tournant vers nous : Voyez, nous dit-il, quelle hon-

______________

(1) C'étaient les magistrats chargés des exécutions à Athènes.

« nêteté dans cet homme : tout le temps que j'ai été
« ici, il m'est venu voir souvent, et s'est entretenu avec
« moi : c'était le meilleur des hommes ; et maintenant
« comme il me pleure de bon cœur ! Mais allons, Cri-
«ton, obéissons-lui de bonne grâce, et qu'on m'ap-
« porte le poison, s'il est broyé. — Socrate, lui dit
« Criton, je pense que le soleil est encore sur les
« montagnes, il n'est pas couché, et tu as le temps
« encore. Beaucoup ne prennent le poison que long-
«temps après l'ordre qui leur a été donné. — Va,
« mon cher Criton, reprit Socrate, fais ce que je dis,
« et ne me tourmente pas davantage.

« A ces mots, Criton fit signe à l'esclave qui se te-
« nait auprès. L'esclave sortit, et, au bout de quelque
« temps, il revint avec celui qui devait donner la ci-
« guë, qu'il portait toute broyée dans une coupe. Aus-
« sitôt que Socrate le vit : — Fort bien, mon ami,
« lui dit-il ; mais que faut-il que je fasse ? C'est à toi
« de me l'apprendre. — Pas autre chose, lui dit cet
« homme, que de te promener quand tu auras bu, jus-
« qu'à ce que tu sentes tes jambes s'alourdir, et alors
« de te coucher sur ton lit : le poison agira de lui-
« même. — Et en même temps il lui tendit la coupe.
« Socrate la prit avec la plus grande sérénité, sans
« trembler, sans pâlir, sans changer de visage ; mais
« regardant cet homme d'un œil ferme et assuré,
« comme à son ordinaire : Dis-moi, est-il permis de
« répandre un peu de ce breuvage, pour en faire une
« offrande aux dieux ? — Socrate, lui répondit cet
« homme, nous n'en broyons que ce qu'il est néces-
«saire d'en boire. — J'entends, dit Socrate ; mais au
« moins il est permis, et il faut le faire, d'adresser
« quelque prière aux dieux, afin qu'ils bénissent no-
« tre voyage. C'est ce que je leur demande : puissent-
«ils exaucer mes vœux ! — Après avoir dit cela, il
« porta la coupe à ses lèvres, et la vida avec une
« tranquillité et une douceur merveilleuses.

« Jusque-là nous avions eu presque tous assez de
« force pour retenir nos larmes ; mais en le voyant
« boire, et après qu'il eut bu, nous n'en fûmes plus les

« maîtres. Pour moi, malgré tous mes efforts, mes
« larmes s'échappèrent avec tant d'abondance, que
« je me couvris de mon manteau pour pleurer sur
« moi-même ; car ce n'était pas le malheur de So-
« crate que je pleurais, mais le mien, en songeant
« quel ami j'allais perdre. Criton, avant moi, n'ayant
« pu retenir ses larmes, était sorti ; et Apollodore,
« qui n'avait presque pas cessé de pleurer auparavant,
« se mit alors à crier, à hurler et à sangloter avec
« tant de force, qu'il n'y eut personne à qui il ne fît
« fendre le cœur, excepté Socrate. — Que faites-vous s,
« dit-il, ô mes bons amis! N'était-ce pas pour cela
« que j'avais renvoyé mes enfants et ma femme ?
« J'ai toujours ouï dire qu'il faut mourir avec de
« bonnes paroles. Tenez-vous donc en repos, et mon-
« trez plus de fermeté.— Ces mots nous firent rougir,
« et nous retînmes nos pleurs.

« Cependant Socrate, qui se promenait, dit qu'il
« sentait ses jambes s'appesantir, et il se coucha sur
« le dos, comme on le lui avait ordonné. Alors le même
« homme qui lui avait donné le poison, s'approcha,
« et après avoir examiné quelque temps ses pieds et
« ses mains, il lui serra le pied fortement, et lui de-
« manda s'il le sentait ; Socrate dit que non. Il lui
« serra ensuite les jambes, il nous fit voir que le corps
« se glaçait et se roidissait, et il nous dit que, dès que
« le froid gagnerait le cœur, alors Socrate nous quit-
« terait. Peu de temps après, Socrate fit un mouve-
« ment convulsif : ses regards étaient fixes. Criton,
« s'en étant aperçu, lui ferma la bouche et les yeux. »

Ainsi mourut le plus sage des hommes de l'antiquité païenne. Sa vie et sa mort méritent notre
admiration, car toujours il est resté aussi grand,
aussi vertueux, qu'on pouvait l'être au milieu des
erreurs et de la corruption du monde idolâtre; et
cependant, tout en accordant cette admiration
pleine et entière, nous devons reconnaître la dif-

férence essentielle qui sépare ce martyr des temps anciens des martyrs de la foi chrétienne. Ceux-ci ne mouraient pas en se plaçant, comme faisait Socrate, au-dessus de tous les hommes et presque en dehors de l'humanité. Il était le plus sage ; mais au fond de toute sagesse antique il y avait un vice radical, l'orgueil, parce que le sage, se sentant bien supérieur aux dieux de la Fable et aux hommes de son siècle, était irrésistiblement conduit à se glorifier de ce privilége. Au fond de la vertu et de la sagesse chrétiennes, au contraire, est l'humilité, parce que le chrétien sait combien il est toujours loin du but à atteindre, et croit qu'il n'y a rien de bon en lui qu'avec Dieu et par l'aide de Dieu.

28. Socrate n'a laissé aucun ouvrage ; mais c'est de lui et de son influence que sont sortis tous les systèmes de la philosophie grecque. Ces systèmes diffèrent grandement les uns des autres ; mais ils ont pourtant tous un point commun : ils débutent tous, comme Socrate l'enseignait, par une étude de l'homme et de sa nature.

Deux noms surtout ont traversé les siècles, sans que la gloire qui les entoure se soit amoindrie : le nom de *Platon*, disciple de Socrate, et celui d'*Aristote*, élève de Platon (1). Le premier, dans ses dialogues, a mêlé aux plus nobles inspirations de la pensée les charmes du style le plus accom-

______

(1) Platon était d'Athènes ; il avait trente ans quand Socrate mourut, et il vécut plus de 80 ans. — Aristote était de Stagire dans la Chalcidique. Il vécut 60 ans environ, et fut, nous le verrons, le précepteur d'Alexandre.

pli et de la langue la plus harmonieuse. Il s'est
parfois élevé si haut, qu'aux yeux de quelques
Pères de l'Église les enseignements qu'il donnait,
dans les jardins de l'Académie (1), ont été comme
une préparation et un préliminaire aux lumières
de l'Évangile. Il en a même çà et là presque le

Jardins de l'Académie.

langage : « Quelle ne serait pas, dit-il, la destinée
« d'un mortel à qui il serait donné de voir face à
« face et dans son unité la beauté divine ! » Malheureusement, à côté de ces élévations qu'on croirait émanées du cœur d'un chrétien, on voit Platon s'égarer jusqu'à croire que le monde est aussi
un dieu ; jusqu'à rêver un État où les liens et les
saintes affections de la famille seraient à jamais

---

(1) C'était, comme le Lycée dont il a été question plus haut
(page 98), et où professa plus tard Aristote, un gymnase planté d'arbres. Il devait son nom à son propriétaire Académus.

supprimés : « Les enfants, dit-il, seront, dès leur
« naissance, déposés dans un asile commun, pour
« y être élevés tous ensemble ; on conduira les mè-
« res dans ce bercail, pour qu'elles y soient les
« nourrices publiques, mais on prendra toutes les
« précautions nécessaires pour qu'aucune d'elles
« ne puisse jamais reconnaître son enfant. » — Aristote, malgré son vaste génie, a été moins heureux
encore. Il a tout abordé, la philosophie, les scien-
ces naturelles, la critique littéraire, l'histoire dans
ce qu'elle a de plus élevé, et il a pris le premier
rang dans tous les ordres de connaissances. Que
d'erreurs cependant, dans cette science, à côté de
la vérité ! S'il parle de Dieu, c'est pour l'exclure
du gouvernement de ce monde, dont son Dieu,
toujours plongé dans une indifférence dédaigneuse, ne s'occupe ni ne s'inquiète, parce que le
monde est trop au-dessous de lui. S'il reconnaît
pour l'âme une vie future après celle de la terre,
c'est en supprimant pour elle, dans ce monde
nouveau, les châtiments et les récompenses dus à
ses mérites ; elle y perdra même, suivant lui, tout
souvenir du passé. Enfin, quand il aborde les
grandes questions sociales, c'est pour déclarer
l'esclavage chose naturelle et légitime : « Il y a
« dans l'espèce humaine, dit-il, des individus aussi
« inférieurs aux autres que le corps l'est à l'âme,
« ou que la bête l'est à l'homme. Ce sont ces êtres
« qui ne sont propres qu'aux travaux du corps,
« sans jamais pouvoir rien de plus parfait. Ces
« individus sont destinés par la nature à l'escla-
« vage, et l'esclavage est ce qu'il y a de mieux

« pour eux. La guerre est un moyen d'acquérir,
« la chasse est une sorte de guerre : il faut faire
« la chasse aux bêtes, il faut faire la guerre aux
« hommes que la nature a créés pour obéir et qui
« s'y refusent : cette guerre n'a rien que de juste
« et de naturel (1). »

QUESTIONNAIRE. — 23. Que veulent dire les mots *philosophe* et *sophiste?* — Que produisirent les premiers temps de la philosophie grecque? — Que savez-vous des sophistes et de leurs doctrines perverses? — 24. — Racontez la jeunesse et les premières études de Socrate. — Pourquoi y renonça-t-il? — Donnez une idée de ses vertus domestiques et de ses mérites comme citoyen. — 25. En quel lieu donnait-il ses enseignements, et quels en étaient le caractère et l'influence? — Quels grands principes en faisaient le fond? — 26. Quels ennemis s'élevèrent contre lui? — Quels furent ses accusateurs, et de quoi l'accusaient-ils? — Faites connaître les principaux traits de sa défense. — Comment fut-elle accueillie? — Quelle peine réclamait l'accusation, et que proposa Socrate à la place? — Que décidèrent ses juges? — 27. Racontez, avec la date de ces événements, son dernier mois et sa fin. — Comment sa vie et sa mort doivent-elles être appréciées? — 28. L'influence de Socrate fut-elle durable? — Donnez quelque idée des ouvrages de Platon et de l'élévation de ses doctrines. — Méritent-elles des éloges sur tous les points? — Qu'était-ce que l'Académie et d'où vient ce nom? — En quel lieu d'Athènes Aristote enseigna-t-il? — A quel ordre de travaux s'est appliqué le génie d'Aristote? — Quelles erreurs doivent lui être reprochées sur Dieu, sur la vie future, sur l'esclavage? — Indiquez la ville natale de ces deux grands hommes.

# CHAPITRE VII

## RETRAITE DES DIX-MILLE (401-400).

29. L'année même où la prise d'Athènes termi-

_____

(1) *Politique d'Aristote*, liv. I, chap. v et viii.

naît la longue et sanglante guerre du Péloponnèse (404), Artaxerxès-Mnémon succédait, en Asie, à son père Darius Nothus. Depuis longtemps déjà l'empire des Perses était sans cesse agité, soit par des intrigues de palais, soit par les soulèvements des satrapes ambitieux et des provinces mécontentes. A peine sur le trône, le nouveau roi faillit être renversé par une révolte de ce genre : son frère Cyrus, qui, depuis quelques années, gouvernait une partie de l'Asie Mineure, tenta de lui ravir tout ensemble le trône et la vie. Il échoua, obtint son pardon sur les instances de sa mère, retourna dans sa province, mais n'en persista pas moins dans ses coupables projets.

Doué d'une vive intelligence et d'une énergique activité, ce prince rougissait de la vie molle et désordonnée qui avait remplacé, chez la plupart des Perses, les anciennes vertus guerrières (1); il souffrait à la vue de ces armées où la cavalerie seule conservait quelque chose de sa valeur d'autrefois : « J'ai honte, disait-il, des hommes que produit la terre d'Asie. » A côté de ces troupes dégénérées, sur lesquelles il n'osait compter qu'à demi pour la réussite de ses desseins ambitieux, il en

---

(1) Outre les *Entretiens Mémorables de Socrate*, Xénophon a laissé trois grands ouvrages : les *Helléniques*, continuation de l'histoire de Thucydide ; l'*Anabase* ou Expédition des Dix-Mille ; la *Cyropédie* ou Éducation du grand Cyrus, sorte de roman politique et moral dans le genre de *Télémaque*. A la fin de la Cyropédie, il donne d'intéressants détails sur la décadence des Perses de son temps : « Ils ont « retenu, dit-il, la pratique de ne faire qu'un repas ; mais ils le com- « mencent de bonne heure, et ils le continuent jusqu'à l'heure où se « couchent ceux qui aiment le plus à veiller. Ils boivent avec si peu « de retenue, qu'il faut les emporter de la salle : ils n'ont plus la force « de se soutenir assez pour sortir.

voulut avoir d'autres, vigoureuses et bien exercées. Il fit ce que faisaient les grands rois depuis un demi-siècle : il appela à sa solde des mercenaires de la Grèce.

30. La misère avait jeté des milliers de Grecs dans cette vie des camps. Tantôt c'étaient des citoyens pauvres, à qui la constitution de leur pays ne laissait guère, comme à beaucoup de Spartiates (1), que cette ressource pour vivre. Tantôt c'étaient des bannis, que les luttes des partis et les chances des révolutions avaient dépouillés de leurs biens et de leur patrie. D'autres, sans y être forcés par le besoin, entraient dans les rangs des mercenaires avec l'espoir d'y trouver la fortune, et ce désir allait chez certains jusqu'à la plus insatiable cupidité. Pour quelques-uns, c'était le besoin du commandement, l'amour de la guerre et des batailles, qui les poussaient dans cette carrière de hasards et d'aventures. Le grand roi et ses satrapes, les Grecs de Sicile et d'Italie, avaient à leurs ordres de ces bandes soldées, et, dans la Grèce elle-même, les villes avaient commencé, dans les dernières luttes, à placer dans leurs armées des mercenaires à côté de leurs citoyens. Quand Cyrus le jeune songea à détrôner son frère, la fin de la guerre du Péloponnèse laissait inoccupés, prêts à se louer à la première offre, un grand nombre de ces Grecs pour qui les combats étaient devenus un métier. Les Spartiates favorisèrent les enrôlements de Cyrus, qui les avait lui-même soutenus

---

(1) Voir plus haut, page 77.

à la fin de leurs luttes avec Athènes, et à ses cent mille barbares il put ainsi ajouter treize mille mercenaires, sortis des villes de la Grèce. A leur tête était le Lacédémonien *Cléarque*, vrai soldat, amoureux de la guerre et de ses périls comme d'autres le sont des plaisirs et des fêtes, infatigable au travail, sévère, exigeant, le regard dur, la parole brève et sèche. « Personne ne le « suivait par amitié, par inclination, dit l'historien « Xénophon, que les circonstances allaient mettre « bientôt à sa place ; mais dans le danger ce n'é- « tait que lui qu'on voulait pour chef. Alors la « rudesse de sa physionomie s'adoucissait ; sa du- « reté avait l'air d'une mâle assurance, redoutable « pour l'ennemi seul, et les soldats ne le regar- « daient plus que comme le gage de leur salut. »

31. Cyrus partit de Sardes avec son armée, mais sans révéler le but de son entreprise. Il prétextait une guerre contre Tissapherne, qui lui retenait une part de son gouvernement, contre certains peuples des montagnes, qui infestaient ses frontières. On traversa la Lydie, la Phrygie, la Cappadoce, la Cilicie, toute l'Asie Mineure ; mais, une fois à Tarse, les auxiliaires grecs soupçonnèrent qu'on les menait contre Artaxerxès, et ils refusèrent d'aller plus loin : Cléarque lui-même, quand il voulut, malgré eux, les faire avancer, fut assailli d'une grêle de pierres. S'ils résistaient ainsi, ce n'était certes point par amour pour le grand roi ; mais l'entreprise était des plus hasar- deuses, la route était longue ; ils ne s'étaient point, disaient-ils, enrôlés dans cette vue, et, en face des

dangers à courir, ils voulaient bien savoir où ils allaient et contre qui ils marchaient. Au lieu du nom de Tissapherne, Cyrus mit alors en avant celui d'Abrocomas, gouverneur de Syrie : c'était avec lui, leur dit-il, que la lutte devait s'engager, et on le trouverait sur les bords de l'Euphrate. Les soldats hésitèrent bien encore quelque peu ; mais une paye plus forte triompha de leur répugnance, et ils continuèrent, à travers la Syrie, leur route jusqu'au grand fleuve. Là, à Thapsaque, le but réel de l'expédition fut enfin dévoilé : nouveaux emportements des troupes, nouvelles demandes d'une augmentation, nouveaux engagements pris par Cyrus, et, à cette condition, l'Euphrate fut traversé. On suivit la rive gauche du fleuve jusqu'à Cunaxa, non loin de Babylone, où l'on se trouva en présence des troupes du grand roi.

32. L'armée ennemie s'élevait, dit-on, à 900,000 hommes. Les Grecs, sans s'inquiéter de ce grand nombre, s'ébranlèrent contre la cavalerie de Tissapherne ; mais, « avant qu'ils fussent à la portée « du trait, les barbares avaient tourné bride et pris « la fuite. Les chars armés de faux, privés de leurs « conducteurs, furent alors emportés, les uns à « travers les troupes des Perses, les autres vers « les rangs des Grecs, qui s'ouvrirent pour les « laisser passer : il n'y eut qu'un soldat qui, frappé « d'étonnement comme on le serait dans l'hippo- « drome, ne se rangea pas, et fut renversé par « un de ces chars, sans toutefois avoir d'autre mal. « Un seul Grec fut, dit-on, blessé dans cette ac- « tion : il avait reçu un coup de flèche. Les ba-

« taillons de Cléarque repoussaient et poursui-
« vaient tout ce qui était devant eux. » Cyrus, de
son côté, avec ses 600 chevaux, mit en déroute
les 6,000 cavaliers qui entouraient son frère. Mais
au moment où il s'élançait sur Artaxerxès et le
blessait à la poitrine, il fut atteint lui-même, au-
dessous de l'œil, d'un javelot lancé avec force par
un soldat inconnu. Il tomba mort, et ses troupes
alors se dispersèrent çà et là. Une nouvelle charge
des Grecs mit en fuite, plus vite encore que la première fois, les soldats perses qui pillaient les bagages, et ce fut à ces 13,000 hommes que resta
le champ de bataille de Cunaxa (400).

Les Grecs s'attendaient à être vivement attaqués
par Artaxerxès. « A moins d'y être forcé, disaient-
« ils à Cléarque, souffrira-t-il que, revenus en
« Grèce, nous y allions publier qu'avec aussi
« peu de troupes nous avons défait les siennes,
« aux portes mêmes de son palais, et que nous
« nous sommes retirés en le narguant? » Le roi,
en effet, les fit sommer de déposer les armes. —
« Que ne vient-il les chercher! » dit l'un des chefs.
— « Nous mourrons plutôt que de les livrer, »
répondit un autre. — « Nos armes et notre courage
« sont maintenant notre unique ressource, dit
« encore l'Athénien Xénophon. Tant que nous
« garderons nos armes, nous espérons que notre
« courage saura nous défendre. » Et la fameuse
retraite commença, à travers 600 lieues de pays,
à travers les montagnes, les fleuves, les neiges et
les peuples à demi sauvages du chemin.

33. Le roi, changeant de ton, promit des vivres

aux mercenaires, et Tissapherne, en son nom, leur offrit de conclure un traité. Les Grecs acceptèrent, et le satrape leur jura de les faire traiter en amis dans toutes les provinces et de les ramener loyalement en Grèce ; eux, de leur côté, s'engageaient à traverser l'empire sans attaquer les sujets d'Artaxerxès. Malgré ces serments solennels, Tissapherne, dans une perfide entrevue, fit trancher la tête à Cléarque et à trois autres des principaux chefs : on était alors sur les bords du Tigre.

Dans cette situation critique, la fermeté de *Xénophon* attira sur lui tous les regards. « Il faut « tout entreprendre, dit-il à ses compagnons, pour « ne pas tomber aux mains des barbares. » Un des mercenaires parlait de se soumettre au roi : il le fit dégrader, chasser de l'armée, reléguer parmi les valets : « Un homme de ce caractère, disait-il, « déshonore sa ville natale et la Grèce entière. » On le nomma lui-même avec quelques autres, pour remplacer les victimes de la perfidie des Perses, et ce fut surtout à son calme, à son sang-froid, à son courage tenace et patient, que les Grecs durent leur salut. A son exemple, la confiance et la résolution revinrent aux troupes, un instant découragées : « Mourons avec honneur « plutôt que de nous rendre, » disait l'un. « Com- « battons en braves, disait un autre, et advienne « ce que les dieux voudront. »

La petite armée de Xénophon s'avança le long du Tigre, qu'elle remonta presque jusqu'à la source. Arrivé chez les Carduques, Tissapherne renonça à la poursuivre ; mais alors il fallut lutter contre les embûches et les attaques des montagnards, et en même temps contre la nature elle-même : la neige tombait en abondance, ses couches épaisses couvraient les chemins, son éclat fit perdre la vue à plusieurs, et quelques autres moururent de froid. Enfin, le Tigre et l'Euphrate une fois traversés, la province d'Arménie une fois dépassée, les Grecs arrivèrent sur une montagne d'où ils découvraient le Pont-Euxin. « Les pre-« miers qui atteignirent le sommet et aperçurent « la mer jetèrent de grands cris. Xénophon crut « que de nouveaux ennemis attaquaient la tête de « l'armée, dont la queue était déjà harcelée et « poursuivie. Les cris augmentaient à mesure « qu'on approchait; de nouveaux soldats se joi-« gnaient, en courant, aux premiers. Xénophon, « de plus en plus inquiet, monte à cheval, prend « avec lui la cavalerie, et longe le flanc de la co-« lonne pour porter du secours aux combattants ; « mais bientôt il entend les soldats crier : *La mer !* « *la mer !* Alors, arrière-garde, équipages, cava-« liers, tout court au sommet de la montagne ; et « arrivés là, tous s'embrassent, les larmes aux « yeux ; ils sautent au cou de leurs généraux, de « leurs officiers. » C'est que la mer, c'était pres-que la patrie, presque la Grèce. « Aussitôt, sans « qu'on ait jamais su par qui l'ordre fut donné, les « soldats apportent des pierres, et ils élèvent sur « la cime une sorte de pyramide, qu'ils recou-« vrent d'armes enlevées à l'ennemi (1). » C'était

______

(1) *Anabase*, iv, 7.

le trophée de cette héroïque retraite, si célèbre dans l'histoire sous le nom de retraite des Dix-Mille : tel était à peu près le nombre des soldats valides qui restaient.

A Trapézonte, on embarqua les malades, les vieux soldats, les femmes, les enfants. Les autres auraient bien voulu suivre la même voie : « Je suis « las, disait l'un d'eux, de plier bagage, de marcher, « de courir, de porter mes armes, de garder mon « rang et de me battre ; puisque voilà la mer, je « veux m'embarquer, et arriver en Grèce, comme « Ulysse, étendu sur le tillac et dormant. » Les malheureux avaient, en effet, bien mérité de se reposer un peu. Ils trouvèrent eux-mêmes des vaisseaux à Cotyora, et, moitié par mer, moitié par terre, ils arrivèrent enfin dans la Thrace, où ils se mirent au service d'un prince du pays. En quinze mois, depuis leur départ de Sardes, ils avaient parcouru environ 1500 lieues.

34. Cette mémorable expédition n'avait amené aucun résultat immédiat ; mais elle eut pour l'avenir de graves conséquences. Les Grecs virent de près, touchèrent du doigt, pour ainsi dire, toutes les causes de faiblesse de l'empire des Perses.

La première était l'impuissance de ses armées à le défendre. Lorsqu'on vit dix mille hommes, privés de leurs généraux par une lâche perfidie, rentrer dans leur patrie malgré le grand roi, traverser tant de pays inconnus malgré des obstacles de toute nature, et cela, « sans que personne eût assez « de cœur pour empêcher leur retraite, » la Grèce comprit, dit Plutarque, « que la grandeur des

« Perses et de leur roi ne consistait que dans leur
« or et dans leur luxe, et que tout le reste n'était
« qu'apparence et ostentation. » — « Leurs armées
« sont nombreuses, dit de son côté Xénophon.
« mais sans utilité aucune pour la guerre. L'in-
« fanterie porte, comme au temps de Cyrus, le
« bouclier, l'épée et la hache; mais elle n'a plus
« le courage de s'en servir. »

Un autre vice essentiel de cet immense État le
frappait encore, l'impossibilité de rassembler rapidement ses troupes, disséminées sur une foule
de points éloignés. « Tout homme qui réfléchit,
« écrit-il, voit que l'empire des Perses semble puis-
« sant par l'étendue et la population de ses pro-
« vinces, mais que la dispersion de ses forces et la
« longueur des distances le rendent faible contre
« un adversaire qui l'attaque avec célérité. »

En même temps que cette impuissance du grand
roi frappait l'esprit des mercenaires grecs, leur
cupidité s'était nécessairement éveillée à la vue
des richesses de l'Asie. Les y appeler, c'était leur
montrer la beauté de ses plaines, l'éclat de ses
villes; c'était faire entrevoir à leurs yeux éblouis
un peu de cet or et de cet argent qui s'étalaient
de toutes parts, qui recouvraient les poutres, les
colonnes, les toits mêmes des palais, que les satrapes à leur tour et les particuliers accumulaient
autour d'eux, sur leurs vêtements et dans leurs
demeures. « Allons revoir la Grèce et nos familles,
« disait Xénophon à ses soldats; allons montrer aux
« Grecs qu'ils vivent dans une pauvreté volontaire,
« puisqu'ils pourraient transporter ici et faire

« riches ceux de nos compatriotes qui sont dénués
« de fortune. Tous ces biens, mes amis, nous
« l'avons vu, n'attendent qu'un vainqueur. »

— Moins d'un siècle après, ce vainqueur devait
être Alexandre.

QUESTIONNAIRE. — 29. Quelle était la situation de l'empire
des Perses au temps de la prise d'Athènes ? — Quel projet
conçut alors Cyrus le jeune, frère d'Artaxerxès-Mnémon ?
— Ce prince ne joignait-il pas à son ambition de grandes
qualités ? — Quel appui chercha-t-il pour une révolte nouvelle ? — 30. Quelles causes poussaient beaucoup de Grecs
à se faire soldats mercenaires ? — Quelles circonstances
facilitèrent les enrôlements de Cyrus, et combien prit-il de
Grecs à sa solde ? — Quel était leur chef ? — Faites le portrait
de Cléarque. — 31. Racontez la marche des troupes de Cyrus jusqu'à leur arrivée à Cunaxa. — 32. Donnez, avec la
date, un récit de cette bataille. — Quels furent, après Cunaxa, les premiers rapports des mercenaires avec Artaxerxès-Mnémon ? — 33. Quel traité fut conclu entre eux,
et comment la convention fut-elle violée ? — Quelle influence Xénophon exerça-t-il alors sur ses compagnons ?
— Racontez la retraite, depuis l'assassinat de Cléarque
jusqu'à l'arrivée au Pont-Euxin. — Comment les Dix-Mille
se rapprochèrent-ils ensuite de la Grèce ? — Depuis combien
de temps avaient-ils quitté Sardes, et combien de lieues
environ avaient-ils parcourues ? — 34. Quelles conséquences
eut cette expédition pour l'empire des Perses, et quels dangers lui prépara-t-elle ?
29. Note. — Quels sont les principaux ouvrages de Xénophon ?

---

# CHAPITRE VIII

### EXPÉDITION D'AGÉSILAS (396-395). — TRAITÉ D'ANTALCIDAS (387).

35. Après la retraite des Dix-Mille, Artaxerxès
Mnémon voulut soumettre et punir les Grecs
d'Asie, qui avaient presque tous soutenu contre

lui la révolte de son frère. Par ses ordres, Tissapherne, satrape de Carie et de Lydie, dirigea ses troupes contre les villes grecques de ces provinces. Celles-ci réclamèrent l'appui de Sparte, qui leur envoya six à sept mille hommes, auxquels vinrent se réunir la plupart des mercenaires ramenés par Xénophon. La guerre se faisait depuis deux ans, et les Grecs y avaient déjà remporté quelques succès, lorsque *Agésilas*, roi de Sparte arriva à la tête de 8000 soldats nouveaux.

Il était petit, boiteux, d'une figure commune : mais, dès son enfance, il avait joint à un caractère doux, affable et gai, une ardeur impétueuse, un esprit d'émulation que rien ne pouvait contenir, et plus tard ces qualités l'avaient rendu très-populaire parmi les Spartiates. Dès son entrée dans la Péninsule, il annonça hautement « qu'il venait assurer aux Grecs d'Asie la liberté dont jouissaient les Grecs d'Europe, » et il usa de ruse pour n'avoir à combattre Tissapherne, satrape de l'Ouest, et Pharnabaze, satrape du Nord (Hellespont, Phrygie), que l'un après l'autre et tour à tour. Il fit courir le bruit que ses armes seraient dirigées d'abord contre la Carie, et Tissapherne, ainsi prévenu, n'osa quitter cette province, où étaient ses châteaux et ses trésors. Mais ce fut, au contraire, la Phrygie qui fut attaquée, et Pharnabaze, réduit à ses propres forces, ne put empêcher l'ennemi de lui prendre plusieurs villes et d'emporter de cette irruption soudaine un immense butin (396).

Pour redoubler l'audace de ses troupes, par le

mépris des ennemis qu'elles avaient à vaincre, Agésilas fit exposer, presque sans vêtements, sur le marché aux esclaves, un certain nombre des barbares faits prisonniers. « Quand les soldats vi- « rent ces corps délicats et sans vigueur, jusque- « là toujours traînés en voiture, il leur sembla « que, dans cette guerre, ils n'allaient avoir à « combattre qué des femmes (1). » Les résultats de la seconde campagne augmentèrent encore leur confiance. Tissapherne, cette fois, fut hon- teusement battu sur les bords du Pactole, dans sa province de Lydie, et les vainqueurs trouvèrent dans le camp du satrape de nouvelles richesses (près d'un demi-million de nos francs). Cette défaite fut l'arrêt de mort de Tissapherne : on l'accusa de trahison, le grand roi lui fit trancher la tête, Tithrauste vint le remplacer, et celui-ci, pour écarter Agésilas de la Lydie, ne trouva d'au- tre moyen que de donner encore de l'argent aux envahisseurs. Encore ne la quittèrent-ils que pour envahir un autre point de l'empire : ils revinrent à Pharnabaze, leur premier ennemi, à qui la Phry- gie tout entière fut enlevée. Toute l'Asie Mineure s'émut, en voyant les Grecs remporter ainsi vic- toires sur victoires ; le petit souverain de la Paphla- gonie, Cotys, qui dédaignait l'amitié du roi des Perses, proposa humblement de joindre sa nom- breuse et vaillante cavalerie aux armées spar- tiates ; de toutes parts les populations sollicitaient la protection de ces nouveaux maîtres. « Agésilas

---

(1) Xénophon, *Hélléniques*, III, 4.

« alors résolut de pénétrer plus avant encore, de
« porter la guerre loin de la mer Egée, de forcer
« le grand roi à craindre pour sa personne et pour
« la félicité dont il jouissait dans Ecbatane et dans
« Suse (1). » A la tête de 20,000 Grecs et d'une
foule de barbares, qui d'eux-mêmes étaient venus
grossir son armée, il s'avança à travers l'Asie
Mineure, vers le centre de l'empire, par la route
que Cyrus et les Dix-Mille lui avaient tracée. Un
message vint l'arrêter dans sa marche : les Grecs
coalisés menaçaient Sparte, et les éphores le rappelaient pour la protéger contre ses ennemis.

36. Depuis la chute d'Athènes, les villes grecques avaient bien eu lieu de se repentir d'avoir si
énergiquement soutenu Sparte contre elle. Elles
étaient tombées, pour la plupart, dans une complète dépendance. Trois villes à peine, outre l'E-
tolie, pays à demi-barbare, restaient encore maîtres-
ses d'elles-mêmes : c'étaient Thèbes, Argos et
Corinthe, et, en voyant la brutale tyrannie des Spartiates, elles pouvaient craindre d'avoir le sort des
autres dans un avenir prochain. Dans cette situation, il ne fut pas difficile à un agent de Tithrauste,
Timocrate le Rhodien, d'exciter les Grecs contre
la patrie d'Agésilas. Trente mille pièces d'or, ha-
bilement distribuées çà et là, y aidèrent encore,
et une ligue se forma contre Sparte entre les trois
Etats restés libres, la Thessalie et Athènes, qui
aspiraient à se relever de leur abaissement. Tandis que leurs troupes combinées tiendraient tête

____

(1) Plutarque, *Vie d'Agésilas.*

aux Spartiates dans la Grèce, les Perses devaient attaquer leur puissance navale de nouvelle date : ils avaient pour cela une flotte de 300 vaisseaux, rassemblés dans les ports de Phénicie, de Cilicie, de Rhodes et de Cypre, par les soins de l'Athénien *Conon*. Déjà les hostilités avaient commencé, et Lysandre y avait trouvé la mort, quand Agésilas revint d'Asie, affligé de se voir ainsi ravir la gloire qu'il avait un instant rêvée.

37. Son retour n'écarta point les dangers qui menaçaient Sparte. Il triompha des Thébains à Coronée (1) ; mais il y fut couvert de blessures, et ce fut une victoire stérile, après laquelle les Spartiates affaiblis furent contraints de rentrer dans le Péloponnèse. Presque en même temps Conon, à la hauteur de Cnide, près des côtes de la Carie, prenait ou détruisait les trois quarts des quatre-vingt-cinq galères dont se composait la flotte lacédémonienne. Battue sur mer, tenue en échec sur terre, Sparte vit bientôt *Iphicrate*, avec les mercenaires d'Athènes, braver les bataillons spartiates, si redoutés autrefois ; elle vit Conon rétablir à la hâte, avec l'argent des Perses, les Longs-Murs et les remparts du Pirée. Déjà il sommait les îles et les Grecs d'Asie-Mineure de reconnaître, comme autrefois, la domination athénienne. Athènes semblait à la veille de retrouver son ancienne grandeur. Pour l'empêcher de redevenir sa rivale et

--------

(1) Il ne faut pas confondre cette ville de Coronée avec celle de Chéronée, où Philippe, roi de Macédone, battit, en 338, les armées d'Athènes et de Thèbes. Toutes les deux sont en Béotie, à l'O. du lac Copaïs ; Coronée est à quelques lieues plus au sud que l'autre.

pour lui ôter l'appui des Perses, la patrie de Léonidas, oublieuse de son glorieux passé, offrit au grand roi de lui abandonner les villes grecques d'Asie : c'était effacer, d'un trait de plume, les grands résultats des guerres médiques et le traité de Cimon (1). Non contente de ce honteux abandon, elle proposa à Artaxerxès de déclarer, par un nouveau traité, que toutes les villes grecques, grandes et petites, seraient entièrement indépendantes les unes des autres : la Grèce, ainsi désunie et morcelée, n'aurait plus une république assez puissante pour jamais songer à des guerres en Asie. L'histoire a donné à cette convention déshonorante le nom de traité d'Antalcidas, du nom du Spartiate qui en fut le signataire (387). Artaxerxès y parlait en maître : « Le roi, y était-« dit-il, se joindra aux peuples qui accepteront ces « conditions, pour combattre ceux qui les refuse-« ront. » Athènes ne conservait que trois îles, Lemnos, Imbros et Scyros. Quant à Sparte, en exigeant de toutes les villes l'exécution du traité, elle comptait bien ne pas s'en inquiéter pour elle-même, et conserver la Laconie et la Messénie dans sa dépendance.

QUESTIONNAIRE. — 35. Quelle fut, pour les villes grecques d'Asie, la conséquence de l'expédition de Cyrus le jeune ? — Quel appui obtinrent-elles contre les Perses ? — Faites le portrait d'Agésilas. — Racontez, avec leur date, ses deux campagnes, et montrez-en les résultats. — Quel projet conçut-il ensuite, et quel fait en entrava l'exécution ? — 36. Quelle était, depuis la prise d'Athènes, la situation des villes grecques ? — Sous quelle influence et avec quel ap-

_______________

(1) Voir plus haut, pag. 104-105.

pui quelques-unes se liguèrent-elles contre Sparte? — Quels furent les deux premiers résultats de cette prise d'armes?—37. Quels furent, sur terre et sur mer, les événements de la guerre contre Sparte, depuis le retour d'Agésilas? — Que fit-elle pour arrêter les succès d'Athènes? — Donnez la date et indiquez les deux grandes conditions du traité d'Antalcidas. — Quelles îles laissait-il à Athènes? — Les Spartiates avaient-ils l'intention de remplir eux-mêmes les conditions du traité?

---

# CHAPITRE IX

## PRÉPONDÉRANCE PASSAGÈRE DE THÈBES. — ÉPAMINONDAS ET PÉLOPIDAS.

38. La Grèce et les côtes de la Thrace étaient couvertes d'une trentaine de petits États : les uns se composaient d'une seule ville et de son territoire ; les autres, tels que la Laconie, l'Arcadie, la Béotie, la Chalcidique, étaient formés d'une ville principale, Sparte, Mantinée, Thèbes, Olynthe, et de villes d'un ordre secondaire placées dans sa dépendance. Le traité d'Antalcidas rendait ces dernières à la liberté : Sparte, qui l'avait conclu, s'efforça, par tous les moyens, de détruire ou d'annuler partout les villes capitales. En Arcadie, elle renversa Mantinée et dispersa ses habitants dans quatre bourgades. Dans la Béotie, son général Phébidas, profitant des divisions qui partageaient Thèbes en deux factions ennemies, s'entendit avec le parti aristocratique pour surprendre la Cadmée ; il y plaça une garnison de quinze cents hommes, et, en même temps que Sparte confisquait ainsi à son profit la liberté des

Thébains, elle releva Platées, leur antique rivale. Dans la Thrace enfin, profitant de l'appel de deux villes de Chalcidique, les Spartiates assiégèrent Olynthe, centre de la puissante confédération chalcidienne; ils la réduisirent par la famine au bout de trois ans, et lui firent promettre de n'avoir d'amis et d'ennemis que les leurs. En six années, Sparte avait ainsi tout divisé, tout affaibli : sous prétexte de protéger les petites villes, elle avait détruit ou assujetti les grandes. Elle, au contraire, retenait soigneusement dans son obéissance les villes de Laconie et de Messénie. De ce traité d'Antalcidas qui, exécuté à la lettre, devait mettre tous les Grecs aux pieds des Perses, en y comprenant les Spartiates, ses auteurs, elle s'était fait un nouvel instrument de domination. Une circonstance imprévue arrêta tout à coup dans ses progrès ce peuple égoïste, qui avait sacrifié la Grèce aux intérêts de son ambition : « Après avoir juré, dit « Xénophon, de laisser toutes les villes indépen- « dantes, les Spartiates retenaient la citadelle de « Thèbes : ils furent punis par ceux-là mêmes « qu'ils opprimaient. » Thèbes, à son tour, allait devenir, pour quelques années, la puissance prépondérante en Grèce.

39. Parmi les Thébains partisans de la démocratie étaient deux amis, *Pélopidas* et *Épaminondas*, « nés l'un et l'autre pour toutes les vertus, dit « Plutarque, avec cette différence que Pélopidas « préférait les exercices du corps, et Epaminondas « les travaux de l'esprit. Ils employaient tout ce « qu'ils avaient de loisir, l'un au gymnase et à la

« chasse, l'autre à la culture des lettres et de la
« philosophie. » Les études et la haute intelligence
d'Epaminondas ne l'empêchaient pas cependant
d'être un homme d'action ; il avait en lui tout ce
qu'il fallait pour devenir, au besoin, un homme
d'Etat et un grand capitaine : seulement on pouvait être sûr que sa politique ne serait pas cette
politique perfide dont s'était servi, dans les derniers temps, le Spartiate Lysandre (1), car il avait
horreur du moindre mensonge, ce mensonge fût-
il dit en plaisantant. Tous les deux appartenaient
aux premières familles de Thèbes ; mais Pélopidas
étant fort riche, sa fortune l'avait fait regarder
par le parti aristocratique comme un adversaire à
redouter, et il était au nombre des quatre cents
bannis qui s'étaient réfugiés à Athènes. Epaminondas, resté pauvre malgré les instances de son
ami, qui voulait partager avec lui ses richesses,
avait été laissé à Thèbes : « On le jugeait sans in-
« fluence, à cause de sa pauvreté, et on le regar-
« dait d'ailleurs comme un philosophe qui ne pre-
« nait aucune part aux affaires. »

En 379, douze des bannis, Pélopidas à leur tête,
se déguisèrent en paysans ; ils prirent avec eux des
chiens, des pieux, des filets, pour avoir l'air de
revenir de la chasse, et, à la faveur du froid et de
la neige, qui leur firent éviter les rencontres, ils
entrèrent dans Thèbes par différentes portes, un
peu avant la chute du jour. D'autres conjurés de
la ville vinrent les rejoindre chez un ami commun,

_______

(1) Voir plus haut, page 203.

et ils se trouvèrent en tout quarante-huit personnes. Ils résolurent de se partager en deux bandes, et d'attaquer en même temps les chefs du parti qui renouvelait dans Thèbes, avec l'appui de Sparte, les crimes des Trente Tyrans d'Athènes. Les uns, déjà retirés dans leurs demeures, furent tués par Pélopidas, malgré leur vaine résistance. D'autres, Archias et Philippe, assistaient à un festin, et ils étaient à demi ivres déjà, quand un courrier leur arriva d'Athènes, porteur d'une lettre qui leur dévoilait le complot tramé contre eux. On faisait prier Archias de lire sur-le-champ cette dépêche, parce qu'il y était question d'affaires sérieuses. « A demain les affaires sérieuses, » répondit-il, et il écarta la missive sans se donner la peiné de l'ouvrir. Bientôt les conjurés envahirent la salle et ils percèrent de leurs épées Archias et Philippe, avec ceux des assistants qui firent mine de se défendre. Épaminondas vint ensuite se joindre à eux avec un grand nombre de jeunes gens bien armés et quelques vieillards des plus honorables. Puis, le lendemain, à la pointe du jour, les autres bannis arrivèrent de l'Attique, et le peuple s'assembla. Il salua de ses cris et de ses applaudissements les libérateurs de Thèbes, et Pélopidas, nommé *Béotarque* ou chef de la Béotie (1) avec deux autres des conjurés, contraignit les quinze cents Lacédémoniens, qui manquaient de vivres, à évacuer la citadelle.

______

(1) Ce nom de *Béotarque* était à lui seul une protestation contre le traité d'Antalcidas. Il montrait que Thèbes voulait rester la capitale de la Béotie.

40. Cette révolution rendait inévitable une lutte terrible avec Sparte, et le premier soin des Thébains devait être de se procurer des alliés. Une ruse de Pélopidas leur assura, du moins pour quelques années, le concours d'Athènes. Sans se mettre lui-même en avant, il chargea un marchand de ses amis de pousser le Spartiate Sphodrias, capitaine valeureux mais irréfléchi, à faire une tentative contre le Pirée. Au lieu de dédommager Sparte de la perte de la Cadmée, l'expédition échoua; les Athéniens indignés se firent aussitôt les alliés de Thèbes, et mirent sur le chantier, pour lui venir en aide, une flotte de cent vaisseaux. En même temps les Thébains organisèrent un corps d'élite, le *bataillon sacré*, composé de trois cents amis, qui devaient donner à l'armée entière l'exemple de la bravoure et du dévouement.

Grâce à cette alliance et à cette activité belliqueuse, il n'y eut que des revers pour les Spartiates sur mer comme sur terre. Plus d'une fois leurs vaisseaux furent battus et capturés par la flotte d'Athènes, qui redevint la reine de la mer Égée. Fatiguées des harmostes lacédémoniens, les îles, les villes maritimes de Thrace et d'Asie, Chios, Lesbos, Rhodes, Byzance, l'Eubée, une foule d'autres avec elles, la supplièrent de rétablir, sous son patronage, la confédération d'autrefois. En Béotie, les troupes d'Athènes et de Thèbes résistèrent bravement aux Spartiates, et le bataillon sacré, bien qu'inférieur en nombre, les vainquit complétement aux bords du lac Copaïs, près de la ville de Tégyre. « Ce combat, dit Plutarque, montra

« clairement aux Grecs que les guerriers intré-
« pides ne naissaient pas tous sur les rives de l'Eu-
« rotas ; ils virent alors que, dans la Béotie aussi
« bien qu'à Sparte, partout où les jeunes gens sa-
« vent rougir de ce qui déshonore, et se porter avec
« ardeur à ce qui est bien, partout où le blâme
« est redouté plus que le danger, il y a là des
« hommes qu'il faut craindre. » Platées et Thespies, vainement soutenues par les Spartiates, furent détruites l'une et l'autre de fond en comble,
et les Thébains, partout vainqueurs dans leur propre pays, menacèrent même l'indépendance de la
Phocide. Les Athéniens alors, à la vue des progrès de leurs voisins, s'inquiétèrent pour eux-
mêmes : ils les soutinrent avec moins de chaleur,
ils firent des ouvertures à Sparte, et enfin, en 371,
la paix fut conclue entre les deux villes, dans un
congrès auquel assistait Epaminondas. — « Lais-
serez-vous libres les villes béotiennes ? » lui dit
Agésilas, car c'était là, pour les Spartiates, le prétexte de la guerre. — « Non, répondit le Thébain,
« à moins que vous ne trouviez juste que les villes
« laconiennes   soient   indépendantes. » Et la
guerre continua entre Sparte et Thèbes.

41. Les Spartiates crurent que leurs ennemis,
réduits à eux-mêmes, ne pourraient leur résister,
et le roi Cléombrote, avec dix mille hommes de
pied et mille chevaux, envahit la Béotie. Les Thébains n'avaient guère que moitié moins de troupes ;
mais leur cavalerie était bien autrement exercée.
Les deux armées se rencontrèrent dans la plaine
de Leuctres ; Epaminondas commandait en chef, et

Pélopidas dirigeait le bataillon sacré. Ils apportaient sur le champ de bataille, le premier, une intelligence des combats qui allait faire de lui le créateur de l'art militaire en Grèce; le second, une valeur impétueuse à laquelle tout devait céder; l'un et l'autre, un patriotisme et un oubli d'eux-mêmes qui méritaient certes la victoire. Au moment où Pélopidas quittait Thèbes, sa femme l'exhortait en pleurant à se conserver : « Ma « femme, lui avait-il dit, c'est aux simples soldats « qu'il faut faire une pareille recommandation; « aux généraux, il faut leur dire de sauver les « autres. » A Leuctres, les collègues d'Epaminondas s'inquiétaient, ils lui parlaient de présages sinistres : « Défendre sa patrie est le meilleur pré-« sage, » répondit le héros en citant un vers d'Homère, et la bataille commença.

Jusque-là, quand deux armées étaient en présence, elles s'abordaient soit en masse, soit bataillon contre bataillon. Une mêlée s'ensuivait, et la troupe, qui se fatiguait le plus vite, prenait le parti de la retraite. Le courage, l'adresse, la force physique des soldats décidaient du sort des batailles : l'intelligence y avait peu de part. Epaminondas, ayant à lutter contre un ennemi supérieur en nombre, sentit que toutes les chances seraient contre lui, s'il s'en tenait à l'ancienne manière de combattre. Il ne songea qu'à une chose : rompre et enfoncer sur un point les troupes des Spartiates, en portant sur ce point une force irrésistible : il espérait que le désordre s'ensuivrait dans une portion de l'armée ennemie, et que le reste perdrait courage et prendrait la fuite, en voyant sur un point la bataille perdue. Tout se passa comme il l'avait supposé. Pendant que la cavalerie thébaine mettait en déroute celle de Sparte, il concentra d'un côté, en une colonne épaisse et profonde, tout ce qu'il avait de soldats d'élite et armés de toutes pièces : cette colonne, secondée par le bataillon sacré, rompit l'aile droite des Spartiates; le roi Cléombrote tomba bientôt frappé à mort; l'aile gauche, à la vue de la droite enfoncée, lâcha pied à son tour, et les Thébains demeurèrent maîtres du champ de bataille. Ils n'y avaient perdu que trois cents hommes environ, et leurs ennemis quatre mille au moins. « Ce qui me rend le plus « heureux, dit Epaminondas quand il vit la victoire « assurée à Thèbes, c'est que mon père vive en- « core : il jouira de cette gloire. » (371.)

42. Bien des Spartiates avaient fui dans la bataille de Leuctres, et Agésilas fut réduit à proposer de laisser dormir, pour un jour, les lois qui les frappaient d'infamie. Au dehors, le Péloponnèse tout entier, en apprenant cette déroute et la mort du roi, sentit que la tyrannie de Sparte pourrait, quelque jour, être renversée. Les Arcadiens reconstruisirent Mantinée ; avec l'appui d'Epaminondas, qui envoya mille soldats d'élite protéger leurs travailleurs, ils remplacèrent leurs quarante bourgades, incapables de se défendre, par une vaste capitale, qu'ils appelèrent Mégalopolis ou *la grande ville*. Agésilas voulut arrêter cette renaissance de l'Arcadie; mais les peuples voisins, l'Argolide, l'Elide, accoururent au secours des Arca-

diens. Bientôt même les deux héros thébains envahirent la Laconie à la tête d'une immense armée, à la formation de laquelle presque toute la Grèce centrale, avec la Thessalie, avait largement contribué.

L'entrée des Thébains dans la Laconie causa une profonde émotion. Jamais un ennemi, depuis l'invasion dorienne, n'avait encore osé y mettre le pied, et maintenant soixante-dix mille hommes entouraient et menaçaient Sparte. « Les vieillards « étaient indignés; les femmes couraient çà et là « comme des folles, en entendant le tumulte des « troupes assiégeantes, en apercevant de loin les « incendies des campagnes (1). Agésilas était hu-« milié de voir, pendant son règne, démentir la « fière parole qui se répétait depuis des siècles, « qu'une Lacédémonienne n'avait jamais vu la « fumée d'un camp ennemi (2). » Il eut cependant assez de force d'âme pour considérer de sang-froid le danger, et Sparte dut son salut au calme et à la présence d'esprit de son roi. « Au lieu de lutter « contre cette armée nombreuse, qui se répandait « de toutes parts comme un torrent débordé, il « maintint ses troupes à l'intérieur de la ville. Il « souffrit, sans s'en inquiéter, les menaces et les « bravades des Thébains, qui le provoquaient par « son nom et le pressaient de venir combattre. » Des complots, des désertions, ajoutèrent de nouveaux embarras, de nouveaux périls, à ceux de l'invasion étrangère. Rien n'ébranla la tranquillité, ne rebuta

_______

(1) Voir plus haut, page 76, ce qu'en dit Aristote.
(2) Plutarque, *Vie d'Agésilas.*

le courage d'Agésilas. Il ne voulait, dans sa défense, que gagner du temps, sûr que les Péloponnésiens, contents d'avoir menacé Sparte et de s'en retourner chargés de butin, ne se soucieraient pas de continuer plus longtemps la guerre : ils quittèrent en effet l'armée peu à peu. Les Athéniens, de leur côté, s'inquiétèrent de la puissance toujours croissante de Thèbes, et ils envoyèrent, au secours de Sparte, Iphicrate avec douze mille hommes. Epaminondas, forcé de retourner en Béotie, laissa du moins un nouvel ennemi aux Spartiates : il fonda une ville, Messène, et il y appela tout ce qui restait de Messéniens : c'était les mettre à même de lutter contre leurs maîtres, comme le faisaient les Arcadiens depuis qu'ils avaient Mégalopolis.

43. Victorieuse de Sparte, contre laquelle elle protégeait le Péloponnèse, rivale prépondérante d'Athènes dans la Grèce centrale, Thèbes intervint aussi dans les pays grecs du nord. Pélopidas alla en Thessalie, pour soutenir les villes contre leurs tyrans; il alla en Macédoine, pour se prononcer comme arbitre entre divers compétiteurs au trône. Il ramena de ce dernier pays, comme otages, le jeune Philippe, prince du sang royal, et trente autres jeunes gens des plus illustres familles. « La Grèce put voir alors, dit Plutarque, « à quel point de grandeur les Thébains étaient « parvenus, quelle opinion on avait de leur puis- « sance, et quelle confiance inspirait leur arbi- « trage. » Malheureusement toute cette grandeur tenait à deux hommes, et la mort les enleva bientôt l'un et l'autre à Thèbes.

Pélopidas, le premier, fut tué à la bataille de Cynoscéphales, dans une nouvelle intervention contre le tyran thessalien Alexandre de Phères. Ce fut une victoire éclatante, où les Thébains et les Thessaliens tuèrent plus de trois mille des soldats ennemis ; mais ce grand succès ne les consola pas de la perte qu'ils avaient faite. « A la tristesse pro-« fonde, au morne silence qui régnaient dans tout « le camp, on eût dit qu'ils étaient vaincus et ré-« duits à la condition d'esclaves » (363).

L'année suivante, vint le tour d'Epaminondas. Les Arcadiens, justement irrités des prétentions despotiques de Thèbes, avaient renoncé à son alliance et réclamé, contre elle, le secours de Sparte et d'Athènes. Dans l'espoir de rendre à sa patrie l'influence qu'elle venait de perdre, Epaminondas envahit encore une fois le Péloponnèse, et les deux armées se trouvèrent en présence près de Mantinée. Le général thébain renouvela alors les dispositions qui lui avaient donné la victoire à Leuctres. « Il s'avança avec ses meilleurs soldats, dit Xéno-« phon, comme ferait une trirème la proue en « avant, sûr que la déroute de l'ennemi serait « générale si la ligne était une fois rompue. » Le choc impétueux des Thébains avait réussi, la trouée était faite, le triomphe était assuré déjà, quand Epaminondas fut blessé d'un javelot, dont le fer resta dans la plaie. On le rapporta à demi mort dans le camp, et les médecins déclarèrent qu'il mourrait quand on tirerait l'arme de la blessure. Il demanda, en reprenant ses sens, quelle armée avait vaincu ; on lui dit que c'était celle de

Thèbes : « Tout est donc bien, reprit-il, et je puis « mourir. » Ses amis gémissaient de le voir ainsi quitter la vie sans laisser d'enfants : « Je laisse « deux filles, leur dit-il encore, la victoire de « Leuctres et celle de Mantinée. » Et il expira presque aussitôt (362).

La gloire et la puissance de Thèbes étaient nées avec Epaminondas et Pélopidas : elles s'éteignirent avec ces deux grands hommes. La Macédoine allait, à son tour, se placer à la tête de la Grèce.

QUESTIONNAIRE. — 38. Donnez une idée de la division de la Grèce au moment où fut conclu le traité d'Antalcidas. — Comment Sparte le fit elle exécuter? — Y était-elle fidèle en tout point? — Comment en faisait-elle l'appui de son ambition ? — De quelle ville partit la résistance aux projets dominateurs des Spartiates? — 39. Faites le portrait de Pélopidas et d'Épaminondas.—Racontez, avec sa date, la révolution qui rendit à Thèbes sa liberté. — 40. A l'aide de quelle ruse Pélopidas donna-t-il à sa patrie l'alliance d'Athènes? — Quel corps nouveau fut alors organisé dans l'armée de Thèbes? — Résumez les succès et les progrès de la flotte d'Athènes et des troupes de Thèbes dans les premières années de la guerre. — Quels faits refroidirent les Athéniens, et quand firent-ils la paix avec Sparte? — 41. Comparez les deux armées qui se trouvèrent en présence à Leuctres en Béotie. — Donnez une idée des talents militaires et du patriotisme d'Épaminondas et de Pélopidas. — Comment jusque-là s'étaient livrées les batailles, et qu'y fit de nouveau Épaminondas? — Racontez, avec sa date, la bataille de Leuctres. — 42. Quelles furent, pour le Péloponnèse, les diverses conséquences de cette bataille? — Décrivez l'émotion de Sparte lors de l'invasion d'Épaminondas. — Comment Agésilas défendit-il sa patrie? — Quelles circonstances décidèrent Épaminondas à lever le siége? — Quel ennemi nouveau suscita-t-il à Sparte avant de quitter le Péloponnèse? — 43. A quelle occasion Thèbes intervint-elle aussi dans la Grèce du Nord? — Quel prince Pélopidas ramena t-il de la Macédoine?—Dans quelle bataille et en quelle année fut-il tué? — Racontez, avec la date, la bataille de Mantinée et la mort d'Épaminondas.

# QUATRIÈME PARTIE

**La Macédoine à la tête de la Grèce. — Conquête de l'empire des Perses par Alexandre. — L'empire macédonien, démembré après Alexandre, passe en grande partie aux Romains.**

---

## CHAPITRE PREMIER

### PHILIPPE (359-336).

**I. Agrandissement de sa puissance dans le nord. — Sa première intervention dans les affaires de la Grèce.**

1. Depuis la guerre médique, trois États tour à tour, Athènes, Sparte et Thèbes, avaient fait peser sur la Grèce une prépondérance souvent tyrannique. Thèbes, dont la suprématie passagère n'avait duré que quelques années, ne s'était montrée ni moins avide de dominer que ses deux rivales, ni moins dédaigneuse de la liberté des autres villes. Elle avait détruit en Béotie Thespies, Platées et Orchomène, et violemment expulsé du pays tous les citoyens qui lui résistaient. Après la mort de ses deux héros, elle retomba au second rang, où elle était toujours restée avant eux, et ce fut un nouveau pays grec, la Macédoine, qui se plaça à la tête de la Grèce.

Obscure jusqu'alors et à peine connue, elle était habitée par une population pauvre et grossière, dont les mœurs ne différaient guère de celles des deux pays barbares qui l'avoisinaient, la Thrace et l'Illyrie. Les Macédoniens n'avaient encore aucune réputation comme soldats ; mais accoutumés dans leurs montagnes à une vie rude, courageux, infatigables, ils avaient toutes les qualités qui font l'homme de guerre. Il ne leur manquait que la discipline et un chef intelligent et résolu. Ce chef fut *Philippe* (359).

2. Perdiccas III, son frère, venait d'être tué avec quatre mille soldats dans une bataille contre les Illyriens ; au nord, d'autres envahisseurs, les Péoniens, voisins des cimes de l'Hœmus, ravageaient aussi la Macédoine ; à l'est, les Thraces se préparaient à l'attaquer à leur tour (1). Aux malheurs de ces invasions étrangères s'ajoutaient ceux de la guerre civile : deux compétiteurs, soutenus l'un par les Thraces, l'autre par Athènes, se disputaient la couronne les armes à la main. Ce fut dans cette situation difficile que Philippe, alors âgé de 23 ans, se présenta aux Macédoniens, en réclamant la tutelle de son neveu Amyntas, encore au berceau. En otage à Thèbes depuis neuf ans (2), il avait vécu tout ce temps dans la familiarité de Pélopidas et d'Épaminondas, les deux plus grands hommes de guerre de leur époque ; il avait vu de près l'organisation de la milice thébaine, et il rapportait maintenant à son pays, envahi de tous côtés, une précieuse connaissance de l'art militaire. Il en profita pour affranchir la Macédoine des ennemis qui la dévastaient,

---

(1) Voir les cartes et aussi le chap. I de la 1re partie, pag. 7 et 8.
(2) Voir plus haut, pag. 252.

pour se débarrasser lui-même des prétendants qui lui barraient le chemin du trône. L'un d'eux fut battu et réduit à quitter le pays.; des largesses détachèrent les Thraces de la cause de l'autre ; les Péoniens et les Illyriens furent vaincus et forcés d'abandonner leurs conquêtes ; et la Macédoine reconnaissante donna la couronne, au lieu de la régence, au prince qui venait de la délivrer.

3. A la vue de ces invasions, le pays tout entier avait compris que, pour rendre plus forte l'armée chargée de les repousser, il fallait y introduire une discipline sévère, et Philippe avait pu, sans mécontentements, sans réclamations, transformer la milice macédonienne. Il avait habitué ses troupes, chefs et soldats, à cette obéissance passive et absolue sans laquelle il n'y a pas en guerre de succès possible, à des marches de douze à quinze lieues par jour avec armes et bagages. Se souvenant du rôle qu'Épaminondas donnait, dans les batailles, à ses troupes d'élite (1), et cherchant à faire mieux encore, il avait créé la *Phalange*, merveilleuse invention que la légion romaine a seule surpassée chez les anciens.

C'était une masse de combattants qui varia de 6,000 à 16,000 hommes, serrés les uns contre les autres sur seize files de profondeur, et couverts de solides armures. Chaque phalangiste portait une pique longue de sept mètres ; les cinq premiers rangs la tenaient à deux mains, tournée vers l'ennemi, de telle manière que les piques du

_______________

(1) Voir plus haut, pag. 249, 250.

premier rang s'avançaient de cinq mètres en avant du front de bataille, celles du second rang de quatre, et ainsi de suite jusqu'à celles du cinquième rang, qui dépassaient encore d'un mètre la première file de soldats. Vue de face, la phalange était, dit Plutarque, « une sorte de monstre indomptable, hérissé de pointes de fer. » Les autres rangs tenaient leurs armes la pointe en haut, et cet amas de piques, ainsi rapprochées, arrêtait les traits lancés par l'ennemi sur la phalange. Ces rangs avaient une autre utilité encore. Ils poussaient et pressaient ceux qui étaient devant eux, et leur ôtaient tout moyen de retourner en arrière. Ils remplaçaient sur-le-champ les morts et les blessés des premières files : ainsi le nombre des combattants avait beau diminuer, le front restait toujours le même, et l'action du combat ne se ralentissait point. Sur un terrain plat et sans fossés, quand la phalange pouvait garder son ordre, elle était sûre de renverser l'ennemi. — Pour protéger sur les flancs et en arrière cette lourde masse, qui ne pouvait guère que marcher en avant, sans se tourner ni changer de front, Philippe l'avait soutenue d'une infanterie légère, chargée de commencer le combat. Enfin à ces redoutables troupes de pied s'ajoutait une vaillante cavalerie, le corps des *hétaires* ou compagnons du roi, dans lequel prenait rang toute la noblesse macédonienne.

4. Philippe, qui aspira toute sa vie à dominer la Grèce, savait qu'elle n'avait guère à lui opposer que des troupes mercenaires, et que ces

bandes, ne faisant la guerre que pour de l'argent et indifférentes à la cause quel eurs armes défendaient, n'apportaient dans les combats ni l'ardeur ni le dévouement des troupes nationales. Cet avantage n'était pas le seul. Philippe pouvait couvrir ses desseins du mystère le plus profond : ses lieutenants ne connaissaient ses ordres qu'au moment de les exécuter. Dans les villes grecques, au contraire, toutes les résolutions se prenaient sur la place publique, en présence des espions qu'eut bientôt partout le Macédonien. Malgré cette double supériorité, il attendit avec patience qu'une occasion se présentât d'intervenir dans les affaires de la Grèce. Ambitieux et prudent tout ensemble, il ne parut d'abord songer qu'à étendre dans le Nord le pouvoir et l'influence de la Macédoine, si petite et si méprisée avant lui.

Telle fut la politique constante de son règne. Dans les trois périodes, à peu près égales, qui se le partagent jusqu'à la bataille de Chéronée, il se garda toujours de trop inquiéter les villes grecques par son ambition : il aurait craint d'accumuler ainsi contre lui trop de résistances. Pendant quelques années, il semblait presque oublier la Grèce, ne s'occuper que du Nord, et chaque période pourtant se termine par une intervention, de plus en plus heureuse et dominatrice, du roi de Macédoine dans ses affaires.

5. Un vieil adage disait que, pour dominer la Grèce, il fallait avoir la mer Égée, et la Macédoine n'atteignait cette mer sur aucun point : parmi les villes de la côte, les unes restaient in-

dépendantes ; les autres s'étaient rangées sous le patronage d'Olynthe ou d'Athènes. La première conquête à faire pour Philippe était celle de la ville libre d'Amphipolis. Il aurait alors entre les mains un port florissant ; le bois nécessaire à la construction d'une flotte lui arriverait des montagnes sur les eaux du Strymon ; enfin les mines d'or du mont Pangée, situées près de là, lui fourniraient de nouvelles ressources. Aussi saisit-il avec empressement, comme un motif de guerre, quelques légers différends survenus entre la Macédoine et les Amphipolitains. Pour détourner les Athéniens de soutenir la ville assiégée, il leur fit croire qu'il ne voulait s'en emparer que pour la leur remettre : il ne leur demandait en échange que de le laisser occuper le port de Pydna, qui s'était placé sous leur protection. Le traité conclu, il prit les deux villes, les garda l'une et l'autre, et Athènes, alors engagée dans une lutte malheureuse avec quelques îles détachées de son alliance, supporta, sans pouvoir s'en venger, la duplicité du roi macédonien (358).

Philippe avait maintenant l'accès de la mer Égée. Il s'empara des mines d'or voisines d'Amphipolis, et y établit une colonie qui porta son nom. Il intervint, comme Pélopidas, en faveur des villes de Thessalie contre leurs tyrans. Son mariage avec Olympias, fille du roi d'Épire, fit de l'Épire une puissance amie. La Macédoine prenait donc pied déjà dans la Grèce du Nord ; elle avait un beau port et une marine naissante sur la mer Égée. La *guerre sacrée* faillit lui donner aussi l'entrée de la Grèce centrale.

6. Après la bataille de Leuctres, les Thébains avaient accusé les Phocidiens, leurs ennemis, devant le conseil des Amphictions de Delphes (1) : ils leur reprochaient de s'être approprié et d'avoir mis en culture des terres consacrées à Apollon, et, sur l'avis de quelques membres complétement dévoués à Thèbes, les Amphictions avaient condamné les Phocidiens à une forte amende. En 355, cette amende n'étant point encore payée, un décret nouveau jeta la malédiction sur la Phocide et voua ses habitants à l'exécration, s'ils ne s'acquittaient sans retard de cette dette sacrée. Philomèle, un des principaux Phocidiens, s'éleva alors énergiquement contre l'injustice de la condamnation ; il déclara qu'il était impossible à un pays pauvre comme la Phocide de payer cette amende exorbitante, et il décida ses concitoyens à la résistance. Nommé général avec des pouvoirs illimités, il ajouta des mercenaires à mille soldats d'élite levés en Phocide, et, avec cette armée improvisée, il alla s'emparer du temple de Delphes, en massacrer les gardiens, et arracher des colonnes le décret que les Thébains avaient obtenu contre sa patrie. Ce sacrilége, sans exemple jusque-là, fit naître aussitôt une guerre générale, les uns voulant maintenir l'autorité des Amphictions, les autres disposés à soutenir la Phocide. Pour augmenter le nombre de ses troupes, Philo-

_______________

(1) Voir plus haut, pag. 31, 32 et l'errata.

15.

mêle n'hésita pas à mettre la main sur les riches offrandes accumulées dans le temple. « Tout ce « qu'il y avait en Grèce d'hommes décriés et plus « amis de l'argent que des dieux se hâta d'accou- « rir à lui, et il eut bientôt dix mille soldats sous « ses ordres (1). » Vainqueur des Thessaliens, puis des Locriens, il fut ensuite accablé par une armée venue de Béotie, et se précipita d'une roche escarpée, pour ne pas tomber vivant aux mains de l'ennemi. Onomarque, son frère, lui succéda, et il accourut en Thessalie pour soutenir le tyran de Phères, son allié, que menaçait alors l'armée de Philippe. Heureux dans les deux premières rencontres, il fut complétement vaincu dans la troisième : six mille Phocidiens restèrent sur le champ de bataille ; trois mille, faits prisonniers, furent jetés à la mer comme sacriléges ; le corps d'Onomarque, trouvé parmi les morts, fut attaché à une croix, et Philippe put se présenter à la Grèce comme le vengeur des dieux outragés.

Sous prétexte de continuer son œuvre au cœur même de la Phocide, il s'avança avec son armée vers les Thermopyles, dont la possession lui aurait ouvert toute la Grèce centrale ; mais des troupes athéniennes l'avaient devancé et s'y étaient retranchées. Il fut forcé de renoncer à son entreprise, et cette tentative avortée dévoila aux yeux de tous l'ambition du roi de Macédoine et le véritable but qu'il poursuivait (352).

QUESTIONNAIRE. — *Première période (De l'avénement de Phi-* *lippe à sa tentative sur les Thermopyles. 359-352). —*

---

(1) Diodore de Sicile, liv. XVI.

1. Quel avait été, en général, le caractère de la prépondérance d'Athènes, de Sparte et de Thèbes ? — Thèbes conserva-t-elle sa suprématie après la mort d'Epaminondas ? — Qu'était alors et qu'avait été jusque-là la Macédoine? — Indiquez la date de l'avénement de Philippe. — 2. Quels dangers menaçaient la Macédoine quand Philippe en prit en main le gouvernement?—A quel titre le fit-il d'abord, et quel était son âge ? — Où avait-il acquis les talents militaires qu'il apportait à la Macédoine ?·— Quels services rendit-il d'abord à son pays, et quel profit en retira-t-il lui-même ? — 3. Faites connaître les réformes introduites par Philippe dans l'armée macédonienne. — Décrivez la *phalange* et faites-en comprendre les avantages. — Quelles conditions étaient nécessaires à son action ? — Quels corps se joignaient à la phalange dans l'armée macédonienne ? — 4. Quels avantages avait alors la Macédoine sur les républiques grecques ? — Philippe s'occupa-t-il de la Grèce dès le début ? — Donnez une idée de sa politique constante dans les diverses périodes de son règne. — 5. La Macédoine, avant Philippe, touchait-elle à la mer ? — Quelle fut sa première conquête et en quoi lui fut-elle très-utile? — A quelle colonie donna t-il son nom ? — Comment son influence s'étendit-elle en Thessalie et en Epire ? — 6. Racontez, avec sa cause, la guerre sacrée jusqu'à la victoire de Philippe sur Onomarque. — En quelle année se livra cette bataille, et que tenta Philippe aussitôt après ?

# CHAPITRE II

## PHILIPPE (359-336).

### II. — Démosthène. — Conquête de la Thrace et bataille de Chéronée.

7. Pendant que la Macédoine grandissait entre les mains de Philippe, l'Athénien *Démosthène* achevait de perfectionner cette éloquence nerveuse et entraînante que le roi macédonien allait, pendant quinze ans, trouver devant lui, comme une barrière sans cesse relevée. Il lui avait fallu,

pour devenir un grand orateur, ajouter aux travaux de l'esprit une lutte pénible et longue contre sa prononciation embarrassée, qui l'avait fait d'abord repousser par des huées de la tribune aux harangues. On l'avait vu, pour triompher de sa nature rebelle, réciter et déclamer, la bouche à demi remplie de petits cailloux ; parler à haute voix et d'une manière continue, tout en gravissant des côtes escarpées ; se promener le long de la mer, en s'efforçant de dominer le bruit de ses vagues. Il allait maintenant, dans toute sa vie publique, apporter la même ténacité à défendre Athènes et la Grèce contre les envahissements des Macédoniens.

Athènes n'était plus la ville dont l'héroïsme avait autrefois sauvé la Grèce ; les Athéniens d'alors étaient loin des Athéniens de Salamine et de Marathon, et le patriotisme s'éteignait chez eux comme les croyances. Ils ne donnaient plus leur sang au pays, qui n'était guère défendu que par des bandes mercenaires. Ils lui donnaient aussi le moins que possible de leur argent ; chaque fois qu'une expédition réclamait de nouveaux subsides, les plus riches murmuraient hautement, et chacun d'eux s'efforçait de s'y soustraire. Une seule dépense, celle des fêtes, se faisait toujours avec régularité, avec profusion ; Athènes, en tout temps, y sacrifiait le plus clair de ses revenus, et une loi menaçait de mort l'orateur qui, sous quelque prétexte que ce fût, aurait proposé de détourner à un autre usage l'argent destiné aux plaisirs du peuple.

La Macédoine avait beau s'accroître, rien ne tirait de leur engourdissement les Athéniens, oublieux de la grandeur de leurs pères. Les hommes dont l'éloquence ou l'exemple aurait pu réveiller chez eux un peu d'énergie, étaient d'avis presque tous de rester en paix avec Philippe : les uns, parce qu'ils s'étaient vendus à ce roi ; les autres, comme l'austère Phocion, malgré ses succès militaires, parce qu'en voyant la mollesse des mœurs et l'amour de l'argent à la place de l'amour du pays, ils croyaient la résistance impossible. — « Quand conseillerez-vous donc la guerre? « demandait-on un jour à Phocion. — Quand je « verrai, répondit-il, les jeunes gens observer la « discipline, les riches contribuer aux frais que « la guerre entraîne, et les orateurs ne plus voler « par leurs propositions le trésor public. » — « Soyez les plus forts par les armes, disait-il en- « core, ou soyez les amis de ceux qui le sont. »

Seul ou presque seul *Démosthène*, plus confiant dans les destinées de sa patrie, osa espérer un remède aux misères qui semblaient rendre sa défaite inévitable. Les yeux fixés sur ses victoires et ses grands hommes d'autrefois, il crut qu'on pourrait encore ressusciter ce temps héroïque d'Athènes. Il crut aussi que contre ces nouveaux venus, contre ces demi-barbares qui voulaient imposer aux villes grecques leur domination, la Grèce s'unirait, comme elle avait fait jadis contre les barbares d'Asie : il oubliait que, depuis plus d'un siècle, cette Grèce s'était toujours déchirée de ses propres mains dans des guerres intestines,

et que sans cesse les villes avaient sacrifié les intérêts de la patrie commune à leurs propres inté-

Démosthène, d'après le buste antique du Musée du Louvre.

rêts. L'espoir de rendre à Athènes les vertus
qu'elle n'avait plus, celui d'associer la Grèce entière à la lutte contre Philippe, n'étaient peut-être,
il faut le dire, que des illusions trompeuses ; mais
c'étaient du moins, il faut aussi le reconnaître, les
illusions d'un grand citoyen, les erreurs d'une
âme courageuse et dévouée.

Un peuple d'ailleurs ne peut ni ne doit abandonner son indépendance à l'étranger, sans es-
sayer du moins de la défendre. Athènes le devait
moins que tout autre, et la patrie de Miltiade, de
Thémistocle et de Périclès ne pouvait tomber que
les armes à la main. Libre à Phocion de prêcher
la paix, parce qu'il ne croit pas à Athènes l'énergie de faire la guerre. Mais Démosthène prêchait
la guerre, parce que, tout en voyant le mal comme
Phocion, il le croyait moins profond et guéris-

sable, et que, dans tous les cas, fût-on certain à l'avance d'avoir le dessous, le devoir et l'honneur ordonnaient à sa patrie de résister à Philippe.

8. — « Quand donc, Athéniens, s'écria l'orateur, « après la tentative du roi sur les Thermopyles, « quand donc ferez-vous votre devoir, et qu'atten- « dez-vous encore? quelque événement nouveau? « quelque nécessité qui vous contraigne? Mais « pour des hommes libres, la plus pressante né- « cessité, n'est-ce pas le déshonneur? Voulez-vous, « dites-moi, aller toujours par la place publique « vous demandant les uns aux autres : — Eh bien! « que dit-on de nouveau? — Eh! que se peut-il de « plus nouveau qu'un homme de Macédoine qui « triomphe d'Athènes et domine en Grèce? » Et il pressa les Athéniens d'équiper cinquante galères, de monter eux-mêmes sur les vaisseaux, de prendre rang eux-mêmes dans les armées. « Qu'on ne « me parle, dit-il, ni de dix mille, ni de vingt « mille mercenaires, admirables armées dans les « lettres qui les annoncent. Ce qu'il faut, c'est une « armée d'Athènes (1). »

Sans faire tout ce que l'orateur lui demandait, le peuple vota un armement considérable. Mais il vit bientôt ce Philippe, qu'on lui représentait comme dévoré d'ambition, s'enfermer pendant deux ans et se livrer aux débauches dans les murs de Pella, sa capitale. On s'habitua alors à re-

---

(1) Première philippique. — Ce nom de *philippiques*, spéciale- ment donné à quatre discours de Démosthène, pourrait s'appliquer à toutes les harangues, au nombre de onze, prononcées par lui con- tre le roi de Macédoine dans l'espace de quinze années.

garder les craintes de Démosthène comme exagérées, et quand le rusé Macédonien, se réveillant tout à coup, attaqua ensuite la ville d'Olynthe, les discours du grand orateur n'obtinrent pour elle qu'en trois fois un secours de huit mille hommes, qui furent incapables de la sauver. A la Chalcidique, qui tomba tout entière avec Olynthe aux mains de Philippe, s'ajoutèrent les places fortes de la Chersonèse de Thrace, et les côtes du nord de la mer Égée appartinrent ainsi presque toutes à la Macédoine.

Philippe alors crut le moment venu de tenter de nouveau le coup de main qui avait échoué six ansplustôt : il marcha sur les Thermopyles et s'en empara, sous le prétexte de mettre fin à la guerre sacrée, qu'un fils d'Onomarque continuait avec 8,000 mercenaires. Ils consentirent à quitter le pays ; toutes les villes de Phocide furent rasées et remplacées par des bourgades de 50 maisons au plus ; les armes de leurs habitants furent brisées comme sacriléges ; leurs chevaux furent confisqués et vendus ; un tribut annuel de soixante talents fut imposé à la Phocide, au profit du temple dépouillé par elle, et les deux voix des Phocidiens dans le conseil amphictionique furent transférées au roi de Macédoine (346).

9. — Fidèle à sa politique tenace mais patiente, Philippe, une fois maître des Thermopyles, parut encore, pendant sept ans, ne plus penser, pour ainsi dire, à la Grèce. Il soumit la plus grande partie de la Thrace et s'avança jusqu'au Pont-Euxin ;

mais Athènes à la fin s'inquiéta, quand elle apprit qu'il assiégeait Périnthe et s'approchait de Byzance (1). Déjà la possession d'une partie de la Chersonèse lui avait presque livré le détroit de l'Hellespont (Dardanelles); s'il y joignait Byzance, il aurait de même entre les mains le second détroit de la Propontide, le Bosphore de Thrace (canal de Constantinople), et les vaisseaux ne pourraient guère passer du Pont-Euxin dans la mer Égée sans la permission de la Macédoine. Une partie des blés nécessaires à l'Attique lui venant de la Chersonèse Taurique (Crimée), dans le fond du Pont-Euxin, Philippe serait ainsi le maître d'affamer Athènes. Il était urgent de l'arrêter dans ses conquêtes, et Démosthène alla lui-même réconcilier entre elles et unir contre leur ennemi commun les deux villes menacées. A sa voix, 120 galères, montées par des Athéniens, furent envoyées à leur aide sous les ordres de Phocion ; Philippe, qui assiégeait à la fois les deux places, fut contraint de se retirer, et Phocion chassa même ses troupes de la Chersonèse. Grâce à l'activité résolue qu'Athènes avait enfin retrouvée, la Propontide restait libre (339).

Les dangers de la Grèce ne firent pourtant alors que s'accroître. L'orateur Eschine, vendu à Philippe, accusa la Locride Ozole d'avoir labouré le territoire dont la mise en culture avait déjà causé la ruine de la Phocide : c'était susciter une nouvelle guerre sacrée. Le roi de Macédoine, chargé

---

(1) Voir la carte des colonies grecques.

une seconde fois par les Amphictions de la protection du temple de Delphes, transporta par mer son armée en Locride, assiégea et prit la ville coupable (Amphissa), défit et dispersa les dix mille mercenaires envoyés par Athènes pour la soutenir. Puis tout à coup, le vainqueur se jeta sur la place forte d'Élatée, dont la prise lui donna l'entrée de la Béotie et le plaça à deux journées seulement d'Athènes.

Démosthène aussitôt appela Athènes et Thèbes, terrifiées par cette nouvelle, à s'unir contre l'ambitieux Macédonien, et, peu de temps après, l'armée des confédérés et celle de Philippe, fortes chacune de plus de trente mille hommes, se trouvèrent en présence dans la plaine de Chéronée (Béotie). Philippe et son jeune fils, Alexandre, montrèrent la plus grande valeur. De leur côté, les Athéniens et les Thébains luttèrent avec courage, et les Athéniens enfoncèrent même, dans leur premier choc, les troupes macédoniennes ; mais, au lieu de profiter de cet avantage, ils se débandèrent et rompirent leurs lignes en poursuivant les ennemis. « Les Athéniens ne savent pas vaincre, » dit alors froidement Philippe, et, d'une hauteur où il l'avait postée, il lança sa terrible phalange sur leurs soldats en désordre. Plus de mille Athéniens périrent ; plus de deux mille furent faits prisonniers. Le bataillon sacré de Thèbes, attaqué par Alexandre, s'était fait tuer jusqu'au dernier soldat, et beaucoup d'autres Thébains avaient eu le même sort. Le reste des combattants prit la fuite, et Démosthène, qui, malgré ses 48 ans, avait pris les armes, fut entraîné avec les fuyards (1) (338).

Ainsi succombèrent, devant les Macédoniens, la patrie d'Épaminondas et cette noble Athènes, la reine de la Grèce, que les lettres et les arts avaient faite si grande. Redevenue fidèle à ses glorieux souvenirs, elle n'avait pas sacrifié sa liberté sans résistance, et Démosthène plus tard a pu la féliciter de ce retour d'énergie, qui n'avait pourtant amené qu'un revers : « Non, Athéniens, vous ne vous « êtes pas trompés, s'écria l'orateur, vous ne vous « êtes pas trompés en courant à la mort pour le « salut et la liberté de la Grèce ! j'en jure par vos « ancêtres tombés à Marathon, à Salamine, à « Platées ! le succès dépend des dieux seuls. Je « vais plus loin : Athènes eût-elle connu l'avenir, « prévu sa défaite, il lui fallait encore suivre la « route qu'elle a suivie : elle le devait à sa gloire « et à son passé. »

10. — Philippe, une fois vainqueur, montra autant de modération et de générosité, pour se concilier les Grecs, qu'il avait déployé d'habileté et d'énergie pour en triompher. On lui conseillait de

---

(1) S'il fallait en croire l'orateur Eschine, ennemi de Démosthène, et le biographe Plutarque, qui répète souvent, sans le contrôler attentivement par lui-même, ce que ses lectures lui ont appris, Démosthène aurait été des premiers à prendre la fuite, en jetant ses armes, qui l'embarrassaient. Il y a tout lieu de croire que cette lâcheté prétendue du grand orateur n'est qu'une calomnie. « Démosthène n'était pas Léonidas, dit avec raison M. Duruy à ce « propos, mais il ne fut pas, il ne pouvait pas être le grotesque personnage qu'on représente. La lâcheté n'était pas en honneur à « Athènes, et Démosthène y fut toujours honoré. Malgré les clameurs « élevées contre l'homme qui avait tant contribué à cette guerre « malheureuse, elle lui conserva sa confiance, et ce fut lui qu'elle « chargea de l'oraison funèbre des guerriers. »

s'assurer des plus fortes places de la Grèce centrale et du Péloponnèse : il ne mit de garnison que sur quatre points, en Acarnanie, aux Thermopyles, à Thèbes et à Corinthe. On l'excitait à punir cette ville d'Athènes, qui avait cherché à soulever contre lui la Grèce entière : « Aux dieux ne plaise, « répondit-il, que je détruise ce théâtre de la « gloire, moi qui ne travaille que pour elle ! » Et il permit aux Athéniens de reprendre leurs prisonniers sans rançon. Les villes conservèrent leurs gouvernements, leurs lois, leurs magistrats : elles ne perdirent que la liberté illimitée de se déchirer entre elles. La suprématie macédonienne, au lieu d'être une tyrannie, comme les Grecs avaient pu le redouter, fit de la Grèce une fédération où les droits de tous étaient reconnus, et où chaque ville avait sa voix dans les diètes helléniques (1). Philippe invita tous les Grecs à envoyer leurs députés à Corinthe : il voulait, dans une assemblée générale, y proposer une grande entreprise, la conquête de la Perse.

De grands esprits, pendant le règne de Philippe, s'étaient arrêtés à l'idée de cette guerre d'Asie. « Si les Grecs ne formaient qu'un seul corps, di- « sait Aristote, devenu le précepteur du jeune « Alexandre, ils seraient capables de subjuguer « l'univers (2). » — « Réunissons nos forces, avait

---

(1) On donne souvent ce nom de *diètes* aux assemblées nationales des États fédératifs.

(2) *Politique*, VII, 7. — Aristote ne s'occupa d'Alexandre qu'à l'âge de treize ans ; mais Philippe l'avait choisi dès la naissance de son fils (356). « Apprenez qu'il m'est né un fils, lui écrivit-il ; je rends « moins grâces aux dieux de sa naissance, que de ce qu'il est venu

« dit de son côté le vieux rhéteur Isocrate, en
« conseillant aux Grecs de se ranger d'eux-mêmes
« sous la suprématie de Philippe, réunissons nos
« forces, et nous nous rendrons facilement les
« maîtres de toute l'Asie. » — Philippe mit en
avant ce projet, le plus propre à faire oublier aux
villes grecques qu'il leur prenait une part de leur
indépendance. La guerre d'Asie fut résolue, et le
roi de Macédoine se fit nommer généralissime de
l'expédition. Le nombre des soldats à lever dans
chaque république fut réglé, et le départ des troupes était prochain, quand tout à coup, au milieu
d'une fête, Philippe fut assassiné par un de ses
nobles, qui lui avait en vain demandé justice d'un
outrage. Il n'avait que 47 ans (336).

Questionnaire.—*Deuxième période(De la tentative de Philippe
sur les Thermopyles à l'occupation de ce défilé. 352-346).* —
7. Quels travaux dut s'imposer Démosthène pour devenir
un grand orateur ? — A quelle œuvre son éloquence fut-
elle surtout consacrée ? — Montrez la décadence d'Athènes
au temps de Philippe. — Que disait Phocion à ce propos,
et comment, suivant lui, devaient se conduire les Athéniens vis-à-vis de la Macédoine ? — Qu'espérait Démosthène, qui conseillait de lutter contre Philippe, et que
faut-il penser de ses espérances ? — N'était-il pas du devoir d'Athènes de résister, quoique plus faible, aux Macédoniens ? — 8. Citez quelques fragments du discours de
Démosthène après la tentative de Philippe sur les Thermopyles. — Montrez la conduite de Philippe et suivez ses
progrès dans la Thrace, pendant les six années qui suivirent cet échec. — En quelle année et sous quel prétexte
s'empara-t-il des Thermopyles ? — Comment termina-t-il
la guerre sacrée ?
*Troisième période (De l'occupation des Thermopyles à la
prise d'Elatée et à la bataille de Chéronée. 346-338. Mort*

« au monde de votre temps. J'espère qu'élevé et instruit par vous, il
« sera digne de moi et de mon empire. »

*de Philippe.* 336). — 9. De quel côté s'agrandit Philippe après avoir pris les Thermopyles? — Pourquoi Athènes s'inquiéta-t-elle quand elle le vit attaquer Périnthe et Byzance? — Comment protégea-t-elle avec succès ces deux villes? — Indiquez la date de ces événements. — Racontez la seconde guerre sacrée. — Par quel coup de main Philippe inquiéta-t-il alors de nouveau la Grèce? — Quels peuples se liguèrent contre lui? — Racontez, avec sa date, la bataille de Chéronée. — Comment Démosthène a-t-il parlé plus tard de cette défaite? — 10. Comment se conduisit Philippe après sa victoire, et quel fut le caractère de sa prépondérance? — Quelle entreprise proposa-t-il à la Grèce? — Quand et comment mourut-il?

# CHAPITRE III

## ALEXANDRE LE GRAND (336-323).

### I. Ruine de Thèbes. — Conquête de l'empire des Perses jusqu'à la mort de Darius (336-331).

11. — *Alexandre* succéda à son père sur le trône de Macédoine, et, bien qu'il n'eût que vingt ans, une diète hellénique, tenue à Corinthe, le chargea de diriger, comme chef souverain, l'expédition résolue contre l'Asie (336). Il ne put cependant l'entreprendre que deux ans plus tard, quand il eut triomphé des peuples barbares du Nord et de quelques villes de la Grèce, que la mort inattendue de Philippe avait engagés à une lutte nouvelle.

Les tribus thraces restées indépendantes, les Triballes, placés entre l'Hœmus et les bouches de l'Ister, les Gètes, cantonnés au delà de ce grand fleuve, les Illyriens, voisins de la Macédoine du côté de l'Occident, furent battus les uns après les autres, et Alexandre ne s'arrêta dans cette guerre qu'après avoir inspiré à ces peuples remuants le respect et la terreur de son nom.

Pendant qu'il combattait au milieu des montagnes du Nord, une ligue tendait à se former contre lui en Grèce. Tour à tour assujetties à Athènes, à Sparte et à Thèbes, une partie des villes grecques s'étaient volontiers rangées dans la fédération où, pour la première fois, elles trouvaient, sous la présidence de la Macédoine, une petite part d'influence ; mais les principales, celles qui elles-mêmes avaient eu entre les mains cette suprématie, n'avaient pu renoncer à l'espoir de la recouvrer un jour. Thèbes et Athènes n'avaient accepté la prépondérance de Philippe qu'après leur défaite de Chéronée, et jamais Sparte n'avait paru dans les diètes qui plaçaient le roi de Macédoine à la tête des Grecs : « Nos ancêtres, disaient les Spartiates, nous ont appris à commander aux autres, et point à leur obéir. » A la mort de Philippe, ces villes se regardèrent comme délivrées ; son successeur était un jeune homme, presque un enfant, comme l'appelait Démosthène : il n'aurait ni l'expérience ni l'habileté du père. L'orateur athénien alla jusqu'à faire décerner une couronne au meurtrier, que la garde royale avait tué au moment du crime. Les Thébains assiégèrent la garnison macédonienne de la Cadmée, et, à la voix de Démosthène, Athènes s'engagea à associer de nouveau ses efforts à ceux de Thèbes. Sparte et d'autres peuples encore se disposaient à se joindre à elles, et l'or des Perses leur apporta des ressources contre leur ennemi commun (1).

A la nouvelle du soulèvement de Thèbes, Alexandre, au lieu de se diriger sur Pella, où on l'attendait, fondit sur la Grèce à la tête de 33,000 hommes. Traversant à la hâte le Pinde et l'Olympe, il parut tout à coup à l'entrée des Thermopyles, lorsque toute la Grèce, sans nouvelles de son armée, le croyait battu et peut-être tué par les Illyriens : il arriva bientôt sous les murs de Thèbes. Pour éviter l'effusion du sang, il se contenta de réclamer les deux principaux auteurs de la défection, et attendit quelques jours, croyant qu'à la vue de ses troupes nombreuses les Thébains perdraient leurs idées de résistance. Eux au contraire, bien loin de se soumettre, firent proclamer, du haut d'une tour, « qu'ils appelaient « et recevraient tout homme qui voudrait se join-« dre à eux et au grand roi, pour renverser le « tyran de la Grèce, » et, bien que leurs alliés ne fussent point arrivés encore, ils sortirent de la ville pour présenter eux-mêmes la bataille aux

(1) Les Macédoniens répandirent plus tard le bruit qu'Alexandre, dans sa marche victorieuse, « avait trouvé à Sardes quelques lettres-« quittances de Demosthène, et les registres des lieutenants du roi « où étaient marquées les sommes qu'ils lui avaient fournies (Plutar-« que, *Vie de Démosthène*). » De là, l'accusation de vénalité intentée à l'orateur, « corrompu, disent quelques historiens, par l'or de « la Perse (Justin, Diodore de Sicile). » On a justement répondu que Démosthène « n'avait pas attendu l'or du barbare pour lutter « contre la Macédoine, et qu'il ne vendit ni son éloquence ni son « patriotisme. » Il est à regretter sans doute de voir des Grecs d'accord avec les barbares contre d'autres Grecs; mais ce fait s'était présenté vingt fois depuis les guerres médiques, et Démosthène, en acceptant pour sa patrie l'or du grand roi, ennemi de la Macédoine comme elle, ne sacrifiait rien de ses opinions.

Macédoniens. La lutte fut terrible, et l'issue du combat longtemps incertaine ; mais Alexandre s'aperçut qu'une poterne de la ville était restée sans gardes, et il en profita pour faire entrer aussitôt dans la place quelques troupes d'élite. Les Thébains se hâtèrent d'y revenir pour tenter de la défendre ; mais accablés tout ensemble par l'armée d'Alexandre et par la garnison de la Cadmée, ils ne purent que mourir avec courage et sans demander grâce aux vainqueurs. Le carnage dura toute la journée : plus de 6,000 Thébains périrent, plus de 30,000 furent faits prisonniers.

Une diète hellénique fut alors réunie pour régler le sort de la ville prise. On y rappela qu'au temps des guerres médiques comme au temps d'Alexandre, Thèbes avait été l'alliée des Perses ; les Béotiens de Thespies, de Platées, d'Orchomène, n'avaient pas oublié d'ailleurs que les Thébains avaient récemment détruit leurs villes, et, dans le carnage qui venait d'avoir lieu, leur acharnement avait égalé et peut-être dépassé celui des Macédoniens. L'assemblée décida que Thèbes serait rasée de fond en comble, et que ses habitants seraient vendus comme esclaves, avec défense à la Grèce entière de leur donner asile s'ils fuyaient. Alexandre, plus généreux, épargna du moins, dans cette destruction, la maison et les descendants du poëte Pindare (1), et il permit aux Athéniens de recevoir les Thébains fugitifs. La Grèce était alors trop effrayée pour qu'il la craignît en-

____

(1) Voir plus haut, pag. 164.

core, et il consentit même à laisser au milieu des Athéniens Démosthène et les autres orateurs.

12. Débarrassé de toute inquiétude au Nord et en Grèce, Alexandre se disposa à partir pour l'Asie. Il confia à Antipater le gouvernement de la Macédoine, avec treize à quatorze mille hommes pour maintenir la tranquillité en ce pays et parmi les Grecs. Puis avec 30,000 fantassins environ, 5,000 cavaliers, 70 talents (1), et des vivres pour quarante jours, il partit de Pella au printemps de 334 : une flotte de 160 galères devait, comme l'armée, longer la côte de la Thrace.

C'était bien peu, à ce qu'il semble, pour triompher des multitudes dont les rois de Perse pouvaient disposer ; mais la plupart des troupes du grand roi, on l'a vu au temps de Xénophon (2), n'avaient ni valeur ni expérience de la guerre : il ne pouvait compter un peu que sur sa cavalerie et sur ses nombreux mercenaires grecs. Des révoltes continuelles avaient d'ailleurs montré, depuis plus d'un siècle, qu'il n'y avait entre les provinces de ce vaste empire aucun lien solide : ni esprit national, puisque cet empire comprenait cent peuples divers, ni attachement pour le grand roi, maître commun de tous ces peuples. Sur ce trône, qu'il ne devait souvent qu'à des conspirations de palais, il restait presque inconnu à ses sujets, à moins que le bruit de ses cruautés n'attirât sur lui la haine universelle, comme il était arrivé à Ochus, l'avant-dernier roi. En montant

(1) Un peu moins de 400,000 francs.
(2) Voir plus haut, pag. 236.

sur le trône, il avait fait périr ses cent dix-huit frères, et il ne s'était pas montré meilleur pour ses peuples que pour sa famille. Alexandre trouva en *Darius-Codoman* un adversaire plus digne de lui : Darius passait pour le plus vaillant des Perses.

13. Darius avait, parmi ses généraux, un homme de guerre des plus capables, *Memnon le Rhodien*. Memnon donna successivement deux conseils, dont on eut le malheur de ne tenir aucun compte. Il voulait qu'on disputât aux troupes d'Alexandre le passage de l'Hellespont : la flotte nombreuse des Perses, les marins expérimentés de Phénicie, de Rhodes et de Cypre, auraient pu ainsi arrêter, dès le début, cette audacieuse expédition qui menaçait l'existence même de l'empire. On négligea cet avis, et quand Alexandre, après vingt jours de marche, arriva à Sestos, il put, sans entrave aucune, transporter son armée entière de la côte d'Europe à la côte d'Asie. Memnon chercha alors, dans une réunion des satrapes, à détourner les Perses de hasarder une bataille : leur cavalerie était quatre fois plus nombreuse que celle des Grecs; mais ils n'avaient, dans l'Asie Mineure, qu'une infanterie de 20,000 mercenaires, incapables de lutter contre les 30,000 soldats aguerris et la terrible phalange des envahisseurs. Il proposait de dévaster les provinces, de détruire les fourrages, d'incendier les moissons, de faire en un mot une sorte de désert devant Alexandre : on le forcerait ainsi à la retraite, faute de vivres, et, sans livrer d'action générale, on le harcèlerait

partout et sans cesse, jusqu'à ce qu'il eût quitté l'Asie. « Je ne souffrirai pas, répondit le satrape de Phrygie, que l'on brûle une seule habitation dans le pays où je commande. » Les autres opposèrent la même résistance, et la bataille se livra sur les bords du Granique, petit fleuve qui descend du mont Ida et se jette dans la Propontide (334).

14. La rivière était profonde, les bords en étaient escarpés et glissants. Alexandre n'hésita pourtant pas à la traverser en présence de l'ennemi, rangé en bataille sur la rive opposée. Les Macédoniens furent d'abord repoussés, et ceux des premiers rangs périrent après des prodiges de valeur. Le roi lui-même reçut sur la tête un coup de sabre, qui entama son casque. Un autre ennemi levait le bras pour frapper Alexandre par derrière, quand le vaillant Clitus lui coupa ce bras près de l'épaule. Bientôt les Macédoniens passèrent le Granique en foule, la cavalerie perse commença à fuir, sa déroute ne tarda pas à être complète, et les Grecs lui tuèrent un millier d'hommes et peut-être davantage. L'infanterie restait stupéfaite, en voyant ces escadrons redoutables ainsi refoulés, malgré leur nombre et leur position avantageuse, quand tout à coup Alexandre, arrêtant la poursuite, poussa la phalange contre ces 20,000 mercenaires, et les fit en même temps charger par sa cavalerie. Ce fut moins un combat qu'un massacre, et à peine si deux mille échappèrent, qui tombèrent vivants au pouvoir de l'ennemi. Alexandre les fit mettre aux fers et les envoya comme esclaves en Macédoine,

« parce que, désobéissant aux lois de la patrie,
« ils s'étaient unis aux barbares contre les
« Grecs (1). »

Ce grand nombre de soldats grecs dans l'armée
vaincue décida Alexandre à s'emparer avant tout
des provinces maritimes : c'était le moyen d'interdire à Darius toute relation avec la Grèce,
toute levée de mercenaires nouveaux. Il longea
donc les côtes de l'Asie Mineure, et deux villes
seulement s'y défendirent, mais sans succès,
Milet et Halicarnasse : Memnon s'était en vain
enfermé dans cette dernière place, et il fut tué
peu de temps après dans l'île de Lesbos, au moment où il se disposait à soulever contre Alexandre la Macédoine et la Grèce entière. Le prestige
dont la victoire du Granique avait entouré les
Grecs ne fit donc que grandir aux yeux des populations, et il était nécessaire qu'il en fût ainsi :
avec une armée de trente-cinq mille hommes,
Alexandre ne pouvait guère laisser de garnisons
dans les villes soumises, et l'impression produite
par ses succès assurait seule la conservation de
ses conquêtes. Dans la crainte d'amoindrir par
un revers naval ce sentiment mêlé de terreur et
d'admiration qu'excitaient ses victoires, il renvoya et dispersa sa flotte après la prise de Milet :
« Une défaite sur mer, disait-il, suffirait pour
« ruiner la réputation de nos armes, et ce serait

---

(1) Arrien, *Expéditions d'Alexandre.* — Cet ouvrage, écrit en
grec quatre siècles après la mort du héros, est, sans comparaison, le
meilleur de tous ceux qui ont été composés sur le vainqueur de l'A-
sie. Arrien l'a écrit d'après les mémoires des généraux d'Alexandre,
discutés et contrôlés avec soin.

« le comble de l'imprudence que de vouloir, avec
« peu de vaisseaux, avec des matelots sans expé-
« rience, lutter contre la flotte des Perses et com-
« battre les Cypriotes et les Phéniciens, les pre-
« miers marins du monde. » Restait l'armée de
terre, condamnée, sous peine des plus grands
dangers, à des triomphes continuels.

Alexandre ne manqua pas, à l'occasion, de tirer
parti des croyances qu'il rencontrait dans les
pays où le conduisait la guerre. Dans la ville de
Gordium, ancienne capitale de la Phrygie, un
vieil oracle promettait l'empire de l'Asie à qui
dénouerait le lien qui attachait au joug le timon
d'un char sacré, offert jadis aux dieux par le roi
Midas. Le nœud était fait avec tant d'adresse et
replié tant de fois sur lui-même, qu'on ne pouvait en apercevoir les bouts. Alexandre, ne voyant
aucun moyen de le dénouer, s'en tira par sa présence d'esprit et son audace, et le trancha d'un
coup d'épée. « Le voilà dénoué, » s'écria-t-il, et
tout le monde regarda l'oracle comme accompli :
on vit dans ce coup d'épée d'Alexandre le signe
des victoires qui allaient lui livrer l'empire de
Cyrus.

C'est avec cette confiance dans la fortune de
son chef que l'armée grecque arriva à Tarse en
Cilicie, au bout de l'Asie Mineure. Alexandre
faillit y trouver la mort, pour s'être baigné, tout
couvert de sueur, dans les eaux trop fraîches du
Cydnus. Presque tous les médecins désespéraient
de sa vie; mais un remède énergique de l'Acar-
nanien Philippe, en qui il avait une confiance

entière, le sauva. D'injustes soupçons s'étaient élevés contre Philippe, et, au moment où il préparait la potion qui devait guérir le roi, une lettre arriva, qui l'accusait de s'être laissé gagner par l'or de Darius et de vouloir empoisonner Alexandre. Le prince, sans hésiter, vida d'un trait la coupe, et tendit de l'autre main à Philippe cette dénonciation calomnieuse. Au mépris de sa vie, et malgré des accusations qui pouvaient être vraies, il persistait, sans examen, à croire son ami fidèle et les hommes capables de vertu.

15. A Issus, au milieu des montagnes de Cilicie, se livra, en 333, une nouvelle bataille. Darius y opposa six cent mille hommes aux troupes d'Alexandre ; mais, comme il arrivait toujours dans ces innombrables armées d'Asie, les trois quarts des soldats, de toutes armes et de tous pays, sans discipline et sans habitude de la guerre, ne servaient de rien dans le combat. La lutte cependant fut des plus vives, la journée des plus sanglantes. Les trente mille cavaliers perses n'écrasèrent point l'armée grecque sous les pieds de leurs chevaux, comme la flatterie l'avait fait espérer au grand roi avant la bataille ; mais, sans attendre l'ennemi, ils passèrent à bride abattue le fleuve qui les en séparait, combattirent avec acharnement, ne cédèrent que lorsqu'ils virent l'infanterie mise en déroute et les Grecs mercenaires taillés en pièces, et dix mille d'entre eux furent tués dans le carnage qui suivit. Cent mille Perses environ avaient perdu la vie dans cette terrible bataille.

Darius avait été réduit à fuir, et « Alexandre,
« entrant dans la tente du roi fugitif, entendit
« tout près de là des cris de femmes et des gémis-
« sements. Il demanda pourquoi ces cris, quelles
« étaient ces femmes. On lui répondit que la mère
« de Darius, sa femme et ses enfants, apprenant que
« l'arc du roi, son bouclier et son manteau étaient
« au pouvoir du vainqueur, ne doutaient plus de
« sa mort et le pleuraient. Il leur envoya aussitôt
« un des hétaires, pour leur annoncer que Darius
« était vivant, et qu'Alexandre ne possédait que
« les dépouilles laissées sur son char. L'envoyé
« ajouta qu'Alexandre leur conservait les hon-

La famille de Darius devant Alexandre.

« neurs, l'état et le nom de reines », et le lendemain le jeune prince, accompagné du seul Ephes-
tion, son ami intime, alla lui-même les consoler.

« Il n'avait point, disait-il, entrepris la guerre
« contre Darius par haine personnelle, mais seule-
« ment pour lui disputer l'empire de l'Asie (1). »

Alexandre continua ensuite sa route victorieuse
le long des rivages. En Phénicie, toutes les villes
lui ouvrirent leurs portes à l'exception de Tyr.
Comme elle était bâtie sur une petite île voisine
de la côte, il fallut, pour approcher les machines
et s'emparer de la place, construire péniblement
une jetée entre cette île et le continent : deux
cents vaisseaux, rassemblés dans les villes déjà
soumises, protégeaient les travailleurs contre la
flotte des Tyriens. Au bout de sept mois, Tyr fut
prise, saccagée, et à demi détruite ; dix mille
Tyriens furent égorgés ou pendus ; trente mille,
vendus comme esclaves. En Palestine, le conquérant visita, dit-on, Jérusalem, et il y donna
des témoignages éclatants de respect pour le
Temple et le grand prêtre. La forte place de Gaza
exigea ensuite quelques mois de siége, et, si l'on
en croit le récit de Quinte Curce (2), son gouverneur Bétis fut traîné sept fois par Alexandre autour des murailles, comme le cadavre d'Hector
l'avait été par Achille autour de Troie. Enfin en
Egypte, le vainqueur jeta les fondements de la

---

(1) Arrien, II, 6.
(2) Cet historien latin, que les uns placent au debut de l'ère chrétienne, d'autres trois siècles plus tard, a écrit une histoire d'Alexandre. L'intérêt de ses récits, l'élégance de son style, la couleur vive et
pittoresque de ses descriptions, lui méritent des éloges comme écrivain ; mais il n'a, dans son ouvrage, sérieusement songé qu'à la forme :
les erreurs d'histoire et de géographie s'y entassent comme à plaisir,
et c'est à juste titre qu'on a qualifié ce livre du nom de roman. On
ne peut en user qu'avec réserve.

grande ville d'Alexandrie, sur la Méditerranée : elle allait devenir l'entrepôt général du commerce de l'Asie avec la Grèce, et comme le grand lien de l'Orient et de l'Occident.

16. — Pendant qu'Alexandre soumettait la partie occidentale de l'empire, Darius rassemblait toutes ses forces dans la Haute-Asie, pour tenter une dernière fois la fortune des batailles. Un million de fantassins, 40,000 cavaliers, 200 chars armés de faux, attendaient en Assyrie l'armée grecque. Alexandre avait, de son côté, reçu de nombreuses recrues de la Macédoine et de la Grèce ; son infanterie s'élevait à 40,000 hommes, sa cavalerie à 7,000. Il passa l'Euphrate, puis le Tigre, et les deux armées se trouvèrent en présence au delà de ces deux fleuves, dans la vaste plaine de Gaugamèle, entre la ville d'Arbelles et les ruines de Ninive (331).

Sur plus d'un point les barbares résistèrent aux Grecs avec énergie ; les cavaliers bactriens et scythes, dont les chevaux mêmes étaient bardés de fer, soutinrent vigoureusement le choc. Mais dès qu'Alexandre vit sa cavalerie légère s'ouvrir les premiers rangs des corps au milieu desquels était le grand roi, il se précipita de ce côté en toute hâte. « Avec la cavalerie des hétaires et la « phalange, il fondit à pas redoublés et à grands « cris sur Darius. La mêlée dura peu : Alexandre « et sa cavalerie pressaient les Perses de toutes « parts et les frappaient au visage ; la phalange « serrée, hérissée de fer, les accablait. Darius sen- « tit redoubler une terreur qu'il éprouvait depuis

« long temps : il céda à Alexandre et prit le pre-
« mier la fuite. » Ce fut alors un véritable carnage ;
mais, dans cette déroute, les Grecs eurent encore
çà et là à soutenir une lutte acharnée. Alexandre

Grande mosaïque (1) trouvée à Pompéi. Elle représente une bataille
entre les Grecs et les Perses, vraisemblablement la bataille d'Arbelles.
Darius est debout sur son char. A gauche, le héros macédonien se
dispose à le poursuivre.

lui-même courut les plus grands dangers : il
se trouva tout à coup, avec les hétaires, au milieu des cavaliers ennemis mis en fuite. « C'é-
« taient, dit Arrien, des Parthes, des Indiens, des
« Perses surtout et des plus braves. Le combat fut
« terrible : les barbares tombaient sur les Grecs
« en désespérés, s'élançant de front sur tout ce qui
« leur faisait obstacle, tuant et se faisant tuer sans
« rien ménager. » La nuit seule mit fin à cette

---

(1) On appelle *mosaïque* un ouvrage composé de petits morceaux
de pierre, de marbre, de verre, de diverses couleurs, liés par un
mastic et assemblés de manière à former des dessins, des ornements,
des figures même, et jusqu'à des sujets entiers de la mythologie et
de l'histoire. La mosaïque de Pompéi, découverte en 1831, servait
de pavage à une vaste salle, dans cette ville engloutie depuis dix-
huit siècles sous les cendres du Vésuve. Elle a cinq mètres de large
sur deux mètres et demi de hauteur.

sanglante boucherie. C'est par centaines de mille que les historiens évaluent les pertes de l'armée de Darius.

Après la victoire décisive d'Arbelles, Alexandre alla prendre possession de toutes les capitales de l'empire, Babylone, Suse, Persépolis, Ecbatane.

Entrée d'Alexandre à Babylone.

Il poursuivit ensuite le malheureux Darius, qui fuyait du côté de la Caspienne avec quelques milliers d'hommes ; mais il apprit bientôt à regret qu'un sujet infidèle, Bessus, satrape de Bactriane, l'avait enchaîné, puis assassiné, que son cadavre était sur la route, et que le meurtrier prenait lui-même le titre de roi. Ainsi s'éteignait, après deux siècles d'existence (560 — 331), l'empire de Cyrus, au profit de ce petit peuple grec que les rois de Perse avaient jadis tenté d'asservir.

« L'Asie avait passé autrefois, dit Arrien, des As-
« syriens aux Mèdes, puis des Mèdes aux Perses :
« les destins la transféraient maintenant des
« Perses aux Macédoniens. »

QUESTIONNAIRE. — 11. Quel fut le successeur de Philippe,
et de quoi la Grèce le chargea-t-elle, malgré sa jeunesse?
— Quels obstacles l'empêchèrent de commencer aussitôt
l'expédition projetée? — Quels peuples eut-il à combattre
dans le Nord? — Comment les villes grecques du second
ordre avaient-elles accueilli la prépondérance de Philippe? — Les villes principales acceptaient-elles sans
répugnance cette suprématie de la Macédoine? — Quels
sentiments la mort de Philippe leur inspira-t-elle? — Est-
il exact de dire que Démosthène, en cette circonstance,
fut corrompu par l'or de la Perse? — Comment Alexandre triompha-t-il de la ligue formée en Grèce contre lui?
— Quel fut le sort de Thèbes après sa défaite? — 12. A
qui Alexandre, en partant pour l'Asie, confia-t-il le gouvernement de la Macédoine? — Indiquez l'année de son
départ et le nombre des troupes et des vaisseaux de l'expédition. — Dans quelles conditions se trouvait alors l'empire des Perses? — 13. Quels conseils donna aux satrapes Memnon le Rhodien, et comment furent-ils accueillis?
— 14. Racontez, avec sa date, la bataille du Granique.
— Quelle route suivit ensuite Alexandre, et pourquoi? —
Sur quoi comptait-il pour assurer le maintien de ses conquêtes? — Quel motif le détermina à renvoyer sa flotte?
— Qu'était-ce que le nœud gordien, et comment Alexandre
accomplit-il l'oracle qui s'y rattachait? — Quel danger
courut Alexandre à Tarse, et quelle preuve de grandeur
d'âme y donna-t-il? — 15. Racontez, avec sa date, la bataille d'Issus. — Comment Alexandre traita-t-il la famille
de Darius après la victoire? — Quelle résistance eut-il à
vaincre en Phénicie et en Palestine? — Quelle ville fonda-
t-il en Égypte? — 16. Quelles forces Alexandre et Darius
mirent-ils encore en présence, et où les deux armées se
rencontrèrent-elles? — Racontez, avec sa date, la bataille
d'Arbelles. — Que fit Alexandre et que devint Darius
après cette journée décisive?

# CHAPITRE IV

## ALEXANDRE LE GRAND (331-323).

### Expédition dans l'Inde et fin du règne (331-323). Politique et gouvernement d'Alexandre.

17. Alexandre, qui poursuivait Darius à marches forcées, se mit, en apprenant sa mort, à la poursuite de son meurtrier avec plus d'ardeur encore. Il se rendit dans la Bactriane, où le traître Bessus avait pris le nom de roi. Bactres fut prise, l'Oxus traversé et la Sogdiane envahie. Bessus, livré au vainqueur, eut les oreilles et le nez coupés, et fut ensuite abandonné à la vengeance des frères de Darius. Alexandre, s'avançant jusqu'à l'Iaxarte, refoula alors dans leurs déserts 3,000 Scythes Massagètes qui étaient venus soutenir la Sogdiane dans sa résistance. Il resta plusieurs années dans ces régions montagneuses du Nord-Est de l'empire, ne laissant ni une forteresse sans l'attaquer, ni un chef en armes sans le soumettre. — « Vos soldats ont-ils des ailes ? » lui disait un jour, en se moquant, le gouverneur d'un fort construit au sommet d'une roche à pic. Pour toute réponse, 300 d'entre eux, excités par ce défi et par l'appât des récompenses promises, montèrent à l'assaut, la nuit suivante, à l'aide de cordes et de crampons de fer : 30 roulèrent dans les précipices et dans les neiges ; mais les autres parvinrent jusqu'à des hauteurs qui dominaient cette roche Sogdienne, et la forteresse fut réduite à capituler.

18. Une seule contrée de l'empire des Perses

conservait encore son indépendance : c'était le riche pays de l'Inde, si renommé aujourd'hui comme alors pour la perfection de ses tissus (cachemires). Cette contrée, à peine connue, était regardée comme le bout du monde, et, l'imagination aidant, on faisait mille récits merveilleux de tous les produits de ce sol privilégié. Ses animaux et ses plantes, disait-on, dépassaient par leur grandeur tous ceux du reste de la terre, et l'on parlait de fourmis grosses comme des renards, de roseaux grands comme le mât d'un navire. On citait avec admiration des arbres qui portaient pour fruit une sorte de laine, plus belle et meilleure que celle des brebis : c'était le coton. En ce pays, ajoutait-on, l'or ne se trouvait pas seulement dans les entrailles de la terre : l'eau des fleuves, le sable des plaines, en contenaient aussi des parcelles. La fable racontait que Bacchus et Hercule avaient fait autrefois la conquête de l'Inde, et, sans remonter si haut, on savait que le peu qu'en avait pris Darius, fils d'Hystaspe, rapportait plus au grand roi que toutes les provinces de l'empire ensemble.

L'Inde était alors partagée en un grand nombre de petits États, souvent en guerre les uns avec les autres, et ce furent leurs divisions qui ouvrirent le pays au conquérant. Alexandre était encore dans la Sogdiane, que déjà l'un des rois indiens, Taxile, maître de la province située entre le haut Indus et l'Hydaspe, l'appelait contre son voisin Porus. Les Grecs arrivèrent, et Porus, vaincu malgré son courage, vit tuer dans la bataille ses deux fils, ses meilleurs capitaines,

12,000 de ses soldats ; 7,000 autres étaient prisonniers. — « Comment prétends-tu être traité ? »
lui demanda Alexandre. — « En roi, » répondit
noblement Porus. Et le vainqueur, digne d'apprécier ce langage, lui laissa ses États et y ajouta
même des possessions nouvelles. D'autres résistances, non moins vives, ne furent pas plus heureuses, et Alexandre s'avança jusqu'aux bords de
l'Hyphase, le dernier des quatre cours d'eau qui
se réunissent pour se jeter dans l'Indus.

Il y apprit que, plus loin à l'Orient, après de
vastes déserts, on rencontrait un autre fleuve, plus
grand encore : c'était du Gange qu'on voulait lui
parler ; un empire plus puissant que tous les autres États de l'Inde, l'empire des Gangarides.
Alexandre aurait voulu diriger ses armes contre
eux ; « mais les Macédoniens commençaient à per-
« dre courage, en voyant leur prince entasser
« travaux sur travaux, dangers sur dangers. Leur
« nombre avait considérablement diminué ; la
« plupart de leurs armes étaient usées et hors de
« service ; leurs vêtements grecs tombant en lam-
« beaux, il avait fallu souvent les remplacer de
« son mieux par des costumes barbares (1). » C'é-
tait cette armée réduite et fatiguée qu'Alexandre
voulait entraîner contre un peuple qui avait, disait-on, 200,000 fantassins, 20,000 chevaux, plusieurs centaines d'éléphants, à lui opposer. Les
soldats murmurèrent, quand ils apprirent le nouveau dessein de leur roi ; les chefs, convoqués par

_______________

(1) Arrien et Plutarque (Vie d'Alexandre).

Alexandre, ne répondirent à son discours que par un silence désapprobateur. Le prince irrité demeura trois jours dans sa tente, sans parler à aucun de ses compagnons. Il céda pourtant, quand il apprit que les dispositions de l'armée restaient les mêmes, et l'ordre du départ fut accueilli par d'universelles acclamations.

19. Les Grecs retournèrent joyeux vers l'Hydaspe ; puis ils descendirent cette rivière et l'Indus, soit sur des vaisseaux, soit le long des deux rives, jusqu'à la mer Erythrée. Alexandre obtint ou exigea la soumission des peuples riverains qui se trouvaient sur sa route, et, chez les Malliens, son audace faillit encore lui coûter la vie (325). Arrivé aux bouches de l'Indus, le conquérant voulut faire explorer par les deux mille petits vaisseaux qui venaient de l'y conduire, les rivages inconnus qui s'étendent de cet endroit au golfe Persique, et il mit, dans ce but, à la tête de la flotte son ami Néarque. Lui-même suivit la côte avec le reste de son armée, à travers le pays le plus pauvre et le plus stérile de toute l'Asie. Ce fut une retraite vraiment désastreuse. « Un grand nombre des soldats, et surtout « les bêtes de somme, y périrent, dit Arrien, de « l'excès de la chaleur et de la soif. Ils étaient ar- « rêtés par des amas de sables brûlants, où ils en- « fonçaient comme ils auraient fait dans la vase ou « dans la neige, et ils y demeuraient ensevelis. » On découvrit un jour et l'on apporta à Alexandre, dans un casque, un peu d'eau bourbeuse : il remercia, mais, pour montrer à ses troupes qu'il voulait partager toutes leurs souffrances, il répan-

dit l'eau sur le sable au lieu de la boire. De leur côté, Néarque et ses compagnons furent réduits à la plus affreuse détresse et souffrirent même de la faim, en suivant les côtes désertes ou sauvages de la Gédrosie (1). Les uns et les autres, à la fin, at-

(1) Dans un ouvrage spécial. les *Indiques*, Arrien a raconté l'expédition de Néarque. Nous croyons utile d'en détacher et d'en traduire, pour nos jeunes lecteurs, un fragment des plus intéressants sur sa première entrevue avec Alexandre, après le voyage.

« Arrivés au fleuve Anamis, en Carmanie, les Macédoniens descen-
« dirent de leurs vaisseaux, et, pleins de joie, se reposèrent de leurs
« longues fatigues. Ils se rappelaient tout ce qu'ils avaient eu à
« souffrir sur la mer et chez les Ichthyophages (mangeurs de pois-
« son) : ces pays déserts, ces peuples sauvages, leur affreuse détresse,
« tout leur revenait à l'esprit. Quelques-uns d'entre eux, s'avançant
« plus loin du rivage, s'étaient séparés des troupes pour faire diverses
« provisions, lorsqu'ils rencontrèrent un homme revêtu de la chla-
« myde (manteau grec), habillé à la grecque et parlant la langue
« des Grecs. Dès qu'ils le virent, ont-ils rapporté, ils fondirent en
« larmes : tant c'était pour eux chose nouvelle et imprévue, après tant
« de maux, que de voir un Grec, d'entendre une voix grecque. Ils lui
« demandèrent d'où il venait et qui il était. Il répondit qu'il appar-
« tenait à l'armée d'Alexandre, et que l'armée et Alexandre n'étaient
« pas bien loin. »

Alexandre était à cinq journées de marche, et, averti par le gouverneur, il envoya des détachements à la recherche de Néarque, qui, de son côté, voulait se rendre auprès du roi. « Un de ces détache-
« ments le rencontra sur la route avec Archias et cinq ou six de
« leurs compagnons. Ces Grecs cependant ne reconnurent ni l'un ni
« l'autre, tant ils étaient changés, tant leur longue chevelure, la sa-
« leté de leurs vêtements, souvent couverts par les vagues, la mai-
« greur de leur corps, la pâleur née des veilles et de la fatigue, les
« avaient rendus différents d'eux-mêmes. Ils demandèrent aux sol-
« dats de ce détachement où était Alexandre, et ceux-ci, la réponse
« une fois donnée, continuèrent leur route. Archias alors réfléchit
« et, prenant la parole : — Néarque, dit-il, ces hommes traversent
« comme nous ce pays désert : ce ne peut être que pour nous cher-
« cher. S'ils ne nous reconnaissent pas, quoi d'étonnant ? notre as-
« pect est si repoussant que nous ne sommes pas reconnaissables !
« — On leur demanda où ils allaient. Ils répondirent qu'ils cherchaient
« Néarque et l'armée navale. — Je suis Néarque, s'écria l'amiral,
« voici Archias : conduisez-nous à Alexandre, nous allons lui ap-
« prendre le sort de sa flotte.

« On les fit aussitôt monter sur les chariots, et l'on reprit la route
« du camp. Quelques cavaliers, impatients d'apporter cette nouvelle
« au roi, devancèrent leurs compagnons, pour lui annoncer que Néar-
« que arrivait avec Archias et cinq autres ; mais ils ne purent rien
« dire de l'armée navale. Alexandre s'imagina alors que ces malheu-

teignirent, en Carmanie, des terres plus fertiles, et le vainqueur rentra avec son armée à Persépolis.

Alexandre songeait à profiter de la connaissance des côtes que Néarque venait d'explorer, pour établir par mer un commerce actif entre Babylone et l'Inde. Il fit construire en Phénicie mille vaisseaux, qui devaient être transportés jusqu'à l'Euphrate. Un port fut creusé à Babylone pour les recevoir. Peut-être rêvait-il aussi des conquêtes nouvelles, cette fois du côté de l'Occident. La mort l'arrêta dans ses projets : les plaisirs de la table, auxquels depuis quelque temps il s'abandonnait sans retenue, lui donnèrent une fièvre violente, qui l'emporta au bout de dix jours. n'avait pas 33 ans (323).

20. Un vaste empire était fondé, qui comprenait, avec la Macédoine de Philippe, tout l'empire des Perses. Cette immense domination avait pour

---

reux avaient échappé à la mort par un grand hasard, que tout le reste avait péri ; et il éprouva plus de douleur encore de savoir son « armée détruite que de joie de les voir eux-mêmes sauvés. Cependant Néarque et Archias arrivèrent au camp. Alexandre les reconnut à grand'peine dans ces hommes aux longs cheveux et aux vêtements en lambeaux, et cette vue augmenta encore son erreur et « son chagrin. Il tendit la main à Néarque, et le prenant à part, après avoir éloigné ses amis et ses gardes, il répandit des larmes pendant longtemps. — Néarque, lui dit-il enfin, en vous retrouvant, je saurai supporter avec plus de courage la perte de toute ma « flotte ; mais, dites-moi, comment ont péri mes vaisseaux et mon armée ? — Votre armée, vos vaisseaux..., dit Néarque en l'interrompant, rien n'est perdu, tout est sauvé, et nous sommes venus « vous en instruire. — A ces mots, des larmes coulèrent de nouveau, et en plus grande abondance, des yeux d'Alexandre. — Où sont, « dit-il alors, où sont mes vaisseaux ? — Et Néarque lui apprit qu'ils étaient aux bouches de l'Anamis, qu'on les avait transportés à « terre et qu'on les réparait. — Alexandre jura que cette nouvelle « le rendait plus heureux que la conquête de l'Asie entière, et qu'il « avait regardé la perte de sa flotte comme un malheur contrebalançant toutes ses victoires. »

limites : au Nord, les monts Hœmus, l'Ister et le Pont-Euxin, en Europe ; le Caucase, la mer Caspienne, l'Oxus intérieur et l'Iaxarte, en Asie ; à l'Est, l'Hyphase et l'Indus ; au Sud, la mer Erythrée, le Golfe Persique, les déserts de l'Arabie, la mer Rouge et l'Ethiopie ; à l'Ouest, les sables de la Libye en Afrique, le lac Lychnide et le cours du Drilon en Illyrie. La Grèce, sans être sujette, était soumise à la suprématie macédonienne.

Alexandre, dans cet empire, avait tenté et commencé une œuvre plus difficile que la conquête : celle de rapprocher et de fondre en un seul peuple, tout en respectant les usages des deux pays, les populations si différentes, si longtemps ennemies et rivales, de la Grèce et de l'Asie.

Dans les premières années de l'expédition, il disait hautement que sa conquête était une représaille triomphante des guerres médiques et des dévastations de Xerxès et de Mardonius. Au dire d'Arrien, c'était dans cet esprit de vengeance, et non dans l'entraînement de l'ivresse, comme d'autres l'ont prétendu (Plutarque, Quinte-Curce), qu'il avait mis le feu au palais de Persépolis : « Une armée perse est venue en Grèce, disait-il : « elle a détruit Athènes, brûlé nos temples, dé- « vasté tout le pays : je dois cette vengeance aux « Grecs. » Déjà cependant on voyait autre chose en Alexandre : à côté de la valeur audacieuse du soldat, de l'habileté militaire du grand capitaine, on sentait en lui le large et puissant génie de l'homme d'État, digne de gouverner l'empire que lui donnait la victoire. Terrible et parfois même cruel pour ceux qui lui résistaient, comme à Tyr et à Gaza, il laissait aux pays qui acceptaient sa domination leurs lois et leurs mœurs, il respectait leurs croyances, et « peu de nations se soumirent à lui sur les autels desquels il ne fit des sacrifices (1). » — Après la mort de Darius, Alexandre alla plus loin. Devenu roi de l'Asie comme il l'était de la Macédoine, il voulut, en adoptant certaines coutumes des Perses, en donnant à ses nouveaux sujets une large part de faveurs et de bienveillance, voiler en quelque sorte et effacer de leur souvenir son origine étrangère. Il ajouta au costume grec la robe longue et le diadème des grands rois qui l'avaient précédé. La garde royale et le corps des hétaires virent entrer des étrangers dans leurs rangs. Trente mille jeunes Asiatiques, à la fleur de l'âge, formèrent une infanterie nouvelle, portant l'armure et apprenant la science militaire des Grecs : Alexandre se plaisait à les appeler ses Épigones, c'est-à-dire sa postérité et l'espoir de l'avenir. Enfin, pour faire disparaître toute haine et toute jalousie entre les deux peuples, il poussa les Grecs à se marier avec des femmes d'Asie. Il épousa lui-même la belle Roxane, fille d'un noble Bactrien, et quatre-vingts de ses hétaires, dix mille de ses soldats, suivirent cet exemple.

Ce rapprochement des vainqueurs et des vaincus, cette sorte d'égalité établie entre eux, cette adoption du costume oriental par Alexandre, dé-

___________

(1) Montesquieu, *Esprit des lois*, X. 14. — Nous profitons, sans les copier, des idées de ce magnifique chapitre sur Alexandre.

plaisaient à beaucoup de Grecs. « Notre roi se fait « barbare, disaient-ils : voilà qu'il fait fi des Macé- « doniens et de leurs usages. » Jusque-là pourtant il n'obéissait qu'aux inspirations d'une sage politique, bien au-dessus de l'esprit jaloux et étroit qui ne voulait voir dans les Perses que des esclaves. Alexandre, par malheur, donna plus d'une fois raison aux mécontents, en prenant aussi à l'Asie ce qu'elle avait de mauvais. Non-seulement, au mépris des mœurs grecques, il joignit à Roxane de nouvelles épouses, une fille de Darius, une fille d'Ochus, son prédécesseur ; mais les débauches, l'ivrognerie, remplirent trop souvent ses journées, et, dans une de ces orgies, il tua de sa propre main, parce qu'il plaçait Philippe au-dessus de son fils, le brave Clitus, qui lui avait sauvé la vie au Granique. Il laissa les flatteurs l'appeler fils de Jupiter ; il voulut se faire adorer comme tel, et il fit condamner aux fers, peut-être même à la mort, le philosophe Callisthène, neveu d'Aristote, qui s'y était fièrement refusé (1).

Il faut condamner et déplorer l'orgueil et les fautes d'Alexandre ; mais il faut aussi, pour être juste, voir ce que son cœur avait de bon, ce que sa politique avait de large et d'élevé, et reconnaître les grands résultats de son règne. Il était Grec, il avait conquis l'Asie ; et pourtant les peuples d'Asie

---

(1) Les deux compagnons d'Alexandre d'après lesquels Arrien a écrit son histoire, Ptolémée et Aristobule, ne sont pas d'accord sur la punition et la mort de Callisthène. Suivant Aristobule, Callisthène, chargé de fers, fut traîné à la suite de l'armée, y tomba malade et mourut de cette maladie. Selon Ptolémée, il finit sa vie dans les tortures et sur une croix.

regrettèrent ce jeune étranger, parce que ses premières idées, ses premiers desseins, en parcourant une province, étaient toujours de faire quelque chose qui pût en augmenter la prospérité. Il avait détrôné Darius, et Sisygambis, mère de Darius, s'était tellement attachée à son généreux vainqueur, qu'à la mort d'Alexandre elle se laissa mourir de faim, ne voulant pas lui survivre. — L'œuvre commencée par lui allait se continuer après lui. L'Orient était maintenant largement ouvert à la civilisation de la Grèce. « Semant en quelque sorte, dit Plutarque, la Grèce à travers le monde, » Alexandre avait fondé çà et là, dans l'Égypte et dans l'Asie, des villes grecques, dont les habitants allaient répandre et propager autour d'eux les idées de leur pays natal (1). Des dynasties grecques, héritières des vues du conquérant, allaient se partager les lambeaux de son empire, et continuer, sur bien des points, cette œuvre de fusion essayée par Alexandre entre la Grèce et l'Orient. L'œuvre resta toujours incomplète et inachevée ; mais il faut, pour bien l'apprécier, songer à la dégradation morale de cette Asie, où le caprice d'un despote et la recherche effrénée du plaisir étaient presque la seule loi, où les habitants de certaines provinces allaient jusqu'à tuer les vieillards, les livrer aux chiens, les manger eux-mêmes (2). On

----

1 Plusieurs de ces villes. Alexandrie d'Égypte. Hérat et Kandahar en Asie, sont encore aujourd'hui très-importantes.

(2) Nous empruntons ces faits à Strabon, le plus grand géographe de l'antiquité, qui vivait dans les premiers temps de l'ère chrétienne. « Chez les Caspiens, dit-il, on faisait mourir de faim les septuagénaires. Chez les Bactriens, les vieillards, ainsi que les malades désespérés, étaient abandonnés vivants à des chiens nourris

sent alors combien l'action de la Grèce, même dégénérée, était pour l'Orient une influence bienfaisante et salutaire, et l'on sait gré à Alexandre d'avoir, ne fût-ce que par politique, travaillé à l'exercer. La Grèce n'était plus ce qu'elle avait été au temps des guerres médiques et de Périclès ; mais, si elle avait baissé, l'Orient était bien plus bas encore : il ne pouvait que gagner et il gagna à ce rapprochement.

QUESTIONNAIRE. — 17. Comment Alexandre traita-t il le meurtrier de Darius? — Entre quels fleuves se trouvait la Sogdiane? — Dites quelques mots des guerres d'Alexandre dans cette contrée. — 18. Quelle idée les Grecs se faisaient-ils de l'Inde et de ses richesses? — Comment l'Inde était-elle alors partagée? — Racontez l'expédition qu'y fit Alexandre. — Contre quel peuple indien voulut-il ensuite porter ses armes, et quel obstacle rencontrèrent ses projets? — 19. Quelle route suivirent les Grecs, en quittant l'Hyphase, pour regagner le centre de l'empire? — Donnez une idée des souffrances que rencontra l'armée de terre dans cette retraite. — Néarque et les Grecs de la flotte n'eurent-ils pas aussi beaucoup de maux à supporter? — Racontez la première entrevue de Néarque et d'Alexandre au retour de l'expédition. — Que projetait Alexandre dans ses dernières années? — Indiquez la cause et la date de sa mort. — 20. Donnez les limites de l'empire d'Alexandre. — Indiquez, en quelques mots, le but de sa politique et de son gouvernement. — Dans quel esprit avait-il commencé la conquête de l'Asie? — Comment montra-t-il, dès le début, la sagesse et le génie d'un grand homme d'État? — Par quelles mesures essaya-t-il plus tard de rapprocher les deux peuples qu'il avait à gouverner? — Tous les Grecs voyaient-ils ce rapprochement de bon œil? — Alexandre n'alla-t-il pas trop loin dans son adoption des coutumes de l'Asie? — Fut-il aimé de ses nouveaux sujets? — A qui et en quoi la conquête d'Alexandre a t-elle été utile?

---

« exprès pour cela. La plus belle mort, selon les Massagètes, c'é-
« tait, lorsqu'une fois ils touchaient à la vieillesse, d'être coupés en
« morceaux, et mangés avec des viandes de boucherie. »

# CHAPITRE V.

DÉMEMBREMENT DE L'EMPIRE D'ALEXANDRE (323-301).

21. Après le règne d'Alexandre, l'histoire grecque perd sa grandeur. Ses généraux se disputent et se partagent l'empire comme une proie. Toute sa famille périt, victime d'odieux assassinats et de basses jalousies. Des condamnations enlèvent à la Grèce ses derniers grands hommes. C'est une suite de tristes récits, dont on a hâte de sortir.

Le conquérant ne laissait d'autres successeurs qu'un enfant au berceau, Alexandre Ægus, né de Roxane presque au moment où mourait son père, et un demi-frère, Philippe-Arrhidée, fils de Philippe et d'une autre épouse qu'Olympias. La cavalerie se prononçant pour l'enfant et l'infanterie pour Arrhidée, on les reconnut pour rois l'un et l'autre ; mais l'âge du premier et l'imbécillité du second empêchaient de les considérer comme de véritables souverains, et chacun sentait que la succession restait vacante. Alexandre, en mourant, avait compris qu'elle serait l'objet de terribles luttes. — « A qui laissez-vous l'empire ? » lui demandaient quelques-uns des hétaires. — « Au « plus digne, répondit-il. Le sang coulera aux « jeux funèbres qu'on célébrera sur ma tombe. » C'était comme une prédiction des combats acharnés qu'allaient se livrer ses généraux.

Perdiccas, à qui le conquérant avait laissé l'anneau qui lui servait de cachet, se fit accorder la régence, et trente-quatre autres généraux se partagèrent, comme gouverneurs, toutes les provinces de l'empire. Presque tous avaient le désir et l'espoir d'y former à leur profit des royaumes indépendants; mais ces ambitieux projets furent suspendus par la nécessité de réprimer avant tout les soulèvements qui éclatèrent çà et là en Europe et en Asie. La révolte la plus sérieuse fut celle de la Grèce : elle est désignée sous le nom de *guerre Lamiaque*.

22. A la première nouvelle de la mort du roi, Athènes et l'Étolie avaient abjuré la suprématie de la Macédoine, et *Démosthène*, fidèle à la cause que son éloquence avait toujours défendue, avait appelé la Grèce entière à la liberté. Un décret d'Alexandre suscitait à la Macédoine une foule d'ennemis dans toutes les villes : en rendant à leur patrie plus de vingt mille bannis, il avait forcé tous ceux qui s'étaient emparés de leurs biens à les restituer aux anciens propriétaires. De là, bien des mécontentements qui, s'ajoutant à la vieille irritation contre la prépondérance macédonienne, avaient disposé bien des Grecs à tâcher de s'en affranchir. A la voix de Démosthène, dix-neuf peuples se soulevèrent contre Antipater, chargé, comme au temps d'Alexandre, du gouvernement de la Macédoine ; sept seulement restèrent attachés aux Macédoniens; Sparte, l'Achaïe et l'Arcadie demeurèrent neutres.

Les confédérés triomphèrent d'abord d'Antipater près de Lamia, en Thessalie ; ils l'assiégèrent dans cette ville, et battirent encore le général Léonat, qui lui amenait des secours d'Asie. Mais la fortune changeant ensuite brusquement, ils furent à leur tour vaincus à Cranon près de Phères, et leurs vaisseaux furent détruits dans deux batailles navales. La ligue alors se rompit, toutes les villes se soumirent, et les Athéniens, abandonnant lâchement Démosthène, s'engagèrent à le livrer au vainqueur. Le grand orateur se réfugia dans l'île de Calaurie près de l'Argolide, et, quand les satellites d'Antipater arrivèrent au temple de Neptune, où il s'était retiré, il s'empoisonna, pour ne pas tomber vivant entre leurs mains (322).

23. Les soulèvements une fois apaisés, les luttes commencèrent entre les généraux d'Alexandre, et l'empire fut plongé pendant vingt ans dans ces sanglantes rivalités. Ces guerres, sans intérêt pour nous parce qu'elles n'ont d'autre cause que de misérables ambitions, sont compliquées et difficiles à suivre dans leurs détails : il suffit d'en voir les principaux faits et les résultats.

La régence passa successivement aux mains de Perdiccas et, après lui, de Polysperchon. Les régents, gouvernant au nom de la famille d'Alexandre, voulaient conserver l'unité de l'empire qu'Alexandre avait fondé ; les autres généraux au contraire aspiraient, pour la plupart, à détruire cette unité et à devenir maîtres souverains dans les provinces qu'ils avaient reçues en partage : il était donc impossible que la guerre n'éclatât pas entre eux. A deux reprises, en effet, dans les sept années qui suivirent la guerre Lamiaque (322-316) des ligues se formèrent, d'abord contre Perdiccas, et plus tard contre son successeur. Elles avaient à leur tête Antigone, gouverneur de Phrygie, Ptolémée, gouverneur d'Égypte, Antipater et après lui son fils Cassandre, de Macédoine. Des guerres s'ensuivirent, et dans ces luttes, Perdiccas fut massacré en Égypte par ses propres soldats, irrités de ses hauteurs. Polysperchon ne fut guère plus heureux : il chercha à s'appuyer, en Asie, sur le fidèle Eumène, gouverneur de Cappadoce, toujours dévoué à la famille d'Alexandre ; en Grèce, sur le parti populaire, dont il favorisa les soulèvements, et à qui il fit rendre la direction des affaires. Cette politique amena la mort du sage *Phocion*, que la populace d'Athènes condamna à boire la ciguë et dont elle proscrivit même le cadavre (1) ; mais l'autorité du régent ne s'en trouva pas fortifiée, et tous les appuis sur lesquels il avait compté lui manquèrent. En Grèce, Cassandre ne tarda pas à renverser partout les hommes que Polysperchon avait placés à la tête des villes. En Orient, Eumène, d'abord vainqueur, fut ensuite trahi et livré à Antigone, qui le condamna à mort, et se rendit maître de toute l'Asie.

Ainsi s'évanouissait la puissance des chefs investis de la tutelle du frère et de l'enfant d'A-

---

(1) Il fallut, pour les funérailles de Phocion, transporter son corps sur le territoire de Mégare. « Une femme du pays, mettant dans sa « robe les ossements recueillis sur le bûcher, les porta dans sa « maison et les enterra sous son foyer, en disant : — O mon foyer, « je dépose dans ton sein ces précieux restes d'un homme vertueux. « Conserve-les avec soin, pour les rendre au tombeau de ses ancê- « tres, quand les Athéniens seront revenus à la raison. » (Plutarque, *Vie de Phocion*.)

lexandre ; et la famille d'Alexandre disparaissait elle-même par les crimes de ses membres ou de ceux qui les entouraient. Arrhidée et sa femme avaient été enfermés par Olympias dans une prison si étroite qu'elle pouvait à peine les contenir; elle avait ensuite fait tuer l'un à coups de flèches, et envoyé à l'autre une épée, un lacet et de la ciguë, ne lui laissant que le choix du supplice. Plus tard la cruelle reine, assiégée par Cassandre dans Pydna et réduite à se rendre, avait été à son tour impitoyablement égorgée.

24. Antigone, maître de l'Asie entière, semblait à la veille de prendre pour lui tout l'empire. Ce n'était pas le compte des généraux qui, pour se rendre indépendants, l'avaient aidé à renverser Polysperchon, et ils tournèrent contre lui leurs attaques. Cette nouvelle lutte dura quinze ans, (316-301), avec des chances bien diverses. Antigone fut d'abord vainqueur sur tous les points, excepté en Babylonie, où le gouverneur Séleucus, qu'il avait chassé, rentra triomphant en 311. Mais la victoire l'abandonna ensuite avec la même persistance qu'elle paraissait avoir mise à le seconder. Toute la Haute Asie se donna à Séleucus. Dans une invasion qu'il tenta en Égypte, Antigone ne trouva que des revers, et, malgré son surnom de Poliorcète ou preneur de villes, son fils Démétrius fit en vain, pendant un an, le siége de Rhodes. L'Asie Mineure elle-même, où le pouvoir d'Antigone avait pris naissance, fut bientôt envahie par ses ennemis confédérés. Une bataille décisive se livra à Ipsus en Phrygie, en 301.

Antigone fut tué dans l'action, et Démétrius, vaincu et fugitif, ne conserva plus que quelques villes et quelques îles de l'Asie.

Cette journée assura le démembrement de l'empire. Depuis dix ans déjà, Alexandre Aigus et Roxane, sa mère, avaient péri, tués par les ordres de Cassandre (311), et les généraux en lutte avaient bientôt tous pris le titre de rois. Lorsque Antigone eut succombé, il fut bien clair pour tous que pas un de ces rois ne prendrait la place du fils d'Alexandre et ne réunirait tout l'empire sous ses lois. Quatre royaumes existèrent alors :

1° Celui de Macédoine, avec Cassandre pour chef;

2° Celui de Thrace, augmenté d'une portion notable de l'Asie Mineure, jusqu'au fleuve Halys à l'Est, jusqu'au mont Taurus au Midi : ce second royaume obéissait à Lysimaque;

3° Celui de Syrie, qui comprenait le reste de l'Asie Mineure et toute la Haute Asie jusqu'à l'Iaxarte et l'Indus : c'était la part de Séleucus et des Séleucides, ses descendants;

4° Celui d'Égypte, avec la Judée et la Phénicie : c'était le lot de Ptolémée, fils de Lagus, et de sa famille, dite famille des Lagides.

QUESTIONNAIRE. — 21. Quel caractère prend l'histoire grecque après Alexandre ? — A qui revenait et comment se régla sa succession ? — N'avait-il pas lui-même prévu qu'elle serait vivement disputée ? — Qui fut chargé de la régence, et comment se partagèrent les provinces ? — Quels desseins ambitieux concevaient les généraux d'Alexandre, et quelle préoccupation fit suspendre leurs projets ? — 22. Quelle influence et quels sentiments poussèrent les Grecs à se soulever après la mort d'Alexandre ? — Combien de peuples prirent part à ce soulèvement ? —

Racontez la guerre Lamiaque, et indiquez d'où lui vient ce nom. — Où, comment et quand mourut Démosthène? — 23. A qui fut confiée successivement la régence? — Pourquoi et par qui furent faites les guerres contre les régents? — Indiquez-en les faits principaux. — Comment périrent, dans ces luttes, Phocion, le frère d'Alexandre, sa mère Olympias? — 24. Pourquoi les généraux se liguèrent-ils contre Antigone? — Indiquez la durée et les principaux faits de ces nouvelles luttes. — Faites connaître la date, les résultats et les conséquences de la bataille d'Ipsus. — Quand et comment avaient péri, pendant ces guerres, le fils et la veuve du conquérant? — Comment l'empire se trouva-t-il partagé après la bataille d'Ipsus?

# CHAPITRE VI

## LA MACÉDOINE ET LA GRÈCE DEPUIS LA BATAILLE D'IPSUS JUSQU'A LA CONQUÊTE ROMAINE. — LA LIGUE ACHÉENNE (301-146).

25. — L'un des quatre royaumes formés de l'empire d'Alexandre, le royaume de Thrace, ne tarda pas à retourner à ses chefs indigènes et à son état barbare. Les trois autres restèrent des États grecs, et, dans les trois siècles qui suivirent, ils furent conquis l'un après l'autre par les Romains : la Macédoine et la Grèce, en 148 et 146 ; le royaume de Syrie, en 64 ; celui d'Egypte, l'an 30 avant Jésus-Christ.

Tandis qu'en Asie et en Égypte la famille des Séleucides et celle des Lagides établissaient tranquillement leur autorité, le trône de Macédoine, après la bataille d'Ipsus, fut encore, pendant une trentaine d'années, l'objet de luttes sans cesse renaissantes entre divers prétendants. En même temps, des bandes gauloises, venues des montagnes d'Illyrie et des rives du Danube, où elles s'étaient établies depuis trois siècles, envahirent le pays à plusieurs reprises, sous la conduite de leur *brenn* ou chef de guerre. Plus d'une fois l'audace impétueuse et les atrocités de ces barbares répandirent la consternation dans la Macédoine et la Thessalie. Énergiquement repoussés des Thermopyles, ils pénétrèrent cependant jusqu'en Phocide, par un sentier détourné, et assiégèrent le temple de Delphes ; mais les Grecs, profitant d'un de ces orages soudains et terribles qui éclatent si fréquemment au milieu des hautes montagnes, parvinrent à les mettre en déroute, et les Gaulois retournèrent vers le Danube, harcelés sans cesse et bien diminués de nombre, mais chargés d'un immense butin. — À la faveur de toutes ces guerres, qui empêchaient les rois de Macédoine de s'occuper activement de la Grèce, les villes grecques recouvrèrent presque entièrement leur indépendance.

En 272, deux compétiteurs se disputaient encore la couronne : *Antigone de Goni* (1), fils de Démétrius Poliorcète et petit-fils du premier Antigone, et l'aventureux *Pyrrhus*, roi d'Épire, qu'on avait vu se jeter tour à tour, et toujours sans succès durable, dans l'Italie, pour soutenir Tarente contre Rome, et dans la Sicile, pour défendre l'île contre les Carthaginois. De retour en Grèce, il avait pris à Antigone de Goni presque toute la Macédoine,

---

(1) Petite ville de Thessalie, à l'entrée de la vallée de Tempé.

et, avant même de terminer sa conquête, il était
allé attaquer Sparte, puis Argos. Dans cette dernière ville, une tuile, lancée par la main d'une
vieille femme, l'atteignit à la tête et le tua. Antigone de Goni, débarrassé de ce compétiteur et de
son activité fiévreuse, commença alors une dynastie qui gouverna plus d'un siècle les Macédoniens.
jusqu'au temps de la conquête romaine.

26. — Au lieu de laisser, comme Philippe
et Alexandre, une certaine liberté aux villes
grecques, et de se contenter de la suprématie et
de la direction dans les diètes helléniques, les rois
de Macédoine de la famille d'Antigone prétendirent dominer la Grèce en maîtres absolus. A cet
effet, ils placèrent partout où ils le purent, soit
des garnisons, qui maintenaient forcément les
populations dans l'obéissance, soit des tyrans, qui
ne gouvernaient que sous leur influence, et n'étaient
en quelque sorte que leurs agents. « C'est d'An-
« tigone de Goni, dit Polybe (1), que sont venus
« la plupart des tyrans de la Grèce ; » et le nom
de tyran n'a pas seulement, pour cet historien.
comme autrefois (2), le sens d'usurpateur et de
possesseur unique du pouvoir : « ce mot, dit-il.
« comprend tous les crimes dont la nature hu-
« maine est capable. »

Les Grecs n'avaient guère le droit de se plaindre : car trop souvent ils avaient montré, par la

____

(1) Polybe de Mégalopolis, en Arcadie, vivait dans le iie siècle avant
J.-C. Il a écrit une histoire générale de son temps, remarquable par
son exactitude consciencieuse et ses judicieuses réflexions.

(2) Voir plus haut, pag. 95-96.

bassesse de leurs adulations et la mollesse de leur vie, qu'ils devenaient indignes de la liberté. Les lettres et les arts florissaient encore parmi eux : sans avoir le mouvement et la verve, souvent licencieuse , d'Aristophane, les comédies de *Ménandre* étaient des modèles de délicatesse élégante et de bon goût ; sans avoir la noblesse imposante des œuvres de Phidias et de Polygnote, les statues de marbre de *Praxitèle*, les bronzes de *Lysippe*, les tableaux d'*Apelle* et de *Protogène* charmaient par leur parfaite exécution et leur grâce enchanteresse (1). Mais les mœurs s'étaient de plus en plus altérées, les caractères s'étaient abaissés, la société grecque s'était rapetissée et amoindrie. On avait vu, dans les derniers temps, Athènes mettre au rang des dieux Démétrius Poliorcète, au moment où il entrait dans ses murs : « Les autres dieux, lui disait-elle dans un chœur, « les autres dieux sont trop loin ou sont sourds : « ils n'existent pas ou ils ne s'occupent pas de « nous. Toi, nous te voyons, non pas fait de bois « ou de pierre, mais plein de sang et de vie, et « nous t'adorons. » Deux peuples cependant étaient moins avancés dans cette décadence : l'Étolie, parce qu'elle était demeurée à l'état barbare : ses habitants étaient des pillards, « habi-

---

(1) Ménandre et Praxitèle étaient d'Athènes ; Lysippe, de Sicyone ; Apelle et Protogène étaient nés dans l'Asie Mineure. Ils vivaient tous les cinq sous Alexandre et pendant les luttes qui suivirent sa mort. — On n'a conservé de Ménandre que de courts fragments, et nous ne pouvons guère avoir une idée de ses pièces que par les imitations qu'en a faites le poëte latin Térence. Nous n'avons que des copies des statues de Praxitèle et de Lysippe ; quant aux tableaux d'Apelle et de Protogène, il n'en reste absolument rien.

« tués, dit Polybe, à vivre aux dépens de leurs voi-
« sins, des bêtes féroces plutôt que des hommes »;
l'Achaïe, parce que, toujours pauvre comme aux
temps anciens, elle n'avait pas subi l'influence,
souvent corruptrice, des richesses. Douze petites
villes (*Ægium, Patræ ou Patras*, etc.), réduites à
dix par la ruine ou l'abandon des deux autres, y
avaient formé de bonne heure une confédération,
à laquelle il fut donné de jeter un dernier éclat
sur la Grèce. Ce fut l'œuvre de deux grands citoyens, Aratus et plus tard Philopœmen.

27. *Aratus*, d'une des familles les plus consi-
dérées de Sicyone, avait, à l'âge de sept ans, vu
périr son père et failli être tué lui-même, par l'ordre du tyran de sa ville natale. Réfugié à Argos,
il y avait passé treize années, et il était dans toute
la verdeur de la jeunesse. Fort comme un lion,
avisé comme un renard, il forma le projet de délivrer son pays, surprit Sicyone pendant la nuit
avec une cinquantaine de compagnons, appela les
habitants à la liberté, et se débarrassa du tyran en
mettant le feu à sa demeure (251). Cinq à six cents
bannis erraient dans l'exil et la misère, et la plupart depuis bien longtemps : il les rappela, leur
rendit leurs maisons et leurs biens, et pour indem-
niser ceux que ce retour dépouillait, il leur parta-
gea 150 talents (près d'un million de francs), qu'il
avait obtenus à cet effet du roi d'Égypte, ennemi
de la Macédoine (1).

---

(1) « Les biens des exilés qu'il avait rappelés étaient possédés par
« d'autres, et il regardait comme très-injuste de les laisser dans le
« besoin; d'un autre côté, il ne croyait pas non plus bien juste de

Après avoir affranchi Sicyone, Aratus la réunit à la ligue achéenne. Les Achéens le nommèrent bientôt leur chef ou stratége, et l'entreprenant jeune homme conçut alors un autre dessein : il voulut enlever à la Macédoine et à leurs tyrans toutes les villes du Péloponnèse et de la Grèce centrale, pour en former, en les agrégeant librement aux Achéens, une puissante confédération. Il réunit ainsi Corinthe, Mégare, Athènes, toutes les villes de l'Argolide, de la Messénie, presque toutes celles de l'Arcadie. Chacune de ces villes restait maîtresse d'elle-même, et les libres suffrages de ses assemblées publiques décidaient de toutes les affaires qui ne regardaient que ses habitants. Pour les mesures qui intéressaient toute la confédération, et notamment pour la paix et la guerre, elles se prenaient dans une réunion générale, tenue deux fois l'an, ordinairement à Ægium. Tous les hommes âgés de 30 ans étaient admis dans cette assemblée ; ils s'y groupaient par ville, et chacun de ces groupes, plus ou moins nombreux, n'apportait qu'un suffrage, le suffrage de la ville qu'il représentait, dans le vote universel. On était sûr ainsi que chaque cité, grande ou petite, voisine ou lointaine, aurait une part égale d'influence et pèserait du même poids dans les délibérations. Le stratége et les autres magistrats de la confédération étaient

« revenir sur une possession de cinquante ans, qui, après un si long
« espace, n'était, pour beaucoup de propriétaires, entachée d'au-
« cune injustice, et qu'ils tenaient à titre de dot, d'achat ou d'héri-
« tage. Il jugea qu'il ne fallait ni priver de leurs biens les anciens
« maîtres, ni les reprendre aux autres sans une juste indemnité. »

CICÉRON, *Traité des devoirs.*

pris dans toutes les villes indistinctement. La ligue
achéenne se distinguait donc essentiellement des
anciennes fédérations de la Grèce, toujours com-
posées d'une ville souveraine et de villes sujettes.
Elle l'emportait même sur la fédération plus juste
que Philippe et Alexandre avaient voulu établir,
puisque, dans celle-ci, la direction était toujours
forcément dans les mains du roi de Macédoine.
« Jamais dans aucune république, dit Polybe, on
« n'avait vu l'égalité et la liberté si bien établies. »
La ligue achéenne semblait appelée à relever la
Grèce de son abaissement ; malheureusement
Sparte, au lieu de s'y associer, comme il était désirable, ne tarda pas à lui devenir une entrave.

28. La ville de Sparte, où Lycurgue n'avait
voulu qu'une monnaie de fer, et où il avait cru
établir à tout jamais l'égalité, renfermait, au
temps d'Aratus, plus d'or et d'argent que la Grèce
entière, et ces richesses, comme les terres,
étaient aux mains d'une centaine de citoyens,
tandis que la masse des habitants, sans ressources comme sans droits, était rongée de misère (1). Deux jeunes rois, *Agis* et *Cléomène*, crurent, l'un après l'autre, pouvoir rendre à leur
patrie sa vigueur ancienne, en y recommençant
l'œuvre de Lycurgue, abolition des dettes, partage des terres, rétablissement des repas communs pour tous et de la discipline d'autrefois.
Cette réforme, qui méconnaissait le droit de propriété et dépossédait brutalement les riches au

_______________

(1) Voir plus haut, pag. 77.

profit des pauvres, devait rencontrer de violentes oppositions. En vain Agis, sa mère, son aïeule, qui comptaient parmi les plus riches de Sparte, donnèrent l'exemple du sacrifice, en abandonnant tout ce qu'ils avaient d'argent et de terres. Agis ne put faire accepter ses projets qu'en recourant à un moyen révolutionnaire, la déposition de plusieurs éphores. Bientôt l'opposition, un instant contenue, parvint à soulever contre lui la multitude elle-même qui, ne voyant pas s'accomplir les réformes promises, accusait le roi de l'avoir trompée. Un tribunal exceptionnel le condamna à mort et le fit étrangler, avec les deux nobles femmes qui avaient, comme lui, tout sacrifié au succès de leurs idées (239).

Quelques années après, Cléomène devint roi à son tour. Il avait épousé la veuve d'Agis, et, à sa voix, il s'était pris d'admiration pour la réforme tentée et pour les victimes à qui elle avait coûté la vie. Jeune et ardent, il résolut de reprendre les desseins d'Agis ; mais avant tout il voulut être sûr qu'il serait soutenu par son armée, c'est-à-dire par ses mercenaires, car Sparte elle-même, à cette époque, n'avait plus d'autres soldats. Dans l'espoir de se les attacher par des victoires, il saisit avidement une occasion de guerre avec les Achéens, entra dans l'Arcadie, et y battit leurs troupes à deux reprises. Marchant alors sur Sparte, il tua quatre éphores, bannit le cinquième, qui s'était réfugié dans un sanctuaire, et avec lui quatre-vingts de leurs partisans, et il accomplit résolûment et en entier la révolution qui, au temps d'Agis, n'avait guère été qu'annoncée et entrevue. Maître absolu de sa patrie, de nouveau vainqueur des Achéens dans l'Achaïe même, Cléomène leur offrit, dès qu'ils demandèrent la paix, de leur rendre leurs prisonniers sans rançon et de restituer les places qu'il leur avait prises ; il ne mettait à cela qu'une condition, celle de le nommer généralissime de leur ligue et de céder aux Spartiates le commandement du Péloponnèse. Aratus fit repousser ces propositions d'accommodement : mieux valait encore, selon lui, appeler à son aide les Macédoniens, qu'il avait combattus toute sa vie, et leur roi *Antigone Doson*, second successeur d'Antigone de Goni.

On a vu dans cette conduite d'Aratus une jalousie honteuse et indigne de lui. « Après avoir, « dit Plutarque, exercé le commandement pen- « dant 33 années, il ne put souffrir qu'un jeune « homme vînt tout à coup lui ravir une puis- « sance qu'il avait si fort accrue et si longtemps « conservée. » Il est plus juste d'expliquer par d'autres motifs cette apparente contradiction d'un grand citoyen. « Sparte, a dit un histo- « rien de nos jours, venait de prendre le ca- « ractère d'une cité révolutionnaire, où toutes les « passions du pauvre contre le riche avaient été « déchaînées et satisfaites, et cet exemple conta- « gieux gagnait les cités voisines. Dans tout le « Péloponnèse, les pauvres attendaient de Cléo- « mène l'abolition des dettes et un partage des « terres, c'est-à-dire le bouleversement social.

« Aratus et les Achéens se rejetèrent, d'effroi,
« dans les bras de la Macédoine, et lui deman-
« dèrent dé les aider à éteindre ce volcan, qui
« menaçait de répandre tout autour de lui ses
« ravages. Il n'y eut pas jalousie d'Aratus contre
« Cléomène, mais terreur d'une société paisible
« en face d'une révolution radicale (1). » Antigone
Doson fut déclaré généralissime sur terre et sur
mer, et bientôt Cléomène, défait à Sellasie, près
de Sparte, dans une bataille décisive (221), fut réduit à s'enfuir en Égypte avec quelques compagnons. Bien reçus d'abord, ils devinrent ensuite
suspects, furent emprisonnés, enivrèrent leurs
gardes, sortirent de leur prison l'épée à la main,
en appelant à la liberté le peuple d'Alexandrie,
puis, quand ils virent que personne ne les soutenait, se tuèrent les uns les autres.

Les Macédoniens devinrent alors tout-puis-
sants dans la Grèce presque entière ; Antigone
Doson entra en vainqueur dans Sparte, y abolit
toutes les réformes de Cléomène, y suspendit la
royauté, et confia l'autorité à quelques éphores,
ses partisans. Il plaça des troupes dans plusieurs
villes, notamment à Corinthe, qui était comme la
clef du Péloponnèse, et « les Achéens, dit Plutar-
« que, abandonnant leurs armes pour se tapir sous
« celles des Macédoniens, se mirent entièrement
« à sa discrétion. »

---

(1) M. Victor Duruy, *Histoire de la Grèce ancienne.* — Le respect
que, dès sa jeunesse, Aratus avait montré pour le droit de propriété,
prouve jusqu'à l'évidence combien il devait redouter le bouleversement que le triomphe de Cléomène aurait amené dans toutes les
villes.

29. — Le jeune *Philippe* III , successeur d'Antigone Doson, se laissa persuader par ses flatteurs que cette puissance lui permettait de jouer de nouveau le rôle d'Alexandre, et de songer à conquérir l'Italie. Une lutte terrible y était alors engagée entre les Romains, que cinq siècles de guerres patientes en avaient rendus les maîtres, et le Carthaginois Annibal, le premier capitaine de l'antiquité, qui remportait sur eux, au cœur même de la péninsule, victoires sur victoires. La dernière, celle de Cannes (216), avait coûté aux Romains 80,000 hommes, et Philippe n'hésita pas à signer un traité avec le Carthaginois vainqueur. Si cette alliance ne lui donnait pas l'Italie, il espérait du moins, car le traité le disait formellement, qu'elle chasserait les Romains des côtes de l'Illyrie, voisine de la Macédoine, où ils avaient pris pied depuis peu d'années.

L'événement fut loin de réaliser ses espérances. Battu à l'embouchure du fleuve Aoüs, en Illyrie, par le préteur Lévinus (214), Philippe fut réduit à brûler sa flotte pour ne pas la voir tomber aux mains de l'ennemi. Après ce premier échec, il devait prévoir d'autres dangers pour l'avenir, craindre que Rome, une fois débarrassée d'Annibal, ne lui demandât compte de son alliance, se concilier l'amitié des Grecs, pour être sûr d'eux quand la guerre recommencerait. Tout au contraire, ses crimes et sa tyrannie le perdirent de plus en plus dans l'esprit de ses alliés. Déjà maître de Corinthe, à l'entrée du Péloponnèse, il tenta de surprendre la forteresse d'I-thôme, en Messénie, au sud de la péninsule, pour la tenir tout entière dans sa dépendance, « comme on tient le bœuf par les cornes. » Non content de ne laisser aucune influence au vieil Aratus, il le fit, dit on, empoisonner par un de ses courtisans (213), et il envoya des assassins à Argos pour tuer Philopœmen, qui lui avait succédé comme stratége. Aussi, dès que la guerre avec Carthage fut terminée, les Romains purent se présenter comme protecteurs des républiques grecques, et ils n'eurent pas de peine à les détacher, l'une après l'autre, des Macédoniens. Flamininus battit ensuite Philippe à Cynoscéphales (197), lui tua 8,000 hommes, lui détruisit sa phalange, et lui dicta un traité humiliant : le roi devait payer mille talents (cinq millions et demi) en dix ans, livrer toute sa flotte sauf cinq vaisseaux de transport, licencier son armée sauf cinq cents hommes, retirer ses garnisons de toutes les villes grecques, et s'engager à ne faire jamais de guerre sans la permission du sénat romain. Comme si ce n'était pas assez, et pour mieux assurer encore l'abaissement de la Macédoine, Flamininus fit proclamer, dans les jeux isthmiques, la liberté de tous les États grecs à qui elle avait imposé sa domination. Les Romains semblaient n'avoir passé la mer que pour faire le bonheur de la Grèce, et la Grèce reconnaissante ne trouvait pas assez d'applaudissements, assez de remercîments, pour ces magnanimes étrangers. Ce n'était pourtant au fond qu'un calcul politique, un nouveau traité d'Antalcidas (1), qui lui ôtait à jamais l'union et par conséquent la force, et faisait d'elle une proie facile à prendre quand on croirait le moment venu.

30. — La Macédoine une fois vaincue et à demi détruite, la politique romaine ne tarda pas à réduire aussi à l'impuissance les seuls peuples grecs qui eussent conservé quelque énergie, les Étoliens et les Achéens.

Pour prix de leur alliance avec Rome dans la dernière guerre, les Étoliens n'avaient obtenu que deux misérables pays, la Locride et la Phocide, et leurs réclamations n'avaient pu décider Flamininus à leur livrer la riche et populeuse Thessalie, qui aurait notablement accru leur force militaire. A ses refus hautains le général romain avait ajouté des paroles dures et insultantes : « Cessez, Étoliens, leur disait-il devant tous « les députés de la Grèce, cessez de nous fatiguer « les oreilles de vos impertinentes clameurs. » Lésés dans leurs intérêts et blessés dans leur orgueil, ils cherchèrent un soutien au dehors et appelèrent en Grèce le roi Antiochus III de Syrie. Malheureusement pour eux, au lieu de suivre les conseils d'Annibal, qui s'était réfugié dans ses États, Antiochus commit fautes sur fautes, se fit battre aux Thermopyles (191), et fut contraint de se sauver en Asie. De nouveaux revers y amenèrent bientôt pour lui la perte de l'Asie Mineure presque entière, et les Étoliens, pour se sauver

_____________

1 Voir plus haut, pag. 242.

d'une ruine complète, s'engagèrent à livrer leurs armes et leurs chevaux, à payer une contribution considérable, à n'avoir d'autres amis et d'autres ennemis que ceux des Romains (189).

La ruine de l'Étolie pouvait faire prévoir que celle de l'Achaïe ne tarderait guère. Dans les villes de la ligue comme partout, deux partis étaient en présence, celui des patriotes et celui des traîtres : l'un disposé à défendre la liberté de la Grèce, l'autre pour lequel la volonté des Romains était l'unique loi à consulter. A la tête du premier était *Philopœmen*, de Mégalopolis, citoyen dévoué, général capable, toujours simple dans sa vie, toujours vrai dans ses paroles, un homme des anciens temps jeté au milieu de la corruption du sien. Sans nourrir l'espoir de sauver l'indépendance menacée, il voulait du moins éloigner l'heure de l'asservissement, et soit par lui-même, quand il était stratége, soit par son ami Lycortas (1), qui le fut souvent aussi, il tâchait de fortifier de son mieux la ligue achéenne. Il y avait réuni Sparte; il avait rendu les troupes de l'Achaïe plus redoutables, en changeant leurs armes et en inspirant aux jeunes gens qui les composaient le goût des exercices militaires. Ces réformes déplaisaient grandement aux Romains, et les ennemis qu'ils suscitèrent à Philopœmen les débarrassèrent de ce digne vieillard, dont le patriotisme et l'énergie leur faisaient ombrage.

---

(1) C'était le père de l'historien Polybe.

Il avait soixante-dix ans et était à Argos, malade de la fièvre, lorsqu'il apprit un jour qu'à l'instigation des Romains Messène se détachait de la ligue. Il monte aussitôt à cheval, fait vingt lieues d'une traite, arrive à Mégalopolis, y rassemble sa cavalerie, et court avec elle vers la ville révoltée. Il met en fuite un premier corps d'ennemis; mais, surpris ensuite par un grand nombre et forcé de reculer, il n'a qu'une pensée dans cette retraite, celle de protéger, au péril de ses jours, la marche et la vie de ses jeunes compagnons, dans les chemins escarpés et difficiles qu'ils traversent. Tout à coup son cheval trébuche; Philopœmen tombe, presque évanoui, et les Messéniens, se jetant avec fureur sur ce vieillard désarmé, le conduisent dans leur ville, les mains liées, et l'accablent d'outrages. On le jeta dans un sombre caveau; Dinocrate, chef du parti dévoué ou vendu aux Romains, lui envoya, le soir même, la ciguë, et ce fut ainsi que mourut le grand citoyen qu'on a appelé *le dernier des Grecs*. « Le captif était couché sur son manteau, « dit Plutarque. Lorsqu'il vit la lumière, et cet « homme debout devant lui et tenant une coupe, « il comprit tout, se releva avec peine, à cause « de sa faiblesse, et prit le poison, en demandant « à l'exécuteur s'il ne savait rien de ses cavaliers, « et surtout de Lycortas. — La plupart sont « sauvés, lui répondit cet homme. — Philopœmen « le remercia d'un signe de tête, et le regardant « avec douceur : Quelle satisfaction pour moi, lui « dit-il, d'apprendre que nous n'avons pas été

« malheureux en tout ! » — Ces faits se passaient en 183. Après Philopœmen, l'influence des partisans de Rome grandit encore de jour en jour. Il ne restait plus guère à l'étranger qu'à s'emparer du pays.

31. — La Macédoine succomba la première. Philippe III, malgré le traité récemment conclu, avait employé les dernières années de son règne à aguerrir 20, 000 soldats, à amasser de l'argent et des armes, à se ménager l'appui des barbares voisins du Danube. *Persée*, qui lui succéda en 178, augmenta encore le trésor et l'armée que lui laissait son père : il envoya à toutes les villes grecques des ambassadeurs, et, par ses avances, par ses bienfaits, s'efforça de rattacher sincèrement la Grèce à sa cause. Les tribus thraces restées indépendantes et les Illyriens semblaient prêts aussi à le soutenir. Persée nouait même des relations amicales avec les rois d'Asie et le sénat de Carthage. Rome lui déclara la guerre en 172, et la présence de quelques commissaires suffit pour imposer silence aux partisans du roi de Macédoine et pour ramener toutes les villes aux Romains. Forcé de soutenir la lutte presque seul, il ne fit la guerre qu'avec ménagement, tâchant de négocier et demandant la paix, au lieu de combattre avec résolution, s'effrayant de tout succès et n'osant le poursuivre, parce que ses succès auraient détourné de plus en plus le sénat de lui pardonner. Une sanglante bataille lui fut enfin livrée à Pydna par le consul Paul-Émile. La phalange, désunie par les inégalités du sol, y fut tout entière exter-

minée, et le malheureux roi, réduit à fuir, vint se remettre de lui-même aux mains du vainqueur, quand il apprit que ses enfants avaient été livrés par un traître (168). — La Macédoine resta libre de nom, mais fut partagée en quatre districts, avec interdiction aux habitants de chacun de contracter mariage, de vendre ou d'acheter, hors de leur propre territoire : c'était l'affaiblir de plus en plus et l'effacer déjà du rang des nations. Enfin, vingt ans après, quand l'aventurier Andriscus, qui se donnait pour fils de Persée, eut été vaincu dans une nouvelle bataille de Pydna (148), le sénat réduisit la Macédoine en province romaine.

En réalité, la Grèce avait déjà perdu son indépendance. Soixante-dix villes de l'Epire, qui s'était séparée de la cause romaine, avaient été pillées et démantelées, et 150,000 Epirotes vendus comme esclaves. Tout le sénat étolien avait été massacré. Tout ce qu'il y avait d'hommes considérés en Macédoine et en Grèce (l'historien Polybe était parmi eux) avaient été contraints de suivre Paul-Emile à Rome, et ils y avaient vu le roi Persée et ses enfants suivre, vêtus de deuil, le triomphe du vainqueur (1). Enfin, en 147, un décret du sénat détacha Sparte et Argos de la ligue achéenne, et les Achéens irrités s'emportèrent jusqu'à outrager, peut-être même jusqu'à frapper les am-

---

(1) Persée, enfermé dans un cachot de la ville d'Albe, se laissa, l'année suivante, mourir de faim, ou périt des mauvais traitements de ses geôliers. L'un de ses fils apprit le métier de tourneur, et il obtint plus tard la charge de greffier d'un tribunal.

bassadeurs romains. Deux batailles portèrent alors le dernier coup à la Grèce : l'une à Scarphée près des Thermopyles, où Métellus vainquit le stratége Critolaüs, qui s'empoisonna après sa défaite ; l'autre à Leucopétra, près de l'isthme de Corinthe, où Mummius défit le nouveau stratége, Diæus. Corinthe, où les ambassadeurs de Rome avaient été insultés, fut pillée par les troupes de Mummius et livrée aux flammes, et la Grèce, déclarée possession romaine, perdit même son nom d'Hellade : ce fut la province d'Achaïe (146).

QUESTIONNAIRE. — 25. Le royaume de Thrace resta-t-il longtemps à des princes grecs ? — Quel fut, à des époques diverses, le sort commun des trois autres États formés de l'empire d'Alexandre ? — A qui obéit la Macédoine dans les trente années qui suivirent la bataille d'Ipsus ? — Quel peuple envahit alors la Macédoine et la Grèce ? — Que devinrent les villes grecques pendant cette anarchie et ces incursions barbares ? — Quel prétendant parvint à asseoir sa famille sur le trône de Macédoine ? — En quel temps et à la suite de quel fait ? — 26. Comment les nouveaux rois de Macédoine se conduisirent-ils à l'égard des villes grecques ? — Que savez-vous des lettres et des arts pendant le règne d'Alexandre et pendant les luttes qui suivirent sa mort ? — Donnez une idée de la décadence des mœurs en Grèce. — Quels peuples grecs avaient le moins cédé à la mollesse générale ? — 27. De quelle ville était Aratus ? — Quand et comment y détruisit-il la tyrannie ? — Indiquez l'extension qu'il donna à la ligue achéenne. — Quelle était la constitution de cette ligue ? — En quoi l'emportait-elle sur les anciennes fédérations de la Grèce ? sur celle qu'avaient voulu établir Philippe et Alexandre ? — 28. Les lois de Lycurgue étaient-elles encore en vigueur à Sparte ? — Quels rois essayèrent, au temps d'Aratus, de les faire revivre ? — En quoi ce projet était-il attaquable ? — Quel résultat eut la tentative d'Agis ? — Indiquez l'année de sa mort. — Comment fit Cléomène pour mieux réussir ? — Qu'offrit-il aux Achéens après ses victoires et quel parti prit alors Aratus ? — Comment la conduite d'Aratus doit-elle être appréciée ? — Où et quand Cléomène fut-il battu, et que devint-il ? — Quelles furent les conséquences de la bataille de Sellasie ? — 29. Avec qui s'allia Philippe III de Macédoine, en quel temps et dans quel but ? — Comment débuta sa lutte avec Rome ? — Comment se conduisit-il ensuite à l'égard des Grecs ? — Indiquez l'année de la mort d'Aratus. — Où et quand Philippe fut-il de nouveau battu par les Romains, et quelles conditions lui furent imposées ? — Pourquoi les Romains proclamèrent-ils la liberté des États grecs ? — 30. Quelles causes détachèrent les Etoliens de l'alliance de Rome ? — Quel fut le résultat de l'invasion d'Antiochus III en Grèce ? — Que devinrent les Etoliens après ses défaites ? — Que savez-vous de Philopœmen et de ses efforts pour fortifier la ligue Achéenne ? — Racontez sa mort et indiquez-en la date. — 31. Racontez, avec les dates de son avénement et de sa chute, le règne de Persée. — Que devint ce prince après sa défaite ? — Quel fut alors le sort de la Macédoine ? — Quand les Romains en firent-ils une province de leur empire ? — Donnez une idée de la situation de la Grèce après la bataille de Pydna. — Faites l'histoire des derniers temps de la ligue Achéenne. — En quelle année et sous quel nom la Grèce devint-elle province romaine?

---

# CHAPITRE VII

### LES SÉLEUCIDES ET LES LAGIDES. — LES ROYAUMES DE SYRIE ET D'ÉGYPTE RÉDUITS EN PROVINCES ROMAINES (301-30 AV. J.-C.).

32. — Au premier abord, on ne voit autre chose dans l'histoire des Séleucides qu'une prompte et rapide décadence.

Un illustre capitaine, *Séleucus Nicator* ou le Victorieux (311-279), commence la dynastie. Déjà maître de toute la haute Asie jusqu'à l'Indus, il rend encore tributaire ce lointain pays des Gangarides dont Alexandre avait en vain rêvé la conquête. Il fonde sur l'Oronte, en Syrie, une capitale nouvelle, Antioche, qui s'élève rapidement à un haut degré de prospérité. A la fin de sa vie, il bat et tue Lysimaque, roi de Thrace, à Cyropédion en Phrygie, et il ajoute encore ainsi l'Asie Mineure à ses vastes États. Mais un assassinat enlève Séleucus à ses sujets, et de tous côtés pendant un demi-siècle, dans la haute Asie comme dans l'Asie occidentale, on voit des pays se détacher, pièce à pièce, de l'empire pour former des royaumes indépendants (1). L'un de ces États, le royaume des Parthes, fondé par Arsace et Tiridate, en 255, s'agrandit de plus en plus, et ses progrès réduisent les Séleucides à la Syrie proprement dite, avec la Phénicie et une portion de l'Asie Mineure.

Au milieu de ce démembrement continu, quelques surnoms pompeux semblent désigner de grands princes ; mais ces surnoms sont démentis par toute l'histoire de leurs règnes. L'un, *Antiochus le Grand*, se fait battre par les Égyptiens à Raphia en Palestine, par les Romains aux Thermopyles et à Magnésie (Lydie), et il perd alors, au profit du petit roi de Pergame et des Rhodiens, presque tout ce qui lui restait de l'Asie Mineure (189). L'autre, *Antiochus Épiphane* ou l'illustre, reçoit d'un préteur romain, Popilius Lénas, l'ordre impérieux d'évacuer l'Égypte, qu'il

______

(1) États indépendants : dans l'Asie occidentale, les royaumes de Pergame (Mysie), de Bithynie, de Cappadoce, de Pont (côte nord-est de l'Asie Mineure, à l'est du fleuve Halys), d'Arménie, de Judée, et la république militaire des Galates ou Gallo-Grecs (Gaulois mercenaires), au nord de la Phrygie.— Dans la haute Asie, le royaume des Parthes et celui de Bactriane.

a en partie conquise. Il persécute dans sa foi et ensanglante cruellement la Judée (168) ; et la Judée se soulève et s'affranchit sous les héroïques Machabées, qui deviennent les grands prêtres et plus tard les rois de leur pays (1). — Ainsi se traîne, sans cesse humiliée et réduite à quelques débris, la monarchie des Séleucides. Elle passe à la fin au roi d'Arménie Tigrane, appelé par les populations, qu'a fatiguées une longue anarchie (85). Ce prince, gendre et allié de Mithridate, roi de Pont, est vaincu, comme lui, par les Romains, et, en 63, Pompée déclare le royaume de Syrie province romaine.

Dans cette histoire, souvent fastidieuse et sans intérêt, deux faits doivent attirer l'attention. L'un, c'est qu'au début de la dynastie, les successeurs d'Alexandre semblaient avoir hérité quelque peu de ses larges vues sur l'importance du commerce. Séleucus Nicator fit explorer une partie de la mer Caspienne, et ce travail, continué sous son fils Antiochus I, amena la connaissance de la moitié méridionale de cette mer. Dès lors, au lieu de suivre les côtes de la Caspienne depuis les bouches de l'Oxus, les produits qui arrivaient de l'Inde par la Bactriane traversèrent cette mer, pénétrèrent dans l'Arménie par le Cyrus, placé en face de l'Oxus, et la route que suivait ce grand commerce fut notablement abrégée et facilitée. — L'autre fait, c'est que dans la longue décadence qui suivit les deux premiers règnes, la civilisation

---

(1) Voir notre *Histoire sainte, Cours élémentaire*, pag. 248 à 258.

grecque continua pourtant de faire des progrès en Asie. C'est par centaines de mille que les monnaies grecques ont été trouvées de nos jours dans les plaines de la Bactriane. Au temps où le général romain Crassus fut défait et tué par les Parthes (53 av. J.-C.), on jouait à la cour de leur roi Orodes des pièces d'Euripide, et le roi d'Arménie, qui s'y trouvait, composait des tragédies, des discours et des histoires en langue grecque. L'influence grecque, on le voit, était entrée dans les mœurs, et elle continua de régner encore en Asie après que le royaume des Séleucides eut été conquis par Rome.

33. — En Égypte, la plupart des Lagides, élevés dans les intrigues, amollis par les débauches, sans courage dans les dangers et audacieux seulement pour le crime, furent aussi des rois peu dignes du trône. Mais les deux premiers, *Ptolémée Soter* (323-285) et *Ptolémée Philadelphe* (285-246) (1), montrèrent une véritable habileté à faire en Égypte ce qu'Alexandre avait commencé en Asie : ils s'efforcèrent, non sans succès, de rapprocher et de confondre les Grecs et l'ancienne population du pays. Le culte, les coutumes, l'administration de l'Égypte, tout fut respecté. L'idolâtrie des divers

---

(1) Ptolémée *Soter* ou *sauveur*, doit son surnom à l'appui qu'il porta aux Rhodiens, en 304, contre Démétrius Poliorcète. Ptolémée *Philadelphe* ou *bon frère*, fut ainsi appelé à cause de sa vive affection pour sa sœur Arsinoé, qu'il fit venir de Thrace et qu'il épousa après avoir répudié une première femme. Comme il fit tuer, au début de son règne, un jeune frère qu'on accusait d'avoir conspiré contre lui, on a cru quelquefois que son surnom de *Philadelphe* lui avait été donné par dérision. C'est une erreur : on ne grave pas sur des monuments élevés pendant la vie d'un prince des inscriptions dérisoires, qui seraient une insulte pour lui.

pays se ressemblant toujours par bien des points, les Ptolémées embrassèrent sans répugnance la religion des Égyptiens, et cette religion les adopta à son tour ; on éleva des temples pour leur conservation, en leur honneur même ; on en fit des dieux, une famille céleste, où tous les princes, hommes et femmes, étaient introduits dès le moment de leur mort. Les Ptolémées prirent également les mœurs de l'Egypte et ils allèrent même trop loin dans cette politique : ils empruntèrent à leur patrie nouvelle le mariage du frère avec la sœur, tandis que la Grèce, plus fidèle aux lois de la saine morale, repoussait cette union, comme incestueuse. Enfin ils partagèrent leur confiance et leurs faveurs entre les Grecs et les Égyptiens. Les dignités se distribuaient sans distinction aux uns comme aux autres, et la cour des Ptolémées était comme le tableau de cette fusion qu'ils cherchaient à opérer entre les deux peuples.

Un second caractère de l'administration des premiers Lagides fut la protection qu'ils accordèrent au commerce. C'était comprendre le rôle naturel de l'Egypte, baignée par deux mers, placée entre l'Europe, l'Afrique et l'Asie, et appelée, par sa position, à devenir comme l'entrepôt général du monde ancien. Sous Ptolémée Soter, Alexandrie vit s'élever ce phare magnifique qu'on a regardé comme l'une des merveilles du monde, et se construire ses deux ports, l'un sur la mer, l'autre sur le lac Maréotis. Ainsi grandissait et se préparait à devenir l'une des reines de la Méditerranée cette capitale nouvelle, égyptienne par le fond de sa population, grecque par ses rois et les colons nombreux qui y avaient suivi les Ptolémées, juive par les milliers d'Israélites qu'Alexandre y avait attirés, cosmopolite ou de tous les pays par les relations commerciales qu'elle eut bientôt avec tout l'univers. Les derniers rois perses avaient laissé dépérir l'ancien canal de Néchao, qui réunissait le Nil à la mer Rouge, et par conséquent la Méditerranée aux mers de l'Asie (1). Les travaux de Ptolémée Philadelphe le rendirent à la navigation, et il continua d'être en activité pendant tout le temps de la domination des Lagides. La ville phénicienne d'Acco (aujourd'hui Saint-Jean d'Acre) reçut de lui le nom de Ptolémaïs, et elle devint son arsenal maritime.

Enfin les premiers Ptolémées, par les encouragements qu'ils donnèrent aux lettres, rassemblèrent à Alexandrie comme un essaim d'écrivains et de savants, que Soter réunit en une sorte d'académie, appelée le Musée. Il y fonda une bibliothèque, qui s'éleva peu à peu jusqu'à 700,000 volumes. Tandis qu'*Euclide* y rédigeait ses ouvrages de géométrie, qui servent encore aujourd'hui de base à l'enseignement de cette science, *Théocrite*, de Syracuse, y composait ses délicieuses pastorales, modèles de grâce et de naturel, et *Callimaque*,

---

(1) Voir notre *Histoire ancienne*, Cours élémentaire, pag. 83-84. — Le canal était resté inachevé sous Néchao, forcé par une épidémie d'interrompre l'entreprise ; mais Darius, fils d'Hystaspe, avait repris les travaux, creusé de nouveau le canal, et l'on ne peut douter qu'il ne l'ait terminé et rendu navigable. Hérodote, qui voyageait en Égypte vers 460, affirme que le canal est assez large pour que deux trirèmes y passent de front, et il en indique les deux points extrêmes. Ce témoignage est précis et formel, et c'est celui d'un témoin oculaire.

de Cyrène, y écrivait ses odes, où malheureusement l'on trouve plus d'art que de chaleur et d'inspiration. Alexandrie, sans être une nouvelle Athènes, devenait l'asile des lettres grecques, comme elle était le centre de tout le commerce de l'Orient.

Ce double caractère se maintint sous les successeurs de Ptolémée Soter et de Ptolémée Philadelphe ; mais après *Ptolémée Évergète* ou le bienfaiteur, qui fit à travers l'Asie une course victorieuse mais sans résultat durable, la dynastie des Lagides ne fit que déchoir. Des crimes de toute espèce dans la famille royale et des guerres avec la Syrie furent dès lors toute l'histoire de l'Égypte. De protectrice qu'elle était au temps de Popilius Lénas (168) (1), Rome y devint bientôt toute-puissante, et ses généraux y disposèrent plus d'une fois du trône pour tel ou tel membre de la famille des Lagides. Ainsi fit Pompée pour Ptolémée XI, ce qui ne l'empêcha pas, sous le règne suivant, d'être massacré, quand il vint chercher un asile en Égypte, après sa défaite de Pharsale (48). Ainsi fit encore César, son vainqueur, pour Ptolémée XIII et sa sœur Cléopâtre, et, dans la petite guerre qu'il eut alors à soutenir contre les Alexandrins, la bibliothèque d'Alexandrie fut en grande partie livrée aux flammes (47). La folle passion de Marc-Antoine pour cette reine d'Égypte fut une des grandes causes de ses revers dans sa lutte avec le jeune Octave, neveu de César. Quand Octave eut vaincu Antoine dans la bataille navale d'Actium, Cléopâtre se donna la mort, pour

_______

(1) Voir plus haut, pag. 320.

échapper à la honte d'orner son triomphe, et l'Egypte fut déclarée province romaine (30 av. J-C).



---

## CONCLUSION.

### TOUS LES PAYS GRECS AU POUVOIR DE ROME. — INFLUENCE DES LETTRES GRECQUES SUR LES ROMAINS.

34. — Les trois Etats formés du démembrement de l'empire d'Alexandre tombèrent successive-

ment au pouvoir de Rome. Il en fut de même de tous les pays qui entourent le bassin de la Méditerranée, et par conséquent de toutes les colonies grecques. Le monde grec, avec tout ce qui s'y rattachait, vint se fondre dans cet empire nouveau dont le prophète Daniel avait dit : « Le quatrième « empire sera comme le fer ; de même que le fer « brise et écrase toute chose, il brisera et réduira « tout en poudre (1). »

L'indépendance une fois perdue, il resta à la Grèce l'éclat de sa gloire, les œuvres de ses poëtes, de ses historiens, de ses orateurs,

> Ce langage sonore aux douceurs souveraines,
> Le plus beau qui soit né sur des lèvres humaines (2),

et l'influence des lettres grecques devint bientôt puissante sur l'esprit de ses maîtres. Les Romains, pendant cinq siècles, n'avaient eu que deux occupations : cultiver leurs champs et conquérir lentement l'Italie. Après la conquête de la Grèce, ils eurent, à l'imitation de cette illustre vaincue, une littérature appelée à devenir, à côté de celle des Grecs, l'admiration et le modèle des siècles à venir. « La Grèce subjuguée, dit le poëte « latin Horace, subjugua à son tour ses farouches « vainqueurs, en apportant les arts et les lettres « dans notre sauvage Latium. » Elle avait, à Salamine, sauvé l'Occident de la barbarie : elle tirait maintenant de leur état à demi barbare ces Ro-

_______

(1) Voir notre Histoire sainte, *Cours élémentaire*, pag. 229, ou notre Histoire ancienne, *Cours élémentaire*, page 4.

(2) André Chénier.

19.

mains qui allaient devenir les maîtres du monde.

Plus d'une fois, dans les siècles suivants, la Grèce trouva une protection et une sauvegarde dans ces souvenirs de sa grandeur d'autrefois. Au temps de la lutte entre César et Pompée, ce dernier avait recruté à Athènes quelques oisifs, qui se firent prendre à la bataille de Pharsale. « De quoi « vous mêlez-vous ? » leur demanda durement César, en bon grec, le lendemain de sa victoire ; puis, d'un ton radouci : « Allez, dit-il en les ren- « voyant, vos grands morts vous sauvent. » Un siècle et demi plus tard, Pline le jeune, s'adres- sant à un ami qui partait pour la Grèce comme gouverneur, exprimait, en d'autres termes, un sentiment analogue : « Songez, lui disait-il, qu'on « vous envoie dans l'Achaïe, c'est-à-dire dans « cette Grèce où la civilisation et les lettres ont « pris naissance. C'est à Athènes que vous allez « entrer, c'est à Lacédémone que vous devez « commander. Souvenez-vous de ce que furent « autrefois ces villes, et que ce ne soit pas pour « les mépriser parce qu'elles ont cessé de l'être. » On sent, à cette lecture, combien il y avait encore de puissance dans ces noms, qui ne représentaient plus qu'un peuple dégénéré, mais qui rappelaient tant de grands hommes et tant de grandes choses, tant de gloire acquise et tant de services rendus.

QUESTIONNAIRE. — Quelle fut la destinée finale de tous les pays grecs ? — Quelle influence eurent les lettres grecques sur les Romains ? — Montrez comment la Grèce, devenue province romaine, fut parfois protégée par les souvenirs de son ancienne gloire.

# RÉVISION.

## I. — LES VILLES GRECQUES CLASSÉES PAR PROVINCES (*).

| | | |
|---|---|---|
| **Macédoine .** | MACÉDOINE PROPRE. | Pella, capitale.<br>Pydna (défaite de Persée, 168. — d'Andriscus, 148). |
| | CHALCIDIQUE | Potidée.<br>Olynthe.<br>Chalcis.<br>Stagyre, patrie d'Aristote. |
| | ENTRE STRYMON ET NESTUS. | Amphipolis.<br>Philippes (défaite de Brutus et Cassius, meurtriers de César, 42). |
| **Grèce du nord.** | ÉPIRE. | Dodone (oracle de Jupiter).<br>Ambracie. |
| | THESSALIE. | Iolcos (départ des Argonautes).<br>Phères.<br>Lamia (victoire des Grecs confédérés sur Antipater, 323).<br>Cranon (victoire d'Antipater sur les Grecs confédérés, 322).<br>Goni.<br>Pharsale (victoire de César sur Pompée, 48). |
| **Grèce centrale.** | ACARNANIE . | Actium (victoire d'Octave sur Antoine, 31). |
| | ÉTOLIE. | Thermus. |
| | DORIDE. | Quatre bourgs sans importance. |
| | LOCRIDE OZOLE. | Naupacte (aujourd'hui Lépante).<br>Amphissa. |
| | LOCRIDE OPONTIENNE. | Oponte.<br>Scarphée (victoire de Rome sur les Achéens, 146). |
| | PHOCIDE. | Delphes (Oracle d'Apollon).<br>Élatée. |

(*) Au lieu de placer au début ce catalogue, dont la sécheresse était de nature à rebuter l'esprit des enfants, nous leur avons fait seulement connaître la Grèce physique et les noms de ses divers pays. Les noms des villes se sont ensuite présentés au fur et à mesure des événements, et nous ne les réunissons qu'à la fin, lorsque chacun d'eux peut rappeler un souvenir à nos jeunes lecteurs.

| | | |
|---|---|---|
| **Grèce centrale.** (SUITE.) | Béotie. | Thèbes.<br>Platées (défaite des Perses, 479).<br>Thespies.<br>Orchomène.<br>Aulis (départ des Grecs pour Troie).<br>Coronée (victoire d'Agésilas sur les Thébains, 394).<br>Leuctres (victoire d'Épaminondas sur les Spartiates, 371).<br>Chéronée (victoire de Philippe sur Thèbes et Athènes, 338). |
| | Mégaride. | Mégare. |
| | Attique. | Athènes.<br>Marathon (victoire de Miltiade sur les Perses, 490).<br>Colone.<br>Eleusis.<br>Décélie. |
| **Péloponnèse** | Arcadie. | Mantinée (victoire d'Épaminondas sur les Spartiates, 363).<br>Tégée.<br>Mégalopolis, patrie de Philopœmen. |
| | Corinthie. | Corinthe. |
| | Sicyonie. | Sicyone, patrie d'Aratus. |
| | Achaïe. | Ægium.<br>Patræ (aujourd'hui Patras). |
| | Élide. | Pylos, patrie de Nestor.<br>Pise ou Olympie (jeux publics). |
| | Messénie. | Amphéïa.<br>Ithôme.<br>Ira.<br>Stényclaros (victoire d'Aristomène sur les Spartiates).<br>Andania, patrie d'Aristomène.<br>Messène. |
| | Laconie. | Sparte ou Lacédémone.<br>Sellasie (victoire d'Antigone Doson sur Cléomène, 222). |
| | Argolide. | Argos.<br>Tirynthe.<br>Mycènes.<br>Trézène.<br>Epidaure (temple du dieu de la médecine, Esculape). |

## II. — COLONIES GRECQUES.

Rassembler dans un tableau et indiquer de mémoire les principales
colonies grecques :
    1o De la mer Égée (côtes d'Asie Mineure et côtes de Thrace);
    2o Du Pont-Euxin et de la Propontide;
    3o De la côte d'Afrique;
    4o De la Sicile et de l'Italie méridionale;
    5o De la Gaule et de l'Espagne.
Voir aux pages 67, 151, 182, 191, 192 (Ire partie, § 29; IIe partie,
        § 36; IIIe partie, §§ 7 et 12).

---

## III. — LES LETTRES ET LES ARTS EN GRÈCE. — PRINCIPAUX PHILOSOPHES GRECS.

Voir 'a   Ire partie, chap. v et vi (pag. 38 à 50, 58 à 64).
  —  la   IIe partie, chap. viii, § 32 (pag. 143 à 145).
  —  la   IIIe partie, chap. i, §§ 1 et 4 (pag. 162 à 165, 168 à 176).
  —      —       chap. ii, §§ 8 et 10 (pag. 184, 187).
  —      —       chap. iv, § 1 (pag. 199-200, note).
  —      —       chap. vi (pag. 213 à 227).
  —      —       chap. vii (pag. 228, note).
  —  la   IVe partie, chap. ii, §§ 7, 8, 9 (pag. 263 à 271).
  —      —       chap. vi, § 26, (pag. 309).
  —      —       chap. vii, § 33 (pag. 330).
  —  la conclusion (pag. 333).

# TABLE DES MATIÈRES

## QUATRIÈME PARTIE

LA MACÉDOINE A LA TÊTE DE LA GRÈCE. — CONQUÊTE DE L'EMPIRE DES PERSES PAR ALEXANDRE. — L'EMPIRE MACÉDONIEN, DÉMEMBRÉ APRÈS ALEXANDRE, PASSE EN GRANDE PARTIE AUX ROMAINS.

## RÉVISION



FIN DE LA TABLE

CORBEIL, typ. et stér. de CRÉTÉ.